| 제5판 |

사회복지학개론

박석돈 외 저

INTRODUCTION TO
SOCIAL WELFARE

양성원

머리말

나는 2004년 그 동안 학생들을 가르치던 강의록을 바탕으로 '사회복지학개론'서를 출판하였다. 이 책은 사회복지학 강의를 담당하고 있던 제자들과 함께 공동으로 집필하였다. 그 후 여러 차례의 개정판을 거듭하면서 시대에 적응해 왔다. 그러던 중 2019년 코로나 팬데믹(pandemic)을 맞아 전 세계적으로 인간의 삶이 큰 혼란에 빠졌고, 국내적으로는 보수정권에로의 정권교체를 맞아 사회복지분야에서도 시각을 달리하고 시야를 넓혀야 할 필요성을 느끼게 되었다. 여기에 덧붙여 지금 세계는 '제4차 산업혁명'이라는 급격한 변화의 시대를 맞고 있다. 이러한 변화는 인류에게 편리와 풍요의 기회가 될 수도 있을 것이고 동시에 '사회의 양극화'라고 하는 '사회적 위기'를 초래할 수도 있을 것이다. 그런 와중에 한국사회복지교육협의회는 2020년 11월 '사회복지학 교과목지침서'를 내 놓았다. 코로나 상황에서 대학들은 비대면 강의로 연명하다가 이제 위드코로나(with corona)시대가 됨에 따라 다시 교재의 중요성이 대두되는 상황에서 사회복지개론서의 개정은 필수 과업이 되어버렸다.

이러한 상황에서 개정작업을 착수하게 되어 당연히 책의 내용에 '지침서'의 '지침'을 반영하려고 노력하였다. 즉, 지침서대로 "학생들로 하여금 사회복지실천과 관련된 다양한 이론과 가치를 형성하는 과정의 기초 지식을 학습하도록 하는 데 그 목적을 둔다. 이를 위한 교과목의 구조는 전 생애 주기의 발달 맥락에서 인간의 행동을 이해하는 이론들과 인간을 둘러싼 사회환경을 보다 구체적으로 파악할 수 있는 지식들을 중심으로 구성되어 있다. 세부적으로 살펴보면, 한 명의 개인을 전인적(holistic)

차원에서 이해하기 위하여 인간의 행동을 설명하는 심리이론들을 포함하고 있다. 다음으로 인간을 둘러싼 사회환경을 이해하기 위하여 사회의 구조와 변동을 설명하는 대표적 이론들을 확인하고, 사회복지의 주요 대상이라고 할 수 있는 사회적 차별과 억압 속에서 불평등을 경험하는 사람들을 이해하기 위한 내용들을 포함하고 있다. 그리고 인간의 행동 및 사회, 사회환경과 관련된 지식들을 바탕으로 전 생애 발달의 특징과 과업들을 통합적으로 이해하도록 구성되어 있다. 특히 모든 관련 지식 및 이론과 사회복지실천의 연관성 파악을 강조하고 있다."

지침서의 구체적인 내용을 보면 "사회복지학에 입문하는 학생을 대상으로 하기 때문에 분야론은 포괄적으로 살펴보도록 하고 기본이 되는 개념과 철학, 가치와 이념, 구성과 원리 등을 중점적으로 가르친다."고 했다. 따라서 제1장: 인간의 삶과 사회복지, 제2장: 사회복지의 개념, 제3장: 사회복지의 가치와 윤리를 다루었고, 제4장에서는 사회복지의 역사를 넣어 사회복지의 생성과 발전의 과정을 살필 수 있게 했다. 제5장은 사회복지의 정책, 제6장은 사회복지의 행정을 다루어 사회복지의 거시적 분야를 설명했다. 사회복지의 미시적 분야는 제7장: 지역사회복지, 제8장: 사회복지 실천, 제9장: 사회복지실천 기술, 제10장: 전문직으로서의 사회복지를 다루었다. 제11장은 사회복지조사, 제12장은 사회복지 프로그램 개발과 평가, 제13장은 사회복지시설을 다루어 사회복지의 발전에 도움이 될 인접학문의 영역을 살폈다. 제14장에서는 사회복지사가 활동할 분야의 현장을 소개하고, 제15장에서는 사회복지의 전망을 넣어 앞으로 제4차 산업혁명시대에 사회복지사들은 어떤 관점을 가지고 사회를 바라보아야 할 것인지를 생각해 볼 수 있는 장으로 마련하였다.

전체적으로 15개 장으로 구성되어 있어 지침서의 권유와 같이 “관련된 과제를 주제별로 조사하여 제출하게 하고 사회복지실천현장을 직접 방문하고 방문보고서를 제출하는 방법 등을 교수재량으로 운영할 수 있을 것이다. 개론수업은 사회복지를 처음 접하는 학생들을 대상으로 함으로 전문적인 내용을 다루기보다는 사회복지의 전반적인 내용을 포괄적으로 다루는 것이 필요하기 때문에 다양한 참고자료를 교수가 확보하여 활용하는 것이 바람직하다. 특히 분야론의 개괄적인 이해를 위한 영상자료의 활용도 고려해본다.”

끝으로 경북대학교 사회학과 노진철 명예교수님께 감사를 드리고 싶다. 사회적 위험 등 사회학적 용어들의 개념에 대한 조언을 많이 주셨다. 그리고 크리스마스와 연말연시로 한창 바쁠 시점에 원고를 넘겨 편집과정에 어려움이 많았을 줄 안다. 수고하시는 양성원 관계자 여러분에게 감사를 드리고, 새해에도 건강하시고 늘 행복하시기를 빈다.

2023년 계묘년 정초에

경북대학교 명예교수 박 석 돈

차례

chapter 06 사회복지행정 / 123

chapter 07 지역사회복지론 / 147

chapter 08 사회복지실천 / 173

chapter 09 사회복지실천기술 / 201

chapter 10 전문직으로서의 사회복지 / 225

chapter 11 사회복지조사 / 241

chapter 12 프로그램 개발과 평가 / 261

chapter 13 사회복지시설 / 283

chapter 14 사회복지의 실천영역 / 323

chapter 15 사회복지의 미래 전망 / 345

01 인간의 삶과 사회복지

Introduction to Social Welfare | chapter 01

인간의 삶과 사회복지

제1절 인간의 욕구와 사회적 욕구

인간의 내면적 욕망은 너무나 다양하고 끝이 없어 이를 모두 충족시킨다는 것은 불가능하다. 따라서 이러한 인간의 무한한 욕망을 충족시킴으로써 행복을 얻겠다는 인간적인 노력은 어떻게 보면 파랑새를 잡으려는 것과 같은 헛된 수고인지도 모른다. 그렇다고 해서 아무런 노력도 없이 무의미하게 될 대로 되라는 식으로 살아갈 수도 없는 것이 인간 이성의 가르침이다. 또 사실상 인간의 욕구 실현의 노력은 인류역사의 발전과정을 통해 볼 때 엄청난 발전을 해 온 것도 사실이다. 이런 점에서 무한한 욕망을 가지고 있으나 이를 완전히 충족시킬 수 없음이 인간의 타고난 한계성이요, 동시에 이러한 한계성을 잘 인식하고 있으면서도 포기할 수 없는 것이 인간의 타고난 운명인지도 모른다.

인간의 이러한 욕구는 성장과정에서 단계별로 다르게 나타나고 발달단계에 따른 필요한 욕구를 충족시키지 못하게 될 때 인간은 불만을 느낄 뿐만 아니라 일생토록 인간다운 삶을 영위해 가는데 다양한 장애요인을 유발시킬 수도 있다. 이러한 욕구를 충족시키는 것은 물론 1차적으로 개인의 책임이라 하겠으나 경우에 따라서는 개인의 욕구를 충족시키기 위해 사회적으로 개입해야 할 필요가 있을 수 있다. 따라서 사회복지에서는 인간의 욕구를 어느 수준에서, 어느 정도로, 그리고 어떤 방법으로 사회적 개입을 할 것인가를 따지는 것이다.

1. 인간의 욕구

욕구(欲求/慾求)의 사전(표준국어대사전)적 의미는 "무엇을 얻거나 무슨 일을 하고자 바라는 일"을 말한다. 인간은 그의 삶에 있어서 바람직한 상태와 현상 간에 차이(gap)가 있을 수 있다. 이때 그 차이를 메꾸고 싶어 하는 마음을 욕구(needs)라고 한다. 이러한 인간의 욕구는 1차적 욕구와 2차적 욕구 또는 기본적 욕구와 사회적 욕구로 구분하기도 한다.

인간의 삶에 있어서 바람직한 상태와 현상 간에 차이가 있을 경우 그 간극을 메꾸기 위해서는 두 가지 방법이 있을 수 있다. 하나는 현상을 바람직한 상태로 끌어올리는 것과 바람직한 상태를 현상수준으로 끌어내리는 것이다. 그런데 이 욕구가 인간 생존에 관련된 욕구라면 그 욕구를 끌어내리는 방법으로는 문제해결이 되지 않는다. 이 경우에는 현상을 욕구수준으로 끌어올리는 방법밖에 없다. 이런 욕구를 생존(생리)적 욕구라 한다. 이것을 기본적 욕구 또는 1차적 욕구라고도 한다.

문제란 바람직한 상태와 현상 간의 차이이며, 해결을 요하는 상황 또는 목적 달성이나 욕구를 충족하는 데 장해가 되는 조건이나 상황 등을 말한다. 이때 문제를 야기시키는 원인이며 손을 써야 할 구체적인 사항을 문제점이라 한다. 이러한 문제점 가운데 자신의 힘으로 통제할 수 없는 사항을 제약조건이라 한다.

전통적으로 서구 사회는 제1차 산업혁명의 결과 초래된 대량실업 현상으로 인한 많은 인구의 절대빈곤현상을 사회문제라고 칭했다. 서구 사회는 제1차 산업혁명의 결과로 초해된 대량실업이라는 사회문제를 공장법, 노동3권 보장 등의 노동정책이나 사회보험과 공공부조 등의 사회복지정책 등으로 해결하였다. 그러나 이러한 절대빈곤의 문제는 어느 정도 해결되었으나 이에 따른 또 다른 문제들이 야기되었다.

오늘날의 사회문제는 노동문제뿐만 아니라 사회적 해체문제, 사회적 부조정 문제, 다양한 원인에 의한 실업문제, 빈곤, 인구, 도시, 농촌, 매춘, 청소년, 범죄, 비행, 성, 교통, 교육, 보건위생, 주택, 물가, 장애인, 노인문제 등 모든 문제를 포함하게 되어, 오늘날의 사회문제를 지난날의 노동문제에만 국한하던 '사회문제'와 구분하기 위해서 '사회적 문제'라고 부르기도 한다.

2. 사회적 욕구

표준국어대사전에 의하면 '사회적 욕구'란 "일반 사회의 모든 성원이 공평하게 잘 살기를 바라는 공적 욕구, 적의 공격에 대한 방위, 국내 치안을 확보하고 질서를 유지하기 위한 경찰·사법 기구의 설치 운영, 공중위생 및 공중사업 따위가 있다"라고 설명한다. 이를 정의하자면, 사회적 욕구란 "인간이 평화롭게 인간다운 생활을 영위하기 위해서 사회적으로 대처해야 할 필요성이 있다고 사회 공동체가 동의하는 욕구"를 말한다. 다시 말하면, 사회적 욕구란 "인간의 사회적 위험을 극복하고자 하는 욕구"로 정의할 수 있다.

우리나라 「헌법」(제34조 제1항)은 "모든 국민은 인간다운 생활을 할 권리를 가진다."라고 규정하고 있다. 이에 따라 「사회보장기본법」은 "평생사회안전망의 구축·운영을 규정하고, 국가와 지방자치단체는 모든 국민이 생애 동안 삶의 질을 유지·증진할 수 있도록 평생사회안전망을 구축하여야 한다."(제22조 제1항)라고 규정하고 있다. '평생사회안전망'이란 생애주기에 걸쳐 보편적으로 충족되어야 하는 기본욕구와 특정한 사회위험에 의하여 발생하는 특수욕구를 동시에 고려하여 소득서비스를 보장하는 맞춤형 사회보장제도를 말한다(「사회보장기본법」 제3조 제5호). 이때 특별히 취약계층에 대한 최저생활을 보장할 것을 규정하고 다양한 사회적 위험하에서도 모든 국민이 인간다운 생활을 할 수 있도록 소득을 보장하는 제도를 마련할 것을 규정했다(「사회보장기본법」 제24조).

제2절 생애주기별 욕구와 사회문제, 사회적 위험

1. 개인의 생애주기와 가족주기

생애주기(life cycle)란 인간을 수태(受胎)에서부터 죽음에 이르는 전 생애를 신체적·정신적 발달의 단계별로 구분하는 것을 말한다. 이러한 생애주기는 시대와 문화에 따라 변화한다. 이러한 생애주기와 가족주기의 변화에 따라 인간의 욕구도 달라지고 그 시점에서 당하게 되는 위험과 발생하는 문제들이 달라진다.

가족생활주기(family life cycle)는 개인의 생활 전 영역에서 일어나는 주기와 일치하게 되는데 대다수의 정상적인 가족의 경우는 세월이 흐름에 따라 비슷한 발달과정을 거치게 된다. 즉, 결혼, 자녀출산, 자녀성장 및 출가, 은퇴 등 결정적인 전환기를 겪으면서 동일한 순서 또는 단계를 거쳐 나간다. 이러한 단계별 변화와 욕구, 위험 등은 사회복지적 지원의 종류와 방법 등과 밀접한 관계가 있으므로 이를 잘 이해할 필요가 있다.

1) 프로이트 이전의 인간발달이론

(1) 플라톤의 3단계 발달론

고대 그리스의 철학자들은 인간의 일생을 3~4단계로 구분해서 보았다. 플라톤(Platon; BC 428/427~BC 424/423)은 인간의 생애를 영아기(infancy; 0~3세), 아동기(chile; 3~6세), 성인기(adult; 6세 이후)로 구분하고, 영아기는 욕망, 욕구가 지배하는 시기로 음악, 체육 등을 교육하고, 아동기는 용기와 의지가 형성되는 시기로 사교성, 사회성을 길러야 할 때로 보았다. 성인기에는 신성(神性)을 추구하고 영원불멸의 세계를 추구하는 시기로 과학, 수리를 교육할 때로 보았다.

플라톤은 인간발달에는 세 가지 국면이 있는데, 그것은 욕망, 정신, 그리고 신성이라고 하였다. 플라톤에 의하면 욕망은 주로 신체적 욕구 만족과 관련되어 있다. 그 다음 수준인 정신은 용기, 확신, 절제, 인내, 대담과 같은 개념이며, 최고의 수준인 신성은 초자연적이고 영원하며 우주의 본질을 이룬다. 이것은 진정한 의미의 정신으로서 오늘날 이성으로 표현된다.

플라톤에 의하면 3세까지 유아는 공포나 고통, 슬픔의 감정을 경험해서는 안 된다고 하였다. 플라톤은 성격형성에 있어서 초기경험의 중요성을 강조하였지만, 살아가면서 여러 가지 경험에 의해 인간의 성격이 수정될 수 있다는 점 또한 인정하였다. 아동기에는 이성이 성숙되지 않기 때문에 아동교육은 주로 음악이나 스포츠 등에 중점을 두고 같은 또래와 어울림으로써 사회성 발달이 이루어져야 한다고 하였다. 플라톤은 6세가 되면 "남자아이들은 남자아이들끼리 놀게 하고, 여자아이들은 여자아이들끼리 놀게 하라"고 하면서 성의 분리를 주장하였는데, 이것은 우리나라 전통 아동교육에서의 '남녀칠세부동석' 개념과 유사하다. 성년기가 되면 최고의 국면인 이성이 비로소 나타나기 시작한다. 이때는 이성적 · 비판적 사고를 할 수 있기 때문에, 교육과정을 과학이나 수학으로 대체하는 것이 좋다고 한다.

(2) 아리스토텔레스의 4단계설

아리스토텔레스(Aristotle; BC 384~BC 322)는 인간의 발달단계를 영아기(infancy; 0~7세), 소년기(boyhood; 7~14세), 청년기(manhood; 14~21세), 성인기(adult; 21세 이후)로 구분했다.

그는 교육의 조직이나 내용은 아동의 성장・발달에 일치해야 한다고 했다. 따라서 유아에게는 동물놀이・신체적 활동・이야기 등으로 교육시키며, 14세 이전의 아동들에게는 도덕적・신체적 교육을 중시하여 체육・음악・독서・쓰기 등을 가르치되 이론이나 법칙을 설명하는 것으로 충분치 못하고 오직 실습을 통해 몸으로 익숙하게 가르쳐야 한다고 하였다. 그는 또 21세가 될 때까지의 청년들은 수학・문학・천문・음악・문법・시・수사학・윤리학・정치학 등 지적인 학습을 시켜야 하며, 21세 이상의 성인들에게는 과학과 철학을 가르쳐야 한다고 했다.

(3) 루소의 5단계 발달과정

루소(Rousseau; 1712~1778)는 그의 교육철학을 담은 소설의 형식의 『에밀』을 통해 5단계의 인간발달과정을 제시했다.

- 유아기(1~5세): 이 시기는 감각적 운동기로 아이는 먹고 자고 배설하는 등의 본능적인 욕망만을 채우려하므로 그런 일차적인 욕망을 적절하게 충족하는 교육이 중요하다. 그러기 위해서 아이가 채우려고 하는 욕구가 무엇인지, 아이의 언어와 몸짓을 유심히 관찰할 필요가 있다. 그리하여 아이에게 관심과 사랑을 베풀고, 성장에 필요한 영양분을 충분히 공급해야 한다.
- 아동기(5~12세): 이 시기는 아직 미개기로 아동은 육체적 감각을 통하여 사물을 이해하기 시작한다. 그러므로 아동기에는 '감각'을 훈련시키고 신체를 튼튼하게 하도록 교육해야 한다. 이러한 상황에서 섣불리 아이에게 읽기와 쓰기를 가르치는 것은 아이의 신체 활동을 방해하는 것이기에 삼가야 한다고 루소는 말한다.

이 시기의 교육은 지식을 얻기보다는 지식을 얻는 도구인 신체를 연마하는 것이 목표이기 때문이다.

- 소년기(12~15세): 이 시기는 발전기로 이제 넘치는 힘을 가진 아이는 그 자신의 힘을 생활에 유용한 학문을 공부하는 데 쓰도록 하고, 사회에서 독립적으로 살 수 있게 하는 여러 유용한 기술을 배울 수 있도록 방향을 전환시키는 것이 이 시기 교육의 목표다. 그런데 여기서 유의해야 할 점은 '내가 이제 그것을 할 나이가 되었으니까 해야되는 것'이 아니라, 아이의 자연스러운 호기심에 따라 이끌리는 지식이기 때문에 습득하는 것으로 되어야 한다. 루소에 따르면 그런 지식은 보통 자연을 관찰하는 학문인 물리학, 천문학, 기하학 등의 지식이다. 그리고 이런 지식은 아이가 그 지식이 실제로 유용하다는 것을 느껴야 한다.
- 청년기(15~20세): 청년기의 아이는 건강한 신체와 민첩한 사지, 편견 없는 올바른 정신, 정념(情念)이 없는 자유로운 마음을 가지고 있으며, 자기 자신을 사랑할 줄 안다(자기애). 이제 아이는 여기에 '도덕적인 미덕'을 갖추기만 하면 된다. 즉, '자애심 많고 다정다감하며 인정 많은 존재'로 만드는 일만이 남아 있다. 사실, 소년기까지 아이는 사회에서 홀로 존재하는 자연인과 같이 키워졌다. 그에게 중요한 것은 사물과의 관계 속에서 자신을 인식하는 것이었다. 반면에 청년기에는 사람들과의 관계 속에서 자기 자신을 탐구하는 것이 중요하게 된다. 이 시기에 아이는 자신을 둘러싸고 있는 사람들에게 관심을 갖기 시작하며, 인간이 홀로 살아가기 위해 만들어진 것이 아니라는 것을 느끼기 시작한다. 루소가 말하는 "인간은 사회적 동물"임을 자각하기 시작한다.
- 성년기(20세~결혼): 20세가 넘으면 이제 아이는 어른의 세계로 들어선다. 배우자를 만나 결혼하는 시기이다. 루소에 따르면, 남녀는 성적 차이를 제외하면 모든 면에서 동일하다. 여성은 똑같은 신체 기관, 똑같은 욕구, 똑같은 능력을 갖는다. 하지만 남성은 능동적이고 강하며 여성은 수동적이고 약하기 때문에 약한 여성은 남성에 의존해야 하므로 여성은 남성의 마음을 즐겁게 하고 그에게 복종해야

한다고 주장한다. 남성은 결혼하게 되면 남편과 아버지로서 '시민의 덕목'을 알아야 한다. 그리하여 모든 교육은 끝난다. 이제 결혼한 남녀는 아이를 낳고 그들의 아이를 교육할 것이다.

2) 프로이트 이후의 인간발달이론

(1) 프로이트의 성격발달단계론

프로이트(Sigmund Freud; 1856~1939)는 인간은 강한 생물학적 충동, 즉 본능을 선천적으로 타고난다고 보았다. 본능에는 생(生)의 본능(eros)과 사(死)의 본능(thanatos)이 있는데, 생의 본능은 생명을 유지하는 데 필요한 모든 활동을 통제하는 본능으로 호흡, 식사, 성 행동 등에서 나타나며, 죽음의 본능은 생명을 파괴하는 힘으로 싸움, 방화, 살인, 자학적 행동 등에서 나타나는 힘이다.

프로이트는 성격 발달의 중요한 변수는 성별의 차이라고 보았다. 즉, 여성이냐 남성이냐가 성격발달에 중요한 영향을 미친다고 보았다. 그리고 리비도(Libido; 성 에너지이자 삶에 대한 본능)의 집중부위에 따라 성격발달단계를 구분한다. 즉, 성에 대한 본능이 성격 발달을 결정짓는 중요한 요인이다. 프로이트는 인간의 성격발달단계를 다음과 같은 5단계로 구분해서 보았다.

① **구강기**(oral stage, 0~2세)

성격의 원형이 형성되는 시기로 Id가 발달한다. 아기의 입술과 엄마의 젖꼭지와의 접촉을 통한 성격형성이 중요하다. Skinship을 통해 식욕(食慾)을 해소하고, 젖을 깨문다거나 물건을 씹는 등의 행동으로 Oral Sadism을 나타내기도 한다. 인간의 본능적인 욕구인 공격욕(攻擊慾; aggressive drive)의 원초적 표현이다. 이렇게 인간 최초의 sex표현은 입으로 시작되며, 이것은 성인이 된 후 애인 간의 kiss를 sex 표현의 구체적 상징으로 생각하는 것과 상통한다.

구순기(口脣期)에 모유를 먹고 자랐느냐 인공유로 성장했느냐에 따라 커다란 성격차를 나타낸다. 모유아(母乳兒)는 정서적 안정, 신뢰성이 높은 인성으로 성장한다. 충분한 모유를 먹고 자란 아이는 낙천적 성격으로, 부족한 모유아는 부정적 성격으로 성장할 가능성이 높다. Skinship의 부족에서 오는 정서적 불안감은 유치(幼齒)의 출현과 함께 깨물고 파괴적인 행동으로 변하면서 구순고착(口脣固着; oral-fixation)으로 남게 된다. 이것이 성인이 된 후 부부생활에서나 평소의 태도에서도 무엇이든지 입으로 깨무는 데서 만족을 얻으려는 습벽으로 나타난다. 예컨대 다 큰 아이들이 손톱을 물어뜯는 모습을 흔히 볼 수 있다.

② **항문기**(anal stage, 2~4세)

리비도가 입에서 항문으로 옮겨진다. 대소변에 대한 부모의 훈련방법에 따라 유아의 성격형성에 영향을 미친다. 배설(排泄; expulsion)에 유보(留保; retention)적이면 자기불만으로 부모의 청결성에 대한 가학적 또는 공격적으로 될 수 있어 아무 때나, 아무 데서나 배설하는 행태를 보기도 한다. 부모가 어느 쪽을 택하느냐에 따라 유아의 심리작용이 달리 나타난다.

부모의 배설훈련 방법에 따라서도 성격형성이 달라진다. 무규칙적이고 엄격하게 다룰 경우에는 배설의 생리적 억제에서 오는 불쾌감으로 공격성과 파괴성, 완고성의 기질이 고착될 수 있다. 어머니가 유아의 생리작용을 잘 알고 규칙적인 배설을 돕고, 칭찬 등으로 심리적 안정감을 갖게 한다면 창조적이고 적극적이며 활발한 성격을 지니게 된다.

③ **남근기**(또는 성기기, phallic phase, 4~6세)

프로이트의 성격형성론에서 가장 중요한 단계라 할 수 있다. 이제 처음으로 부모의 품속에서 벗어나 바깥의 놀이집단과 어울리기 시작한다. 제2의 자기를 발견하게 되고, 동성(同性)과 이성(異性)의 구별의식이 생긴다. 동시에 sex에 대한 수치심을 느끼기 시작한다. 지금까지는 바지를 벗어도 남 앞에 예사로 나섰으나 이때부터는 옷을 벗고서는 절대로 나서지 않는다.

이제 리비도의 집중이 항문에서 성기(性器)로 바뀐다. 먼저 자기의 성기를 의식하게 된다. 더구나 서로의 생김새가 다른 데 대한 의아심을 품게 된다. 특히, 여아의 경우 남아의 돌출된 성기를 선망(penis envy)하게 된다. 비록리비도가 성기로 옮겨갔다고 해도 아직은 심신의 발달이 미숙하므로 이성에 대한 구체적 감정이나 감각은 없다. 다만 어렴풋이 심리적 호기심을 보일 뿐이다. 이것을 Psycho-Sexuality라고 한다.

이 기간에 나타나는 가장 흥미 있는 현상은 Ödipus Complex와 Electra Complex이다. 이러한 인간의 본능으로서의 Ödipus Complex는 근친상간욕의 근원이 되면서 점차 무의식 속으로 가라앉게 된다. 즉, 도덕관념이나 양심이라는 초자아(Super Ego) 세계의 힘에 의하여 하나의 원죄의식(原罪意識)으로 바뀌면서 합리적 형태로 변모한다. 예컨대 꼬마는 엄마를 애인으로, 아빠를 연적으로 생각하지만, 아무리 도전을 해도 스스로의 힘으로는 도저히 적수(敵手)가 아님을 깨닫고 방향을 180° 전환한다. 즉, 엄마는 늘상(늘) 자기를 꾸짖고 아빠에게는 잘 대해준다. 이때 꼬마는 엄마의 관심을 끌기 위해 아빠의 언행을 본받게 된다. 이것이 동일화(同一化; identification)라고 한다. 이것은 한편 모방(imitation)의 일종이기도 하다.

이 시기의 구체적인 리비도의 표출은, 자기의 성기를 손으로 만지고 어떤 물건에 접촉함으로써 만족감을 취한다. 이것을 유아자위행위(infantile masturbation)라고 한다. 이런 현상은 남녀 구별 없이 나타난다.

이성에 대한 호기심, 이성에 대한 Cathexis, Ödipus/Electra Complex, Super Ego의 발생, 동일시・모방행동의 시작, 욕구와 통제 간의 갈등, 애증관계(愛憎關係; ambivalent) 등으로 착잡한 심리적 메커니즘에 빠져 성격의 기초를 이루는 중요한 단계가 바로 남근기의 특징이다.

④ **잠복기**(latent period, 6~12세)

초등학교 시기다. 리비도의 표출이 내면화되면서 이성에 대한 Cathexis가 잠복해버린다. 동성끼리의 응집력이 이성에 대한 관심보다 강하게 작용한다. 개체의식에서 사회의식 또는 집단의식으로 바뀐다. 따라서 어떤 집단(놀이집단)에의 소속감이 싹트고 배척당하고 따돌림을 당할까 두려워한다. 이 시기에 처음으로 외부의 권위나 권력에 대한 공포감, 경외감을 맛보게 된다. 이때 Libido는 동성연애에서 우정(friendship)으로 바뀌고 이것이 사회화의 밑받침을 형성한다.

⑤ **생식기**(genital phase, 12세 이후)

리비도의 발산부위가 본격적인 남녀의 성기에 작용하는 시기다. 남녀 간의 구체적인 접촉(sexual intercourse)에서만 만족을 취하려는 경지인 것이다. 근친상간욕인 Ödipus Complex에 대한 잠재의식은 이미 Super Ego의 형성과 함께 사라진다. 이성에 대한 성욕이 노골화되면서 모든 에너지가 Sexual Valence(성적 유인, 매력)로 나타난다. 이때 성적만족 대상을 정상적인 남녀의 성기에 집착하지 않고 비정상적으로 나타내는 수가 있다. 예컨대 이성의 내의, 머리털 등에서 만족을 취하려는 행위, 즉 이성의 성기가 아닌 것에서 리비도의 발산구를 찾으려는 경우이다.

무의식화된 Ödipus Complex가 다시 살아나서 제2의 Ödipus(Elextra) Complex가 나타나는 경우가 있다. 예컨대 혼기의 여성이 아버지를 닮은 남자를 이상적인 상(像)으로 그린다거나 남자의 경우 어머니를 닮은 여성을 이상적인 아내감으로 찾는 경우이다. 흔히 독신자들에게서 찾아 볼 수 있다.

Sadism과 Masochism

Sadism: 가학성음란증(加虐性淫亂症): 이성을 괴롭힘으로써 쾌감을 느끼는 것. (일반적으로) 잔인한 짓을 좋아하는 성격.

Masochism: 피학대음란증(被虐待淫亂症): 이성으로부터 학대를 받음으로써 쾌감을 느끼는 변태성욕.

※ Oral Stage 또는 Anal Stage에서의 고착성(固着性)이 그대로 남아 작용하는 수가 있다.

※ 일반적으로 동양인보다 서양인들이 Kiss나 애무를 즐기고 또 그것만으로 충분히 흥분과 만족상태를 얻는 것은 그들의 생육과정(生育過程)에서 Oral Stage의 인공유(人工乳)나 조직적인 사회구조(아기가 혼자 자는 것 등) 때문에 연유한 욕구불만의 고착화(固着化) 때문인지도 모른다.

(2) 에릭슨의 8단계 심리 · 사회적 발달

프로이트의 정신분석학을 이론적 배경으로 삼고 있으나, 프로이트와는 다르게 에릭슨(Erik H. Erikson; 1902~1994)은 사회 속에서 맺는 사회적 관계에 따라 성격 발달단계를 8단계로 나누고 있다. 프로이트가 성격발달에 있어서 성본능을 강조한 반면, 에릭슨은 사회적 상호작용의 역할을 강조하고 있다. 정상적 인간이 사회생활 속에서 발달시켜야 할 내용을 중심으로 발달 이론을 제시하고 있다. 각 단계에서는 초점 사항에 대한 적응과 부적응의 갈등이 생겨난다. 즉, 발달은 현실과의 상호작용 속에서 이루어진다. 각 발달단계에서는 발달의 결정적인 시기가 있다고 보았다.

① **구강기**(oral sensory; 0~18개월): **신뢰 대 불신**

이 시기의 중요한 사건은 수유(feeding)이다. 이때 아기는 돌보는 사람과의 일관성 있는 적절한 관계에서 사랑과 신뢰의 관계가 형성될 수도 있다. 관계가 실패하면 불신감이 발달할 수도 있다.

② **항문기**(muscular anal; 18개월~3세): **자율성 대 수치심**

이 시기의 중요한 사건은 배변 훈련이다. 아기의 에너지는 걷기, 쥐기, 항문 괄약근 조절 등 신체의 기술을 개발하는 데 집중되어 있다. 적절한 칭찬을 통해 아이는 통제(control)를 배우고 자율성을 형성해 간다. 만약 조절이 잘 안 되면 수치심이 발달한다. 아동의 자발적 행동을 칭찬해준다면 자율성을 형성하지만, 지나치게 통제하거나 과잉보호하게 되면 자신에 대해 수치심을 갖게 된다. 그리고 이러한 수치감은 성인이 되어 결벽증이나 강박증으로 나타나는 수가 있다.

③ **운동기**(locomotor; 3~6세): **주도성 대 죄책감**

이 시기의 중요한 사건은 아이의 독립이다. 산책을 나갈 때 아이와 보호자의 거리가 점차 멀어진다. 새로운 환경에 대한 탐색욕구, 적극적 행동이 나타난다. 아동의 인지능력과 언어능력이 급격히 발달하여 왕성한 지적 호기심을 갖게 된다. 적극적 행동을 부모가 인정하고 이끌어주면, 주도성이 생겨나지만, 지나치게 비난하거나 질책을 하면 자신에 대해 죄책감을 형성한다.

④ **잠복기**(latency; 6~12세): **근면성 대 열등감**

이 시기의 중요한 사건은 학교생활이다. 아이가 새로운 기술을 배우고자 하는 욕구를 다뤄야만 한다. 그렇지 않으면 열등감, 실패감, 무능감이 발달하게 된다. 자신이 행한 업적을 통해 인정받고 싶은 욕구가 큰 시기이다. 아이가 행한 업적을 칭찬하고 격려해주면 근면성을 발달시키지만, 활동을 제한하고 비판하면 열등감이 생긴다.

⑤ **사춘기**(adolescence; 12~18세): **자아 정체감 대 역할혼돈**

이 시기는 직업과 성 역할, 그리고 종교 등에서 자아 정체성을 형성해야 할 때다. 부모로부터 경제적으로는 독립을 못했지만 정서적으로는 독립하는 시기이다. 지금까지의 모든 발달이 순조롭게 이루어졌다면, 아이는 자신과 타인에 대한 신뢰감, 자기 행동 선택에서의 자율성, 자기가 하는 일에 대한 주도성, 근면성 등을 갖게 될 것이다. 이러한 특성들은 자아 정체감을 확립하는 데 기여한다.

⑥ **청년기**(young adulthood; 19~40세): **친밀감 대 고립감**

이 시기에는 관계를 통한 친밀감을 형성해야 한다. 이성을 사귀고 사랑을 나누는 시기다. 타인과 자신의 정체감을 공유하는 단계이다. 사회에 참여하고 자유와 책임을 가지고 자신의 삶을 영위하는 시기이다. 이 시기에 친밀한 인간관계를 형성하지 못하면 고립으로 고통을 받는다.

⑦ **중년기**(middle adulthood; 40~65세): **생산성 대 침체**

이 시기에 가장 중요한 일은 양육이다. 이 시기에는 자손들을 통해 행복을 느끼고,

자녀를 잘 양육하는 방법을 찾아야 한다. 이 시기의 특징은 창조성, 생산성, 다음 세대의 지도에 대한 관심과 헌신 등이다.

⑧ **성숙기**(maturity; 65세 이상): **자아 통합 대 절망**

이 시기에 중요한 사건은 인생의 '회고와 인정'이다. 자신의 과거, 즉 살아 온 지난날에 대한 정체감을 형성하는 단계이다. 통합은 자신의 삶에 후회가 없이 열심히 살았고 가치 있다고 생각하는 사람의 특성으로, 이런 사람들은 죽음도 겸허하게 받아들일 수 있다. 그러나 이러한 통합이 어려운 사람은 절망감에 빠지게 된다.

(3) 메슬로의 동기위계이론

매슬로(Abraham Maslow; 1908~1970)에 따르면 인간 동기의 원천은 모든 인간에게 공통적인 욕구에 있다. 그는 다섯 가지 욕구의 단계는 생리적 욕구(physiological), 안전의 욕구(safety), 애정・소속 욕구(love/belonging), 존중의 욕구(esteem), 자아실현 욕구(self-actualization)이다. 자기를 계속 발전하게 하고자 자신의 잠재력을 최대한 발휘하려는 욕구이다. 욕구 위계가 낮을수록, 생존을 위해서는 가장 기본적인 것이다. 욕구 위계가 높을수록 그런 욕구를 가진 사람은 소수이다.

- 생리적 욕구: 인간의 기장 기본적 욕구는 생존을 위한 욕구이다. 즉, 음식, 물, 산소, 배설, 휴식 등의 생리적인 것이다.
- 안전의 욕구: 안전의 욕구는 신체적 안전과 심리적 안정의 모두를 다 포함한다. 안전의 욕구는 안전성, 예측가능성, 일상생활의 친숙성에서 오는 심리적 안정뿐만 아니라 안전한 장소와 따뜻함 같은 기본적 요소도 포함된다. 대부분의 안전 욕구는 사회적 시설(법정, 경찰, 소방, 보험 등)[1]을 통해 충족된다(Robert & Lynn, 1988: 484).

1) 우리는 최근(2022.10.29) 핼러윈데이(Halloween Day) 때 서울 이태원동에서 일어난 참사의 책임 소재를 놓고 온 나라가 시끄러운 경험을 했다.

아동에게는 안전 욕구가 지배적인 욕구인데, 특히 유아는 혼란스럽거나 큰 소리에 놀라거나, 엄마의 팔에서 갑자기 떨어질 때와 같이 위험을 느낄 때 온갖 수단을 다해서 반응한다.

- 소속감과 사랑의 욕구: 대개의 사람들은 친구나 가족과 같은 사회적 연결고리가 없으면 심한 외로움을 느낀다. 소속감과 사랑의 욕구가 충족되지 못할 때 사람들은 거절과 사회적 고립을 민감하게 인식하고 충격을 받게 된다.
- 존중의 욕구: 자존감 욕구라고도 한다. 메슬로는 자존감 욕구를 두 가지 형태로 구분하였다.
- 타인에 대한 자존감(esteem from others): 여기에는 인정, 칭찬, 주목, 명성, 평판, 지위 명예 등에 대한 욕구가 포함된다. 개인은 자신의 성취와 공헌에 대하여 타인으로부터 존경받고 가치 있는 사람으로 인정받고 싶어 한다.
- 자기존중감(자존감: self-esteem): 이것은 능력, 숙달감, 성취 자신감, 독립심에 관한 개인적 욕구이다. 이러한 욕구들이 충족되면 사람들은 스스로 가치 있는 존재이고 자신감 있고, 능력 있으며, 유능하고, 필요한 사람으로 느끼며 만족해한다.
- 자아실현 욕구: 대부분의 사람들은 생리적 욕구, 안전의 욕구, 소속감 및 자존감 욕구를 충족시키기 위해서 살아간다. 그러나 이러한 목표를 만족스럽게 성취하는 것은 상당히 어렵다. 매슬로(Maslow, 1970: 46)는 자기실현(self-actualization)을 “개인이 자기가 가진 잠재력을 모두 이루기 위해 자신 특유의 모습으로 되고자 하는 욕구”라고 하였다. 결국 자기실현은 어떤 상태라기보다 하나의 과정이다. 따라서 인간은 자기실현을 위한 과정을 통해 만족을 얻고 행복을 얻는 것이지 결과를 통해 만족하고 행복해지는 것은 아니다. 비록 성취하고 성공한다고 해도 그 만족감은 잠시 뿐이다. 과정이 중요하다.

2. 가족생활주기의 변화

가족의 구성형태 면에서 한국가족은 핵가족 형태를 취하고 있을 뿐만 아니라 가족의 생활주기도 변하고 있다. 가족생활주기(family life cycle)는 개인의 생활 전 영역에서 일어나는 주기와 일치하게 되는데 대다수의 정상적인 가족의 경우는 세월이 흐름에 따라 비슷한 발달과정을 거치게 된다. 즉, 결혼, 자녀출산, 자녀성장 및 출가, 은퇴 등 결정적인 전환기를 겪으면서 동일한 순서 또는 단계를 거쳐 나간다. 가족형성기, 확대기, 축소기는 단축되고 있으며, 확대, 축소 완료기는 모두 길어지고 있다. 카터와 매골드릭(Cater & McColdric, 1986)은 정상적인 가정이 갖는 보편적인 주기를 [그림 1-1]과 같이 8단계로 설명하였다.

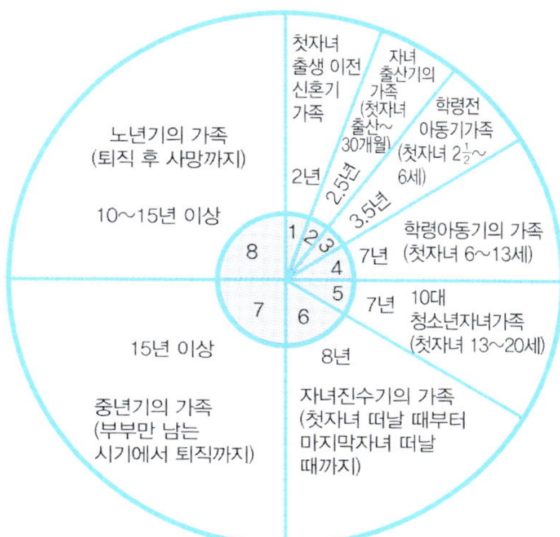

주: 가운데 원 안의 숫자는 단계 표시이고, 가족의 한 생애를 전체 원으로 보고 각 단계마다 차지하는 기간에 따라 원을 분할한 것임.

출처: Duvall, E.(1971). *Family Development*. Philadelphia: J. B. Lippicott, p.121.

[그림 1-1] 가족생활주기의 8단계

1단계는 결혼기로 남녀가 결혼으로 가정을 형성하여 첫 자녀를 낳기 전까지의 신혼기를 의미한다. 2단계는 자녀출생기로, 첫 자녀의 출생부터 막내 자녀가 출생하기 전까지의 기간을 의미한다. 3단계는 자녀의 학령기로 막내 자녀의 출생부터 첫 자녀의 학업기간 종료까지를 의미한다. 4단계는 자녀가 청년기로 자녀들이 취업 등의 이유로 경제적·정신적 독립을 하는 기간이다. 5단계는 자녀가 결혼적령기로 첫 자녀 결혼부터 막내 자녀의 결혼까지의 기간을 의미하며, 자녀들의 분가로 부부세대만의 빈 둥지 시기가 시작되는 시점이기도 하다. 6단계 손자녀들의 출생기는 이들 결혼한 자녀들에 의해 첫 손자녀 출생부터 막내 손자녀 출생까지의 기간을 의미한다. 7단계는 퇴직단계로 오랜 기간 동안 참여해 오던 직장, 사회로부터 분리되어 심리·정서적으로 고립감을 느끼는 단계이다. 8단계는 노령기로서 한쪽 배우자의 사망에서부터 남은 한 사람이 사망하기까지의 기간을 의미하는데, 한쪽 배우자의 사망으로 노인 혼자만의 시기가 길어지고 있다.

특히 최근의 젊은 세대의 결혼기피 현상과 저출산 경향으로 자녀들이 가정을 떠나기 시작하는 4단계에서부터 노인세대의 낮은 사망률로 인해 8단계까지가 길어지는 경향을 보인다. 가정을 구성하는 개인들의 나이가 들어감에 따라 노인들이 가족 속에서의 역할 변화를 경험하게 되면서 가족생활주기가 정상적으로 진행되지 못할 때 고통 및 정신적인 문제를 갖는 경우가 빈번하다.

한국 가족의 생활주기를 알 수 있는 〈표 1-1〉을 보면, 현재 20대가 결혼을 하게 되면 부부만의 빈 둥지 기간이 22.3년, 부인 혼자만의 기간이 6년으로 예상된다. 결국 이러한 가족 생활주기상의 변화로 노년기가 상대적으로 길어짐을 알 수 있다. 이 기간 동안 노인들의 재취업 문제, 부양과 보호의 문제, 가족으로부터 격리되는 문제, 여가활동 등은 이제 개별 노인만의 문제가 아니라 사회 전체의 문제가 되고 있다.

〈표 1-1〉 한국 가족의 생활주기

2020년 연령 여성의 출생연도	70~61세 1950~1959	60~51세 1960~1969	50~41세 1970~1979	40~31세 1980~1989	30~21세 1990~1999
초혼연령	20세	23세	25세	30.0세	30.6세*
첫 자녀 출생	22	24	26.5	32	32.2**
막내 출생	31	26	29	34	34
막내 결혼	58	52	51	64	64.6
배우자 사망	59	67	70	79.7	80.3
부인 사망	66	75	80	85.7	86.3
빈 둥지 시기	8년	23년	19년	21.7년	22.3년
혼자만의 시기	7년	8년	10년	6년	6년

출처: * 통계청 보도자료(2021.03.18.), 「2020년 혼인 · 이혼 통계」, p.6.
** 통계청 보도자료(2021.03.25.), 「2020 한국의 사회지표」, p.15.

3. 생애주기별 욕구와 사회문제 · 사회적 위험

최근 위험(risk)이라는 개념이 현대사회의 중요한 특징과 변화를 설명하는 핵심개념으로 부상하고 있다. 표준국어대사전에 의하면, 위험은 “해로움이나 손실이 생길 우려가 있거나 또는 그런 상태”를 말하고, 위기란 “위험이 현실화했을 때”를 말한다. 위기란 순간적이다. 순간적으로 이 위기를 극복하면 원래의 상태를 유지하게 되고, 위기를 피하지 못했을 땐 온갖 문제에 직면하게 된다. 즉, 문제는 이미 닥친 상황이다. 위기는 아직 닥치지 않았지만 앞으로 닥칠 가능성이 많은 문제이다. 문제에 대처하는 것은 치료적 복지이고, 위기에 대처하는 것은 예방적 복지이다. 예방적 복지가 비용면에서나 인간에게 닥치는 해악을 사전에 방지할 수 있기 때문에 유익하지만 100% 예방이란 불가능하기 때문에 치료적 복지도 필요하다.

생애주기와 가족주기를 통해 개인이나 가족은 그 발달 주기에 따라 당하게 되는 문제나 위기를 다양하게 맞게 된다. 이러한 위기나 문제는 인간이면 누구나 당하게 되지만 그 위기를 극복하거나 문제 상황에서 벗어나는 데 사회적 약자들이 훨씬 불리한 입장에 놓이게 된다. 따라서 사회적 위험이란 사회 구성원 전체에게 일반적 · 보편적으로 발생할 가능성이 있는 사건으로서, 인간다운 생활을 할 권리를 위협하는 현상을 의미한다.

초기 산업화과정에서 노동시장에서 노동자층에게 가장 보편적으로 발생하는 질병, 사망, 노령, 산업재해, 실업 등이 빈곤의 주요 원인이 되었고, 이것은 전통적으로 사회적 위험이었다. 그러나 최근 급격한 글로벌 경제화, 산업구조의 변화, 인구구조의 변화로 인하여 노동시장의 불안정, 가족해체, 젠더문제, 돌봄문제 등 기존의 산업화 시대와 다른 새로운 사회적 위험들이 등장하고 있다.[2] 새로운 사회적 위험은 "후기 산업사회로의 이행과 연관된 경제 · 사회변동의 결과 사람들이 생애기간에 직면하는 위험들"로 규정되는데, 이는 가족구조의 불안정, 노동시장의 유연화, 세계화의 움직임 등으로 가시화되고 있다.[3]

사회적 위험에는 자연재해 관련 위험, 건강 관련 위험, 생애주기 관련 위험, 사회생활 관련 위험, 경제생활 관련 위험 등이 대표적이다(정무권, 2012). 벡(Beck, 1992)은 위험을 재앙(disaster)과 비교하여 "우리를 위협하는 발생가능성이 있는 미래의 사건"이라고 정의한다.[4] 즉 위험은 '불확실하지만 일어날 가능성이 있으며, 측정할 수 없는 위험에 대한 두려움'이라고 정의된다.[5]

한국사회도 다양한 사회적 위험의 부상에 따라 사람들은 위험에 대해 인식하기 시작했다. 2009년도 한 조사에 의하면 응답자의 71.4%가 우리 사회를 '위험한 사회'라

2) 정무권(2012). 위험사회론과 사회적 위험의 역동성: 사회적 위험의 거시적 연구를 위한 비판적 검토, 한국사회와 행정연구. 23(2). pp.195-224.(앞의 논문, p.8.에서 재인용).

3) Esping-Andersen, G.(1999). *Social Formation of Postindustrial Economics*, Oxford University Press.; Taylor-Gooby P.(2004), "New Risks and Social Change," New Risks, New Welfare, ed. by P. Taylor-Gooby, Oxford University Press.

4) Beck, U. lrich(1992). *Risk Society: Towards a New Modernity*, SAGE Publications.(남은영, "사회적 위험과 국민의식: 정책적 합의를 중심으로", 보건복지포럼(2015.03), p.7에서 재인용)

5) Beck, U. lrich(1994). *Reflexive Modernization: Politics, Tradition and Aesthetics in the Modern Social Order*, Stanford University Press(앞의 논문, p.7.에서 재인용).

고 답하고 있다. 아울러 정부가 가장 역점을 두고 대처해야 할 위험으로 실업 및 빈곤, 에너지 고갈과 고유가, 먹을거리 위험, 노후불안, 대기 및 수질오염, 급격한 기후변동 등과 함께 사이버범죄, 사생활침해, 이혼율 증가, 사교육비 폭등 등을 들고 있다.[6)] 최근의 한국인을 대상으로 한 위험사회의 인식조사에 의하면 영역별로 위험수준에 대한 인식을 살펴볼 때 생애주기, 경제생활, 환경의 순으로 위험수준이 심각한 것으로 나타난다.[7)]

위험은 복지국가 및 사회정책 분야에서도 '사회적 위험'이라는 개념으로 핵심 이슈가 되고 있다. 우리나라의 경우, 1990년대 말 외환위기 이후 빈부격차가 첨예한 사회적 문제로 떠오르고 있다. 한국의 소득분배는 1997년까지 대체로 평준화의 방향으로 가고 있었으나 외환위기 이후 급격히 양극화 및 소득불평등이 심화되고 있다. 기존 연구에 의하면 외환위기 이후 계급과 계층의 양극화, 신빈곤 계층의 등장, 노동시장의 왜곡, 비정규직 고용의 확대, 실업의 대중화, 가족해체 등의 사회적 위험이 급격히 증가하고 있다.[8)]

전통사회에서 다수의 구성원들이 두려워했던 사회적 위험이란 전쟁이나 천재지변으로 인해 개인의 복지가 위협받는 것 등이었다. 그러나 산업사회 속의 인간들은 점차 풍요를 누릴 수 있는 기회를 갖게 되지만, 경우에 따라서는 다수의 구성원이 그러한 기회를 갖지 못하게 되는 현상이 나타난다. 과거와는 달리 많은 개인이 자율성을 갖게 되면서 다른 한편으로는 삶의 위기에 빠질 위험성이 높아지며 더욱 의존적이 되는 역설적인 현상에 직면하게 되었다. 그러한 현상들의 발생원인은 주로 당사자의

6) 서울대 사회발전연구소 · 중앙일보 · 중앙대 차세대 에너지안전연구단(2009). 『한국사회에 대한 인식조사』 연구보고서(앞의 논문, p.8.에서 재인용).

7) 김미숙 · 이상영 · 정진욱 · 성균관대 서베이리서치센터(2013). 『위험사회에 대한 국민의식조사』 연구보고서. 한국보건사회연구원(앞의 논문, p.8.에서 재인용).

8) 김인준(1998). 외환 · 금융위기의 특징과 IMF, 『IMF 체제의 사회과학적 진단』 서울대학교 출판부; 송정기 · 박재규(2001). 농촌 지역주민의 사회계층과 일상생활의 변화, 농촌사회. 11(2). pp.37-66; 송호근(2002). 빈곤노동계층의 노동시장 구조와 정책, 한국사회학. 36(1):23-50; 김학주(2004). 가구조의 취업형태에 따른 가계의 부채부담 연구, 사회복지정책. 20. pp.109-131; 전병유(2007). 한국 노동시장의 양극화에 대한 연구: 중간일자리 및 중간임근계층을 중심으로, 한국경제의 분석. 13(2). pp.171-243.(앞의 논문, p.8.에서 재인용).

잘못보다는 현대사회의 구조적인 특성에 있다고 할 수 있다. 예를 들면 대량실업, 직업병, 환경오염, 교통사고, 노후빈곤과 같은 현상은 산업화 이전에는 보기 드물었던 사회적 위험이라고 할 수 있다.[9] 이럴 경우에 사회복지적 지원이 특별히 필요하게 된다.

9) 김영란(2005). 한국의 신빈곤 현상과 탈빈곤정책에 관한 연구, 한국사회복지학. 57(2). pp.41-69.(앞의 논문, p.8. 에서 재인용).

02 사회복지의 개념

02 사회복지의 개념

제1절 사회복지의 의의

인간은 행복을 추구하는 존재다. 동시에 인간은 사회적 존재다. 인간의 모든 노력은 궁극적으로 행복에 귀결되고, 동시에 어떠한 인간도 '우리'라고 하는 '사회'를 떠나서는 존재할 수 없는 것이다. 따라서 인간의 행복추구 노력은 사회라고 하는 인간관계 안에서 이루어져야 하고 또 가능해지는 것이다. 더구나 사회가 더욱 다양해지고 복잡해짐에 따라 인간은 개인의 힘만으로는 살아가기가 점점 어려워지고, 행복은 개인과 전혀 관계없이 침해당하는 일이 빈번해진다. 이것이 오늘날 산업사회의 하나의 특징이다.

인간의 내면적 욕망은 너무나 다양하고 끝이 없어 이를 모두 충족시킨다는 것은 불가능하다. 따라서 이러한 인간의 무한한 욕망을 충족시킴으로써 행복을 얻겠다는 인간적인 노력은 어떻게 보면 파랑새를 잡으려는 것과 같은 헛된 수고인지도 모른다. 그렇다고 해서 아무런 노력도 없이 무의미하게 될 대로 되라는 식으로 살아갈 수도 없는 것이 인간 이성의 가르침이다. 또 사실상 인간의 욕구 실현의 노력은 인류역사의 발전과정을 통해 볼 때 엄청난 발전을 해 온 것도 사실이다. 이런 점에서 무한한 욕망을 가지고 있으나 이를 완전히 충족시킬 수 없음이 인간의 타고난 한계성이요, 동시에 이러한 한계성을 잘 인식하고 있으면서도 포기할 수 없는 것이 인간의 타고난 운명인지도 모른다.

인간의 욕구는 경제적·사회적·육체적·심리적·정신적 측면에서 다양하게 나타나고 있는데, 사회 변천에 따라 경제적 욕구가 크게 부각될 때도 있고, 때로는 그 외 다른 측면이 더욱 부각될 때도 있다. 그중에서도 경제적 욕구, 다시 말하면 가난이 가장 먼저 사회적 문제로 대두되었고, 그 다음으로 육체적 질병, 때로는 무지나 사회적 소외현상 등이 문제로 등장했다. 그리고 이러한 문제들이 각 시대마다 심각한 사회문제로 대두되었을 때는 그 시대의 상황에 따라 적절한 대응책이 강구되었던 것도 사실이다. 가난에 대한 구빈 노력은 인류 역사의 시작과 함께 있어 온 것이다. 하지만 이러한 노력을 오늘날의 사회복지와 동일시할 수는 없다. 왜냐하면 당시만 해도 가난은 어디까지나 개인의 책임이었지, 사회적 책임이란 인식은 전혀 고려되지 않았기 때문이다. 이렇게 볼 때 사회복지란 인류가 천부적으로 가지고 있는 행복추구의 본능에 대한 장해요인을 제거하는 문제를 사회적 문제 또는 사회적 책임으로 보고, 이에 대한 대응책을 강구하고자 하는 노력이 대두된 때부터 시작한다고 말할 수 있을 것이다.

사회적 책임의식은 산업혁명 후 근대적 산업자본주의가 발달하면서부터였고 이때의 가장 큰 사회문제는 도시근로자들의 가난 문제였다. 그래서 당시에는 도시근로자들의 가난을 해소하기 위한 여러 가지 국가 또는 사회적 시책과 노력이 나타났다. 그러나 이렇게 해서 빈곤의 문제가 해소되고 난 후 인류는 행복을 얻었는가 하면 그렇지 못하고 또 다른 문제가 대두되었으니, 이렇게 문제는 한없이 야기되고 이에 따라 그 대응책으로서의 사회복지의 분야도 지속해서 확산되고 있다.

사회문제에 대한 대응책에 있어서 크게 두 가지 측면으로 분류해 볼 수 있는데, 하나는 개인의 능력을 위주로 이를 개발시켜 스스로 문제를 해결하도록 하려는 미시적 관점에서의 기술론적인 방법이요, 다른 하나는 개인의 힘만으로는 불가능하여 사회가 제도적으로 이를 해결해 주어야 한다는 거시적 관점에서의 정책론적 방법이다.

1. 사회복지를 보는 관점

사회복지의 개념은 시대와 나라에 따라 서로 다르게 사용되고 있어 문화에 대해 높은 의존성을 가진다. 동시에 그 용어도 정치적·문화적 배경에 따라 사회서비스(social services), 사회복지(social welfare), 사회사업(social work) 등 서로 다르게 쓰는 경향이 있다. 어떤 나라에서는 일반적으로 사회행정(social administration)이라는 용어를 쓰기도 하고 또 인간서비스(human services), 사회서비스행정(social-service administration)이란 용어도 쓰이고 있다. 이와 같이 서로 상이한 용어를 사용하는 것은 그 나라의 경제개발 수준에 의한 것 같다. 그러나 이런 다양한 용어에 대해 정확한 의미를 부여할 수 있는 충분히 표준화된 전문용어를 가지고 있는 나라는 없다. 따라서 국가 간의 용어는 점점 더 혼동을 일으키고 있다.

사회복지에 대한 기존의 정의가 사회복지의 본질을 규명하고자 하는 것이 아니라 그 방법이나 범위를 한정하는 방법을 택했기 때문에 사람에 따라 그 범위와 방법에 대한 설정이 달라지고 사회변동에 따라 변할 수밖에 없었던 것이다. 따라서 우리나라 사회복지학계에서는 전통적으로 그 범위를 좁게 보느냐 넓게 보느냐에 따라 협의의 개념과 광의의 개념으로 구분해서 보는 것이 일반적이다(김만두, 1982: 11-19; 김상규·전재일, 1982: 18-28; 김영모[1], 1976: 9-14).

1) 김영모 교수는 두 개념을 '사회사업'과 '사회정책'이라는 용어로 구별하고 있다.

1) 미시적 관점과 거시적 관점

(1) 사회복지의 미시적(실천적) 관점

협의 또는 실천적 관점에서의 사회복지는 보다 한정된 사회적 약자나 요보호대상자들에 대한 실천적 활동을 말한다. 윌렌스키와 르보(Wilensky & Lebeaux)의 잔여적(residual) 개념이 바로 이 한정된 사회복지 개념이다. 즉, 가족이나 시장기능으로부터 탈락된 자들에게 정상적인 사회활동을 유지할 수 있도록 보호·치료·예방의 정책이나 방법을 활용하는 경우를 말한다.

프리드랜드(Friedland, 1980: 4)는 "사회복지란 사회적 서비스와 제도의 조직적인 체계와 개인이나 집단이 그들의 생활과 건강을 만족한 수준에 달할 수 있도록 하는 계획된 원조, 그리고 그들의 능력을 충분히 계발하고 가족들과 지역공동체의 욕구와 조화를 이루면서 안녕(well-bing)을 증진해 나갈 수 있도록 하는 개인적·사회적 관계 등을 말한다."고 했다.

레셔(N. Rescher)는 "사회복지란 다차원적인 것이므로 한 사람의 인간의 복지를 고려할 경우에도 거기에는 복합적인 구성요소가 포함된다. 그중에서도 특히 중요한 것은 신체적인 면에서의 복지(건강), 물질적인 복지(풍요, 번영, 부), 정신적·심리적인 복지(정신적·정서적 안정; 정신위생) 등이다."라고 했다(장인협, 1987: 4). 로마니쉰(Romanyshyn, 1971: 28)에 의하면 사회복지란 용어는 적극적인 의미와 한정적인 의미를 공히 내포하고 있다. 즉, 한정적으로는 사회적 약자에 대한 재정적 원조나 서비스를 의미하며, 다른 한편으로는 국민의 보편적 욕구에 대한 공동체의 책임을 의미하는 것이다.

사회복지에 대한 이 정의에는 두 가지 중요한 특징이 내포되어 있다고 베시(Vasey, 1958: 11; Skidmore & Thackeray, 1982: 5)는 설명한다. ① 하나는 사회의 기초단위로서의 가정이 정상적인 기능을 발휘할 수 있도록 지지 또는 강화하는 데 사회복지의 목표가 있다는 것이고, ② 또 하나는 개인이 각자 자신이 처한 생활환경에 적절히 대처할 수 있도록 개인의 능력을 강화하는 데 있다는 것이다.

(2) 사회복지의 거시적(정책적) 관점

광의의 사회복지 개념은 "사회복지란 주민들의 복지를 위해서나 또는 사회질서를 확립하는 데 기본적인 것으로 인정되는 사회적 욕구에 직면하게 될 때 이를 지원하거나 보장해 주는 대비책으로서 일련의 법제, 프로그램, 급여, 그리고 서비스 등의 체계를 말한다(Wickenden, 1965: vii; Romanyshyn, 1971: 3-5; Pumphrey, 1971: 1446; Friedland & Apte, 1980: 4)."

영국에서는 사회복지라는 말보다는 사회적 서비스(social services)란 용어를 사용하고 있는데, 그 의미를 "전 국민의 물질적 · 정신적 · 사회적 최저생활의 확보를 위한 공사(公私)의 사회적 다양한 서비스의 총칭"이라고 하여 광의의 개념을 사용하고 있다(Romanyshyn, 1971: 7).

던햄(Dunham, 1970: 14)은 사회복지란 전체 또는 일부 주민들의 경제적 조건, 건강 또는 인간 상호 간의 능력 등을 증진시키거나 유지시킴으로써 사회적으로 안녕(well-being)을 증진시키고자 하는 조직적인 활동이라고 했다. 따라서 사회복지는 결국 일반적으로 인간 욕구에 대처하는 것이다. 그러나 특별한 서비스가 개인이나 특정 집단, 지역사회 또는 다수 주민들에 제공될 수도 있다. 이러한 사회복지서비스에는 보호(care), 일정한 소득의 유지, 치료, 예방 등이 포함된다.

스키드모어와 태크레이(Skidmore & Thackeray, 1982: 5-6)는 광의의 사회복지 개념에는 다수 국민의 이익과 만족한 상태뿐만 아니라 그들의 신체적 · 심리적 · 정서적 · 정신적 그리고 경제적 욕구까지를 포함한다고 하면서 "사회복지는 우리가 직면해서 해결해야 할 사회문제, 즉 다수 국민이 직면하게 되는 문제, 그리고 그 해결을 위해 집단적으로 협력해서 노력해야 할 그런 문제와 관련된 기초적인 제도 및 과정"이라고 했다. 이런 점에서 사회복지는 우리가 직면해서 해결해야 할 사회문제들을 위해 고용된 자격 있는 사회사업가(social worker)뿐만 아니라 훈련받지 못한 직원들에 의한 서비스까지도 포함한다고 했다.

2) 잔여적 복지와 제도적 복지

앞에서도 보았듯이 전통적으로 사회복지를 거시적 관점과 미시적 관점으로 구분해서 보았다. 그러던 것이 오늘날 사회복지에서는 잔여적 복지(the residual)와 제도적 복지(the institutional)의 두 가지 개념이 보편화되어 있다. 이 서로 상충되는 견해는 윌렌스키(Wilensky, 1965: 138)가 사회복지의 개념을 잔여적인 것과 제도적인 것으로 규정한 이래 가장 널리 인용되고 있다. 잔여적 복지는 미시적 개념이다. 제도적 복지는 거시적 개념이다. 윌렌스키에 의하면, 사회복지사업은 제도적인 접근방법이 좋고, 이러한 지향을 가지고 프로그램을 개발하고 마련하는 것이다. 또 "사회는 개인이 가지고 있는 잠재력을 최대로 발휘하게 함으로써 성장과 발전을 도모할 수 있도록 모든 기회를 마련해 주어야 한다."라고 믿는다. 그뿐만 아니라 "사회는 모든 사람이 안정된 생활을 영위하고 남에게 인정받으며 문화적 · 생리적인 기본욕구를 충족시킬 수 있도록 해줄 책임이 있다."라고 생각한다(Zastrow, 1982: 58). 이 두 가지 개념을 비교해 보면 〈표 2-1〉과 같다.

〈표 2-1〉 잔여적 복지 개념과 제도적 복지 개념의 비교

잔여적 복지 개념	제도적 복지 개념
① 그 욕구가 예외적인 것이다. ② 문제의 상황이 긴급하고 위급하다. ③ 자신이 가진 자원이나 노력을 다 쓴 후에 비로소 도움을 받게 된다. ④ 문제와 서비스 때문에 오명(stigma)을 남기게 된다. ⑤ 부조는 일시적 개선 또는 마지못해 하는 최종적인 수단으로서의 시혜나 자선이며, 되도록이면 빨리 종결짓고자 한다.	① 그 욕구가 산업화로 인해 생기는 것으로 언제나 예상된다. ② 문제가 현대생활의 복잡성 속에 잠재해 있다. ③ 파괴되기 전에 도움이 마련되어 있다. ④ 문제나 서비스 어느 것 때문에도 오명(汚名)이 남지 않는다. ⑤ 서비스는 예방과 재활을 강조하는 제도적인 것이며, 영구적일 수도 있다.

출처: Johnson, H. W.(1982), *The Social Services an Introduction*, Itasca, IL: F.E. Peacock Publishers, Inc., p.15.

3) 선별적 복지와 보편적 복지

제2차 세계대전 후 유럽이 경제적으로 호황기를 누릴 때 유럽 여러 나라는 복지국가로서의 기틀을 닦았다. 이즈음 영국에서는 요람에서 무덤까지 국민의 건강과 복지에 대하여 책임을 지는 복지국가임을 자랑으로 내세웠다. 베버리지는 이 원칙을 사회보험과 공공부조에 적용했다. 사회보험은 보험에 대한 기여를 조건으로 보험급여를 지급하지만 공공부조는 최저생활 미달의 조건만으로 급여를 행하는 것이다. 따라서 최저생계비 미달의 조건을 확인해야 할 means-test(자산조사)를 요구하게 되었다. 여기서 수급자의 낙인의식(stigma)이 문제가 되었다.

사회복지급여에서 선별주의(selectivism)와 보편주의(universalism) 논쟁이 처음 일어난 것은 영국의 학교급식에서이다. 학교급식을 저소득층 자녀들에게만(선별적으로) 무료로 급식한데서 무료급식 아동들의 낙인의식이 문제로 제기된 것이다. 그래서 모든 학생들에게(보편적으로) 무료급식을 시행하였다. 복지재정의 운용에 있어서 효율성과 효과성을 따질 때 대안으로 선별주의를 나세운다. 선별주의는 피보호자의 인권과 낙인논쟁을 불러일으킨다. 이와 같이 보편주의와 선별주의는 서로 상반되는 장・단점을 가지고 있다.

보편주의와 선별주의로 구분해서 본 것은 티트머스(1976)가 처음이었다. 라이언(John Augustine Ryan, 1865~1945)은 보편주의(universalism)와 예외주의(exceptionalism)로 표현했다. 결국 모든 국민을 대상으로 하느냐 또는 어떤 문제를 가진 국민만 대상으로 하느냐의 문제다. 이 양자는 각각의 장단점을 가지고 있다. 보편주의는 행정을 간소화시킬 수 있고, 사회통합을 가져올 수 있다. 그러나 자원의 낭비요소가 많고 높은 의존성을 초래할 수 있다. 선별주의는 비용효과성 측면에서는 좋고 복지 의존성이 낮아 자립심을 길러줄 수 있다. 그러나 수혜자에게 낙인감(stigma)을 남기게 되고 행정비용이 많이 들며 사회분열을 가져올 수 있다.

선별적 복지의 가장 큰 단점은 낙인의식인데 이것은 행정절차를 통해 보완할 수 있다는 주장도 있다.[2] 그러나 낙인감을 극복할 수 있는 성인이거나 나이가 너무 어려 낙인감을 받지 않는 영유아의 경우와는 달리 아동은 외형적으로 남이 모르게 도와준다고 해도 스스로에 대한 자격지심(自激之心)까지 없앨 수는 없다. 공공부조의 성격을 가지고 있는 급여라도 수급자가 심리·정서적으로 손상을 입기 쉬운 약자에게는 보편주의를 적용할 필요가 있을 수 있다.

4) 사회복지의 방법론과 이데올로기

사회복지를 한마디로 정의한다면 복지사회를 구현하기 위한 방법론이라 할 수 있다. 따라서 사회복지의 대표적 대상문제인 빈곤을 어떤 관점에서 보느냐에 따라 그 방법론도 달라지는 것이다.

사회복지정책에서는 가난에 대한 일차적인 책임이 개인에게 있느냐 사회에 있느냐 하는 문제가 끊임없이 되풀이되면서 사회 안에 공존해 오고 있다. 그래서 시대와 상황에 따라 개인의 책임이 부각되기도 하고 때로는 사회의 책임이 강조되기도 한다. 사실 전적으로 어느 한쪽의 책임이라고 단정지을 만한 경우란 없는 것이다. 다만 어느 한쪽의 책임이 더 강조되고 덜 강조되는 경우가 있을 따름이다. 그것은 궁극적으로 시대와 사회 여건에 따라 정책적으로 결정하게 되는 선택의 문제인 것이다. 그러나 오늘날 일반적인 추세가 복지국가라면 사회 또는 국가의 책임이 강조되는 측면에서 평가되는 것이다(박석돈, 2010: 14-15).

사실 빈곤의 원인은 다양하다. 개인에게 책임이 있는 경우도 있고 사회적 책임으로 보아야 할 경우도 있다. 또 경우에 따라서는 양자가 복합적으로 작용해서 빈곤에 빠지게 되는 경우도 있다. 따라서 빈곤을 극복하기 위한 사회복지의 방법론도 보편적

2) 예컨대 일본에서는 보육비의 수납을 주민자치센터에서 담당하고 주민자치센터는 관할구역 내의 어린이집에 매월 보육비를 지급한다. 따라서 기초생활수급자 등 무상보육을 받는 사람과 스스로 비용을 부담하는 사람이 구분되지 않는다. 서울의 무상급식문제가 한창 논의될 때도 선별주의를 주장하는 쪽에서 이러한 방법으로 낙인감을 없앨 수 있다고 주장하기도 했다.

복지가 좋을 경우도 있고 선별적 복지가 좋을 수도 있다. 결국 이 말은 어느 하나의 방법론만으로는 복지사회를 구현할 수 없다는 뜻이다. 이러한 논점들을 정리해 보면 〈표 2-2〉와 같다.

〈표 2-2〉 사회복지방법론과 이데올로기의 비교

보편적 복지	선별적 복지
• 모든 국민을 대상	• national minimum 이하의 국민을 대상
• 빈곤은 사회적 책임	• 빈곤은 개인의 책임
• 제도적 복지	• 잔여적 복지
• 평등·분배를 강조	• 자유·성장을 강조
• 복지수혜에 대한 낙인감(Stigma)이 없음	• 복지수혜는 낙인감(Stigma)을 갖게 됨
• 사회주의적 이념	• 자본주의적 이념
• 진보적 좌파	• 보수적 우파
• 스웨덴, 오스트리아 등 유럽 복지국가들	• 미국, 일본, 한국 등 자본주의 국가들

2. 사회복지의 새로운 관점

1) 어원(語源)으로 본 사회복지의 개념

사회복지(social welfare)는 '사회(social)+복지(welfare)'의 합성어이다. 복지를 뜻하는 'welfare'는 'well+being(안녕)'과 'fare(상태, 과정)'의 합성어이다. 즉, 'welfare'란 삶이 안녕하다는 뜻이다. 여기에다 'social(사회)'이란 단어를 붙이는 것은 개인적 삶의 안녕을 사회 또는 국가가 보장한다는 뜻이다. 즉, 사회복지란 "개인의 안녕을 최종적으로 사회(국가)가 책임을 진다."는 뜻이다. 이렇게 볼 때 사회복지란 개인복지와는 대칭되는 용어이다. 즉, 개인의 안녕은 일차적으로 개인의 책임이라는 것을 전제로 하고 있다.

사회복지란 인간다운 삶에 그 목표를 두고 있다. 인간다운 삶이란 인간으로서의 존엄성이 구현될 때 인간다운 삶이라 할 수 있을 것이다. 따라서 인간다운 삶은 경제적으로, 사회적·문화적으로, 그리고 정서적·정신적·영적으로 인간다운 삶을 살 수 있어야 한다는 것이다. 그러나 이러한 사회복지는 시대적 필요에 의해서 생겨났으므로 그 시대에 따라 그 지향하는 목표점이 달랐다.

2) 사회복지의 이념적 개념

사회복지의 이념은 일차적으로 인간존엄성의 구현에 있다. 사회복지에서 말하는 인간존엄성은 경제적 · 사회적 평등의 실현으로 구현된다고 본다. 그러나 인간의 욕구는 무한하므로 그 욕구수준을 무한정 국가가 충족시킬 수는 없고, 인간다운 삶을 위한 최저한도의 욕구수준을 사회적으로 인정하고 이를 '사회적 욕구'[3]라 했다. 인간다운 삶을 위한 최저욕구수준을 처음에는 절대적 빈곤을 기준으로 하였다. 그러다가 점차 상대적 빈곤을 기준으로 하다가 오늘날 주관적 빈곤을 기준으로 삼아야 한다는 주장도 있다.

결국 이러한 사회적 욕구수준은 시대적 · 지역적으로 점차 평등을 지향하고 있다. 이러한 평등을 국가책임으로 구현해야 한다고 본다. 따라서 사회복지의 기본이념은 인간존엄성의 구현과 평등의 실현, 그리고 국가책임사상이라 할 수 있다. 이러한 개념들을 종합해서 사회복지를 정의한다면 "사회복지란 개인의 사회적 욕구를 사회(또는 국가)가 최종적인 책임을 지고 이를 충족시키고자 하는 제도(institution), 정책(political measures), 및 실제(practice)"라고 할 수 있다. 이것은 거시적 관점에서의 사회복지 개념과 같다. 사회복지의 개념에는 사회보장과 사회복지서비스가 포함된다.

"사회보장(social security)이란 개인의 사회적 욕구를 국가 또는 사회가 최종적인 책임을 지고 이를 물질적으로 충족시켜 주고자 하는 제도 및 정책"을 말한다. 이러한 사회보장의 개념에는 사회보험과 공공부조가 포함된다.

3) 이것을 '기본적 욕구'라고 하기도 한다. 그러나 기본적 욕구란 인간 생존을 위한 최소한의 필수적인 욕구를 말하기도 한다. 동시에 이러한 기본적 욕구는 시대와 장소에 따라서 달라질 수 있다. 따라서 시간적 · 공간적 조건에 따라 정해지는 기본적 욕구를 '사회적 욕구'라고 보는 것이 타당할 것이다.

"사회사업(social work)이란 개인의 사회적 욕구를 스스로 충족시킬 수 있도록(이를 도와주거나 그 장애요인을 제거시켜 주는 등) 인적·전문적 과정의 도움을 주는 사회복지의 실제"를 말한다. 이것은 사회복지서비스와도 같은 개념이라고 보아야 할 것이다. 사회복지서비스(사회사업)의 개념에는 인적 서비스(수발·개호), 물적 서비스, 전문적 서비스(사회복지실천·사회복지실천기술) 등이 포함된다.

3) 「사회보장기본법」의 개념 정리

(1) 사회보장

출산, 양육, 실업, 노령, 장애, 질병, 빈곤 및 사망 등의 사회적 위험으로부터 모든 국민을 보호하고 국민 삶의 질을 향상시키는 데 필요한 소득·서비스를 보장하는 사회보험, 공공부조, 사회서비스를 말한다(「사회보장기본법」 제3조 제1호).[4)]

(2) 사회보험

국민에게 발생하는 사회적 위험을 보험의 방식으로 대처함으로써 국민의 건강과 소득을 보장하는 제도를 말한다(「동법」 제3조 제2호).

(3) 공공부조(公共扶助)

국가와 지방자치단체의 책임하에 생활유지능력이 없거나 생활이 어려운 국민의 최저생활을 보장하고 자립을 지원하는 제도를 말한다(「동법」 제3조 제3호).

4) 사회보장의 개념을 이렇게 광의로 보면 「사회복지」와 「사회보장」과의 관계가 모호해진다. 우리나라 「헌법」은 "국가는 사회보장·사회복지의 증진에 노력할 의무를 진다."(제34조 제2항)라고 하여 두 개념을 구분하고 있다. 그런데 「사회보장기본법」이 사회보장의 범위를 '사회보험·공공부조·사회서비스'로 규정한다면 「헌법」에서 말하는 사회복지는 무엇을 말하는 것인가? 또 사회서비스와 사회복지는 다른 것인가? 같은 것인가? 이러한 의문을 해소하기 위해서 사회복지 개념과 사회서비스의 개념을 구분할 필요가 있다. 그리고 사회보장의 범위를 사회보험과 공공부조로 제한해서 보는 것이 옳을 것이다. 사회복지의 범위는 사회보장과 사회서비스로 보고 사회보장은 사회보험과 공공부조로 보는 것이 이해하기 쉬울 것이다. 여기에서 용어의 정의는 「사회보장기본법」의 적용범위로 이해하고 학문적으로는 다르게 보는 것이 좋을 것이다.

(4) 사회서비스[5)]

국가 · 지방자치단체 및 민간부문의 도움이 필요한 모든 국민에게 복지, 보건의료, 교육, 고용, 주거, 문화, 환경 등의 분야에서 인간다운 생활을 보장하고 상담, 재활, 돌봄, 정보의 제공, 관련 시설의 이용, 역량 개발, 사회참여 지원 등을 통하여 국민의 삶의 질이 향상되도록 지원하는 제도를 말한다(「동법」 제3조 제4호).

3. 인간다운 삶에 대한 재해석

복지문제의 변화는 결국 인간의 삶에 대한 기본적인 욕구를 다시 살펴보게 한다. 사회복지의 목적은 궁극적으로 인간존엄성의 구현에 있다. 「헌법」은 "모든 국민은 인간다운 생활을 할 권리가 있다(제34조 제1항)."라고 규정하였다. 이것을 「국민기초생활보장법」은 "이 법에 의한 급여의 기준은 건강하고 문화적인 최저생활을 유지할 수 있는 것이어야 한다(제4조 제1항)."라고 했다. 그러면 무엇이 '인간다운 생활'이며, 무엇이 '건강하고 문화적인 최저생활'인가?하는 문제가 항상 의문으로 남는다. 그 기준은 매년 보건복지부장관이 정하도록 하였다(「국민기초생활보장법」 제4조 제2항). 결국 인간다운 삶이란 시대와 상황에 따라 변할 수 있고 또 변해야 한다는 말이다. 그렇다면 인간의 삶이란 도대체 무엇이란 말인가?

한국 고어(古語)에 'ᄉᆞᆯᆷ'이란 단어가 있다. 이것이 '사름' → '삶'이라는 동명사와 '사람'이라는 명사로 변했다. 즉, '사람'과 '삶'은 같은 어원을 가지고 있다. 삶을 한자로는 생활(生活)이라고 한다. 생활이란 사람에게만 쓰이는 말이다. 삶이란 단어도 사람에게만 쓰는 말이다. 이것은 인간의 삶은 생존의 의미 그 이상의 어떤 특징적인 요소

5) 구법에서 '사회복지서비스'라는 용어를 개정법은 '사회서비스'로 바꾸었다. 그러면서 서비스의 내용을 "상담 · 재활 · 직업소개 및 지도 · 사회복지시설이용 등"에서 "복지, 보건의료, 교육, 고용, 주거, 문화, 환경 등의 분야에서 인간다운 생활을 보장하고 상담, 재활, 돌봄, 정보의 제공, 관련 시설의 이용, 역량 개발, 사회참여 지원 등" 종래의 관련 복지제도의 내용까지 포함시켜 개념을 확대하였다. 따라서 사회서비스는 종래의 사회복지서비스와 관련 복지제도를 포함한 보다 광의의 개념으로 사용했다고 볼 수 있다.

가 있음을 뜻한다. 즉, 인간의 삶에는 몇 가지 조건이 전제되어야 한다.

첫째 인간의 삶에는 희로애락(喜怒哀樂)이 있어야 한다. (향유)
둘째, 인간은 그 희로애락을 느껴야 한다. (인식)
셋째, 그 희로애락을 서로 나누어야 한다. (대화)

이 세 가지 요건을 갖추지 못하면 인간의 삶이라고 할 수 없다. 그렇다면 이러한 조건을 가지고 우리의 삶을 비추어 보자. 과연 우리의 삶에는 희로애락이 있는가? 우리는 그 희로애락을 느끼는가? 그리고 그 희로애락을 가족이나 다른 누군가와 충분히 나누고 있는가?

시설에서의 삶이나 재가복지의 대상이 되는 복지 수혜자들의 삶이 바로 이러하지는 않은가? 이들에게 진정 희로애락이 있을까? 그 희로애락이 어느 정도나 될까? 그들은 누구와 희로애락을 나누는가? 이런 것들이 앞으로 가장 첨예한 복지의 문제로 등장할 것이다.

인간의 삶 가운데 존재하는 희로애락은 반드시 물질이 전제되는 것은 아니다. 때로는 풍요로운 물질이 있음에도 불구하고 희로애락이 없을 수 있다. 인생의 희로애락은 물질적 욕구와 반드시 상관관계에 있는 것은 아니다. 따라서 물질적 욕구충족과는 전혀 다른 방법으로 접근해야 하는 것이다.

모든 사람, 비록 복지 수혜자들에게도 그들의 삶에 희로애락이 있어야 하고, 그 희로애락을 함께 나눌 사람이 있어야 한다. 이런 점에서 앞으로는 복지 수혜자와 공급자가 따로 있을 수 없다. 모두가 수혜자인 동시에 공급자가 되어야 한다. 이런 차원에서 보면 국가나 지방자치단체가 행정적으로 개입해서 해결할 수 있는 성질의 것이 아니다. 이것은 바로 지역사회 공동체의 몫일 수밖에 없다.

제2절 사회과학과 사회복지학

1. 사회과학의 개념

사회과학은 인간과 인간 사이의 관계에서 일어나는 사회 현상과 인간의 사회적 행동을 탐구하는 과학의 한 분야이다. 사회과학은 자연과학의 발전에 영향을 받아 발전한 과학적 방법을 사용하여 사회 현상을 연구한다. 따라서 자연과학과 같이 사회과학 역시 경험적 지식체계를 구축하는 경험과학이라 할 수 있다. 그러나 자연과학과 달리 사회과학은 인간 사이의 관계를 연구하기 때문에 가치관의 문제가 대두될 수밖에 없다. 따라서 자연과학과 동일한 방법으로 사회 현상을 연구하여 규명하기에는 한계가 있다. 하지만 사회 현상에서도 독자적인 규칙성을 발견할 수 있기 때문에 사회과학은 이를 설명할 수 있다.

사회과학이 가치관의 문제에서 자유로울 수 없다는 점은 1970년대 이후 오랫동안 사회과학이 진정한 과학이 될 수 있는가에 대한 비판의 근거로 작용하였다. 사회과학자들은 자연과학 역시 정도의 차이는 있으나 일정 부분에서 선입견과 편견의 영향을 받을 수밖에 없다고 이를 반박하는 한편 사회과학의 엄정한 과학성을 증진시키기 위해 노력하였다. 사회과학이 진정한 과학이 되기 위해서는 최소한 사회 현상을 일반적으로 설명할 수 있고 이론에 대한 검증이 가능하며 사회 현상에 대한 객관적 입장과 함께 가치관에 대한 상대적인 상호 주관성을 인정하여야 하며 이론의 수정이 가능하여야 한다는 전제 조건을 만족시켜야 한다.

사회과학은 방법적으로 자연과학과 동일한 것인가? 법칙적 보편화에 대하여 역사적 개별화가 가능한 것인가? 정책적 실천을 위한 평가가 가능한 것인가? 등 더욱 구명해야 할 과제가 남아 있으며, 현재 아직도 그 논의가 진행 중에 있다.

2. 사회과학으로서의 사회복지학

사회복지학은 어떤 학문인가? 학문의 사전적 의미는 "어떤 분야를 체계적으로 배워서 익힘. 또는 그런 지식."이라고 했다. 즉, 학문은 "인간이 다양한 방법으로 얻은 지식을 이론적으로 체계화한 것"을 말한다. 이러한 학문은 교육을 통해 얻어질 수도 있지만 스스로의 탐구로도 이룰 수 있다. 이에 비해서 과학(science)은 사전적 의미로 "보편적인 진리나 법칙의 발견을 목적으로 한 체계적인 지식. 넓은 뜻으로는 학(學)을 이르고, 좁은 뜻으로는 자연 과학을 이른다."라고 설명한다. 따라서 과학은 인간이 다양한 방법으로 얻은 지식을 논리적·객관적으로 검증할 수 있을 것을 요구한다.

과학은 그 대상에 따라 자연과학, 사회과학으로 나뉜다. 자연과학(natural science)은 "자연 현상을 연구 대상으로 하는 과학"을 말한다. 때로는 자연과학만을 과학이라고 부르는 경우도 있다. 아직도 인문학이나 예술 등은 과학이라 보지 않는 경우도 있다. 실증적인 과학은 르네상스 이후에 먼저 수학적 자연과학으로서 태어났다. 이어 화학, 생물학이 발달했으며, 19세기에 이르러 사회과학이 태어났다.

사회과학(social science)은 "사회 현상 연구대상으로 하는 과학", 즉 사회 현상을 지배하는 객관적 법칙을 해명하려는 경험과학을 통틀어 이르는 말이다(표준국어대사전 참조). 인간의 집단인 사회 안에서 인간과 인간 사이의 관계에서 일어나는 사회 현상과 인간의 사회적 행동을 탐구하는 과학의 한 분야이다. 일반적으로는 사회과학이라고 할 경우 인류학, 사회학, 경제학, 경영학, 정치학, 심리학, 지리학, 교육학, 법학 등을 가리킨다. 이 중에서도 사회복지학은 그 역사가 매우 짧다. 이에 비해, 인문학(또는 인문과학)의 영역에는 신학, 철학, 법학, 역사학, 종교학, 언어학, 문학 등이 있다. 학문의 역사로 보면 인문학의 역사가 제일 오래 되었다.

사회과학은 자연과학의 발전에 영향을 받아 발전한 과학적 방법을 사용하여 사회 현상을 연구한다. 따라서 자연과학과 같이 사회과학 역시 경험적 지식체계를 구축하는 경험과학이라 할 수 있다. 그러나 자연과학과 달리 사회과학은 인간 사이의 관계를 연구하기 때문에 가치관의 문제가 대두될 수밖에 없다. 이런 점에서 사회과학은 과학이 아니라고 한다. 하지만 사회 현상에서도 독자적인 규칙성을 발견할 수 있기 때문에 사회과학은 이를 설명할 수 있다.

3. 응용과학으로서의 사회복지학

기초과학(fundamental science; basic science)이란 순수과학으로 사물의 본질(what)을 탐구하는 학문이다. 인간은 진선미를 추구하는 본능을 타고 태어난다. 통상적인 의미로 기초과학은 순수한 지적 호기심에서 나오는 진리 탐구 자체를 목적으로 하는 학문 분야라는 뜻에서 순수과학(pure science)이라고도 한다. 자연과학에 속하는 기초 학문 분야로는 과학과 기술 발전의 기초가 되는 수학, 물리학, 화학, 생물학, 천문학, 지구과학 등이 있다. 사회과학에 속하는 기초학문으로는 법학, 경제학, 경영학, 교육학, 심리학, 사회학, 사회복지학, 정치외교학, 도서관학 등이 있다.

응용과학(Applied Science)은 인류의 사회생활에 응용하는 것을 목적으로 하는 학문이다. 자연과학 분야의 응용과학으로는 의학, 약학, 공학, 치의학, 수의학, 농학, 수산학, 임학 등이 있다. 사회과학 분야의 응용과학으로는 경영학, 법학, 행정학, 사회복지학, 신문방송학, 관광학 등이 이에 속한다. 순수과학은 사물의 본질을 탐구하는 것을 목적으로 한다. 그러나 응용과학은 순수과학을 통해 얻은 지식을 응용하여 인간 생활을 보다 편리하고 윤택하게 만드는 것을 목적으로 하는 학문이다. 사회복지학은 그 목표가 모든 사람의 '인간다운 삶'이기 때문에 인간에 대한 지식이 필요하다. 따라서 인간 탐구가 목적인 심리학, 사회학을 비롯하여 다양한 인접학문에 대한 광범위한 이해가 필요하다.

4. 방법론으로서의 사회복지학

과학은 사물의 본질(what)을 탐구하는 것이라면 방법은 과학이 탐구한 지식을 활용하여 어떻게 하면 인간 생활에 유익하고 편리하게 사용할 것인가의 수단(how)을 말한다. 따라서 기초과학은 what을 탐구하는 학문이라면 응용과학은 how를 추구하는 학문이라 할 수 있다. 그런데 사회복지학은 복지사회 구현이라는 거시적 방법론으로서의 정책론이 있고, 사회복지 실천현장에서의 구체적인 방법으로서의 사회복지 전문기술이 있다.

정책이란 '어떤 목표 또는 결과를 얻기 위한 행동을 지배하는 원리'를 말한다. 개인 또는 작은 집단의 경우 보통 '계획'이라고 한다. 큰 집단이나 국가단위에서는 정책이라는 용어를 주로 쓴다. 오늘날 지구상의 모든 국가는 최종적인 국가목표가 정치적으로 민주국가 건설이요, 사회적으로 복지사회 건설이다. 그렇다면 어떤 방법으로 복지사회를 이룩할 것인가의 국가적 방법론이 사회복지정책이 된다.

기술(技術)은 과학, 공학, 기능과 관련하여 다양한 뜻으로 쓰인다. 국립국어원의 표준국어대사전은 다음과 같이 정의하고 있다. "과학 이론을 실제로 적용하여 자연의 사물을 인간 생활에 유용하도록 가공하는 수단" 또는 "사물을 잘 다룰 수 있는 방법이나 능력"이라고 했다. 사회복지실천현장에서 개인이나 집단, 가족, 조직, 지역사회와 함께 일하는 사회복지사는 개입 목적을 달성하기 위해 사회복지 전문가로서의 기본적인 역할을 이해하고 기본 지식과 기술을 갖추는 것이 필요하다. 그리하여 주어진 상황에 알맞은 다양한 개입 역할을 선택하고, 각각의 역할수행에 필요한 전문지식과 기술을 적용할 수 있어야 한다.

일반적인 기술(skill)의 의미는 솜씨나 지식, 재능, 성격 또는 자원을 능숙하게 활용하는 것이다. 바커(Barker, 1991)는 사회복지사의 기술을 대화나 클라이언트의 문제, 욕구, 능력 등에 대한 사정, 자원개발과 사회구조를 변화시키는 데 있어서의 숙련성이라고 정의하고 있다. 즉, 사회복지실천기술은 사회복지의 지식과 가치를 가지고 이들을 행동으로 전환시켜 주는 실천적 요소를 말하는데, 여기서의 행동이란 클라이언트의 관심사와 욕구에 대처하는 것을 말한다(Johnson & Yanca, 2001: 52).

미국의 경우 대부분의 사회복지학과 또는 사회복지전문대학원(School of Social Work)에서는 일주일에 2~3일은 사회복지현장에서 일반 직원과 똑같이 출근해서 실습을 하고, 3~2일은 학교에서 강의를 듣는다. 이런 점에 비해 우리나라의 사회복지사 양성과정은 대단히 허술하다고 하지 않을 수 없다. 더구나 최근에는 개설된 전공과목 수도 적어지고 전공 이수 학점 수도 줄이는 경향이다.

사회복지실천현장에서의 가치・지식・기술은 개별적으로 작용하는 것이 아니라 통합적으로 작용한다. 이런 전문적 요소들은 꾸준한 노력과 오랜 경험을 통해 익숙해지도록 습관화해야 한다. 지식으로 이해하고 암기하는 것만으로는 불가능하다.

03

사회복지의 가치와 이념

Introduction to Social Welfare | chapter 03

사회복지의 가치와 이념

제1절 사회복지의 동기

우리는 사회복지의 근원을 1601년 엘리자베스 구빈법에서 찾는다. 그것은 이 구빈법이 최초로 빈민구제를 국가책임으로 인정하고 국세를 빈민구제사업에 투입하였기 때문이다. 사회복지라는 용어도 개인의 복지에 대한 사회적 책임이라는 의미에서 사회복지라고 한다. 개인의 복지는 1차적으로 개인에게 그 책임이 있다. 그러나 개인이 그 책임을 다 할 수 없을 경우에 사회 또는 국가에게 그 책임을 묻는다는 의미에서 사회복지 또는 국가복지라고 한다. 엘리자베스 구빈법 이전에는 인간의 타고난 본성에 따라 다양한 동기에서 서로를 도우면서 살아왔다. 그러나 서로를 돕지 않는다고 해서 비난할 수 있어도 책임을 물을 수는 없었다. 그 다양한 동기도 자발적인 동기에서 점차 의무적 동기 내지는 책임의식으로까지 발전해 왔음을 알 수 있다.

1. 동정(측은지심)

동정심(sympathy)은 남의 어려운 처지를 안타깝게 여기는 마음을 말한다. 이를 측은지심(惻隱之心)이라고도 한다. 측은지심이란 불쌍히 여기는 마음을 이른다. 남을 돕는 행위는 동정심이나 측은지심의 발동으로 나타나는 현상일 수 있다. 이것은 인간 본성으로 인간이면 누구나 타고나는 것이다. 그러나 누구나 타고나는 본성이라 할지라도 후천적인 교육이나 환경에 따라 동정심이 잘 발동되는 사람도 있고 그렇지 못한 사람도 있다. 마치 인간이면 누구나 양심을 타고나지만 그 양심이 건전한 사람이 있고 둔감한 양심을 가진 사람이 있는 것과 마찬가지다. 따라서 양심을 갈고 닦듯이 동정심도 갈고 닦아야 하는 것이다.

2. 두레(상부상조 정신)

'두레'는 농민들이 농번기에 농사일을 공동으로 하기 위하여 부락이나 마을 단위로 만든 조직을 말한다. 우리 민족에게는 예로부터 상부상조의 아름다운 전통이 있었다. 혼자 처리하기 어려운 일은 공동의 노력으로 해결하고 또한 내가 어려울 때 도움을 받았듯이 남이 어려울 때 나도 그들을 돕는다는 협동정신의 어울림이 활발했다. 이것이 점차 변모하여 가정에 혼사나 장례가 있을 때는 상호부조가 상례로 되어 있다. 오늘날 친목계(親睦契)의 형태로 남아 주로 경제적인 도움을 주고받거나 친목 도모의 기능을 수행하고 있다.

3. 자선(charity)

자선이란 불쌍히 여겨 남을 도와주는 행위를 말한다. 흔히 불교는 자비(慈悲), 유교는 인(仁), 그리스도교는 사랑의 종교라고 한다. 동양사상, 특히 극동지역의 사상을 지배해온 불교와 유교의 가르침인 자비와 인(仁)은 결국 그리스도교의 사랑과 그 맥을 같이 하는 것이라 볼 수 있다. 불교의 자비와 유교의 인도 결국은 인간 존중사상, 즉 인간의 불성(佛性) 또는 천(天)의 인간에 대한 지상명령이라는데 뿌리를 두고 있다. 이것은 그리스도교 사상의 "하느님 모상을 닮은 인간"이므로 인간은 존엄하다는 사상과 그 바탕을 같이 하고 있음을 알 수 있다. 즉, 인간존엄사상의 근거가 불완전한 존재인 인간 자신에게 있는 것이 아니라 완전한 존재인 절대자에게 근거를 두고 있으므로 인간은 서로 간에 자비를 베풀어야 하고 인을 베풀어야 하고 서로 사랑해야 한다는 것이다.

이러한 자비 · 인 · 사랑은 동서양을 막론하고 그 구체적인 표현이 사회적, 경제적 또는 인간적 약자에 대한 여러 가지 형태로의 나눔으로 나타났다. 그리고 이러한 나누는 행위는 나누는 사람의 자의(恣意)가 아닌 의무라는 사상을 다 같이 가지고 있었다. 그러나 시대의 흐름에 따라 가진 자의 의무 또는 책임이라는 생각은 약화되고 점차 그 순수성이 흐려진 경향은 동서양을 막론하고 다 같이 나타난 현상이었다.

4. 이타주의(altruism)

전통적으로 사회통합과 사회통제의 유지는 종교가 담당해 왔다. 가난한 자와 병자 그리고 도움이 필요한 자를 돌보는 것, 부자에게 자선을 권장하고 가난한 형제에 대한 그들의 의무를 상기시키는 것, 구조(救助)를 조직하고 공동체 의식을 유지시키는 것, 이 모든 것은 농업사회에서 종교기관이 수행하던 훌륭한 통합기능이었다(남찬섭, 1996: 95). 역사적으로는 초대 그리스도교 공동체와 오늘날 종교의 수도공동체에서 공동체의 전형을 찾을 수 있다. 티트머스(Titmuss)는 "사회행정이 통일적인 관심을 갖는 일차적 영역은 통합을 증진시키고 소외를 추방하려는 사회제도들이다."라고 했다. 사회복지의 기능주의적 분석은 '공동체' 또는 '연대'의 개념을 복지와 연결시킴으로써 '이타적' 행위의 주요 결과들뿐만 아니라 이타적 행위의 중요한 변천에도 주의를 기울이게끔 하고 있다(남찬섭, 1996: 97). 이타주의란 사랑을 주의로 하고 질서를 기초로 하여 자기를 희생함으로써 타인의 행복과 복리의 증가를 행위의 목적으로 하는 생각 또는 그 행위(표준국어대사전)를 말한다. 여기서 우리는 이념이 제도를 통해서 구현될 수 없음을 알게 된다. 이념은 이를 실현하려는 사회구성원들의 적극적인 의지가 있을 때 달성될 수 있는 것이다. 이러한 의지는 인간의 한계성 때문에 지속적인 교육과 운동(movement)이 필요하게 된다.

5. 박애주의(philanthropy)

현대적 사회복지사업의 역사는 인류 역사의 시작과 함께 있어 온 자선 또는 박애정신에서 나온 구제활동에서부터 찾아야 할 것이다. 박애주의란 "인종 · 국적 · 종교 등에 따른 이기심이나 차별을 버리고 인류 전체의 복지증진을 위하여 온 인류가 서로 평등하게 사랑하여야 한다는 정신을 말한다. 이러한 정신에 따른 구제활동은 서기 기원전에도 이스라엘, 그리스, 로마시대부터 가끔씩 전해지고 있지만, 비교적 분명하게 전해지고 알 수 있는 것은 그리스도교의 전래로부터 일어난 여러 가지 구제사업에서 찾아야 할 것이다.

그리스도교는 '하느님과 인간에 대한 사랑', 즉 애주애인을 내걸고, 불행한 하부 계층의 사람들도 한 형제로 생각하는, 즉 인간을 인간으로 생각하는 절대적 사랑(Agape)을 기초로 구제 · 자선을 벌였다. 그리스도교는 처음에는 정치적으로 압박을 받았지만 신자 수가 많아지고 로마제국의 국교로 되면서 세계 종교로 발전하였다. 즉, 로마제국의 콘스탄티노플 황제의 국토통일정책에 편승하여 종교자유선포(AD 313) 이후 그리스도교의 조직과 활동의 확대는 괄목하게 성장하였다.

그리스도교의 사랑의 조직적 활동은 신구약성서를 통해 수없이 나타나는데, 언제나 과부, 고아, 이민자, 나그네 등이 불행의 대표격으로 등장한다. 성서는 이들에게 재산상의 도움을 주어야 하고, 처지를 이해하여 신분상의 불평등한 대우를 하지 말아야 하고, 정신적으로 위안을 주어야 한다고 강조한다.

초대 교회 신자들은 서로 한 형제와 같이 사랑하여 가진 바 모든 재산을 함께 내놓고 모두가 평등한 생활을 하며 7인의 부제(副祭; Diacon)[1]를 선발하여 이들에게 감독의 직분을 주고 빈자, 병자, 고독자 등을 보호하는 직책을 맡겼다. 그 최초의 기록은 기원 초 이집트 수도자들이 어려운 사람, 병약자, 의지할 곳 없는 사람들에게 자선을 베푼 구빈원(Diaconia; 봉사) 활동에서 찾아볼 수 있다. 이러한 구빈원은 359년 니케아 공의회(Council of Nice), 이후 도시에서 제노도키움(Xenodochium; 여행자의 집=Inns for Travellers)으로 발전했다(芹澤勇, 1982: 38-39).

6. 기부(donation)

자선사업이나 공공사업을 돕기 위하여 돈이나 물건 따위를 대가 없이 내놓는 행위를 말한다. 우리나라에서 있었던 대대적인 기부행위는 대한제국 때의 국채보상운동이 대표적이다. 국채보상운동은 대한제국 때에, 일본으로부터 빌려 쓴 1,300만 원을 갚기 위하여 벌인 거족적인 애국운동을 말한다. 융희 원년(1907)부터 이듬해까지 국권회복을 위한 투쟁의 일환으로, 대구의 서상돈 등이 주동하고 제국신문, 황성신문, 만세보 등이 적극 지지하여 모금 운동을 벌였다. 이때 온 국민이 이 운동에 동참하여 대대적인 기부행위가 있었다. 그러나 이 운동은 통감부의 압력과 일진회의 방해로 중지되고 말았다.

최근에는 1997년 IMF(국제통화기금)에 구제금융을 요청하던 당시, 우리나라의 외채를 갚기 위하여 국민들이 자발적으로 나라에 금을 기부하던 소위 '금모으기 운동'이 있었다. 이러한 운동으로 우리나라는 최 단기간에 IMF의 간섭에서 벗어날 수 있었다.

이와 같은 거국적인 기부운동 외에 사회복지사업을 돕기 위한 민간주도의 모금운

1) 천주교회의 성직(聖職)의 한 단계. 부제, 사제, 주교로 이루어진다.

동으로는 '릴리회'가 처음일 것이다. 1970년 1월 김광자 여사에 의해 릴리회가 탄생하였다. 릴리회는 한센환우구호사업을 돕는 후원단체다. 당시 대구 가톨릭피부과병원은 오스트리아 출신 간호사 엠마 프라이징거 여사가 오스트리아 가톨릭부인회의 재정적 지원을 받아 설립한 한센환우들을 위한 전문 치료기관이었다. 당시 한국은행 부산지점에 근무하던 김광자 씨는 동료 여행원들과 정기적으로 돈을 모아 한센환자들을 돕자고 결의하고 최초로 20명의 회원을 확보하여 당시 서울에 있던 가톨릭나사업가연합회로 보낸데서 오늘날의 릴리회가 탄생되었다. 그 이름도 "깨끗하고 아름다운 아가씨들의 모임"이란 뜻에서 "릴리"라는 이름을 지은 것이다. 아마도 이것이 우리나라 민간모금운동의 시도일 것이다.

거국적인 기부금 모으기 운동으로는 1969년에 제정된 「사회복지사업법」의 '공동모금회' 규정이다. 그러나 이 규정은 유명무실했다. 그후 1997년에 「사회복지공동모금회법」을 제정하여 1998년부터 본격적인 모금활동을 시작하였다. 올해(2023)로 25년이 되는 사회복지공동모금회는 한국 최대의 공동모금기관이 되었다. 자발적인 기부로 운영하는 사회복지공동모금회는 2020년도 말 기준으로 한 해 총모금액 846,106백 만원을 달성하였다.

7. 공동선 사상

공동선(common good) 사상은 "인간이 선량할 수 있기 위해서는 반드시 공동의 복지에 어긋남이 없어야 한다."[2] "도덕이란 그것이 공동복지에 일치되면 될수록 그만큼 더 높은 가치를 지니게 된다."[3] 는 사상에서 출발한다. 그래서 사회의 목적은 그 사회의 공동선이며, 개개인의 이익은 아니다. 또 사회를 구성하는 다양한 이익의 총화도 아니다.[4] "따라서 사회는 공동목적을 위하여 조직된 사람들의 집단이라고 할 때 그

2) St. Thomas Aquinas, THE SUMMA THEOLOGICA, Ⅰ-Ⅱ, Q. 92, a. 1, ad. 3.

3) Ibid., Ⅰ-Ⅱ, Q. 141, a. 8.

공동목적을 공익이라고 보고 이 공익은 인간의 자연적 지식을 통하여 알려진 것인 동시에 신의 뜻 속에 표명된 것, 즉 천부적인 것이라고 본다. 사회적 책임이 모든 공동체의 토대이며, 그것은 진리, 정의 및 개인들의 행복에 토대를 두는 것이다. 그렇기 때문에 국가는 시민 가운데 어떤 개인이나 집단의 유익을 위해서가 아니라 모든 사람의 유익을 위하여 존재해야 하는 것이다. 공익은 국가의 존재와 행위를 위한 자연적인 토대이며, 국가가 그 자체의 목적수행에 있어서 실행하는 법률들의 정의의 시험이다. 그래서 국가는 공익이라는 기준을 가지고 사람의 현세적 요구들이란 물질적으로 유족한 생활을 말하며, 이를 위해 사람의 육체적 요구들과 조건들을 공급함으로써 국가는 비록 불완전할지라도 보편적 행복을 이룩하기 위해서 노력한다.[5] 여기서 국가가 사람들의 현세적 삶을 풍족하고 행복하게 돌보기 위해서 유한한 재화를 어떻게 관리할 것인가? 하는 문제가 어렵게 대두되고 있다.

공동선 사상의 소유권에 대한 이념은 사유공용이다. 다만 인간의 욕망 때문에 야기될 수 있는 혼란을 막고 질서를 유지하기 위해서 개인의 사유재산권을 인정할 뿐 재물의 관리와 분배를 적당하게 행해야 한다. 가진 자는 남의 곤궁을 구하기 위해서 최선을 다해야 하는 것으로 자기가 가진 재산은 정의대로 사용하도록 신으로부터 위탁된 것에 지나지 않는다는 것이다. 비록 내 것이라 해도 내가 마음대로 쓸 수가 없고, 그 사용에는 의무를 수반하고 있다. 그것이 바로 공동선이다. 따라서 자연재화는 "모든 사람이 다 같이 사용하도록 주어져 있는 것을 그대가 가로채고 있었기 때문이다. 세계는 모든 사람에게 주어진 것이다. 있는 자 만의 것은 아니다."[6]라고 본다.

4) J. Maritain, La personne et la bien Commun(Paris: 1947), p.43. 반도심사. 전게서, p.130에서 재인용.

5) 지동식 외 편역, 전게서, pp.386-388.

6) 飯島幡司, 전게서, p.195.

8. 전문직업적 동기

사회복지의 가치와 윤리에 입각하여 전문지식과 기술을 발휘하고 활용하여 원조 전문가로서 소임을 다하는 것은 바로 전문직업적 동기에서 사회복지를 행하는 것이다. 「사회복지사업법」은 사회복지사의 '최대봉사의 의무' 규정을 두고 있다. 물론 이 규정은 원칙적이고 선언적인 규정이겠으나 사회복지의 이념에 비추어 볼 때 당연한 규정이라 하겠다. 결국 사회복지사가 가져야 할 자세는 인간존중사상과 공동선, 사회복지에 대한 국가의무의 수행자라는 자세로 임해야 하고, 항상 공정하고 사사로운 일에 치우침이 없어야 할 뿐만 아니라 나아가서는 국가복지사업의 발전에 보탬이 될 수 있도록 연구하고 노력해야 할 것이다. 이러한 사회복지윤리는 사회사업 전문직의 가치이며 윤리적 문제 및 법적 문제와 연관되어 있다. 왜냐하면 신뢰받을 수 있게 행동해야 한다는 일반적인 의무감은 공식적으로 성문화되어 있든 아니든 간에 모든 전문직의 속성이다(문인숙 외, 1985; 117). 만약 사회사업가가 고의든 과실이든 간에 클라이언트에게 직접적 또는 간접적 손상을 입혔다면 어떤 형태로든 이를 보상해 주어야 한다는 게 비록 현행법상의 의무는 아니라 하더라도 사회복지사의 성실의무에 비추어 적어도 도덕적 책임은 느껴야 할 것이다.

제2절 사회복지의 가치와 윤리

사회복지가 추구하는 가치는 거시적 관점에서의 정책론적인 가치와 미시적 관점에서의 기술론적 가치를 구분해서 볼 수 있다.

1. 사회복지의 가치

퍼니스와 틸톤(Furniss & Tilton, 1979: 28)은 복지국가가 지향하는 가치를 평등, 자유, 민주주의, 공동체 의식(solidarity; 결속, 연대), 안정성, 경제적 효율성을 들고 있다. 사회구성원들의 극단적 빈부격차는 구성원들의 공동체 의식을 말살시킨다. 공동체란 '한 성원이 다른 성원과 함께 있을 때 편안함을 느끼며 일상적으로 생활이 되풀이되는 가운데 놀라움이 없이 서로서로 친숙하게 마주칠 수 있는 잠재적이거나 실질적인 대면 집단'이라 할 수 있다(愼鏞廈, 1987: 25). 결국 사회복지의 이상은 공동체인 것이다. 다시 말하면 인류사회가 지향하는 목표는 공동체요, 사회복지는 그 수단이다.

1) 자유 · 평등 · 우애

현대 복지국가의 기본이념은 사회적 평등에 기초하고 있다. 근대 시민운동에서 부르짖은 자유, 평등, 우애는 서로 분리될 수 없는 하나의 가치인 것이다. 자유와 평등이라는 서로 모순되는 두 개념이 공존할 수 있기 위해서는 우애라는 가치개념이 매개가 되지 않으면 안 된다. 사회구성원 모두의 번영과 행복을 위해서 자본주의는 자유를 지상덕목으로 내세우고 사회주의는 평등을 제일 우선순위로 친다. 자본주의의 '자유'에는 '평등'이 자리할 곳이 없고, 사회주의의 '평등'에는 '자유'가 설 자리가 없다. 이렇게 볼 때 자본주의는 차등을 전제로 하기 때문에 소외계층이 생기게 되므로 사회불안을 야기하고 사회주의는 평등을 지향하므로 저성장을 초래하여 인간다운 생활을 보장하지 못한다. 이것은 (옛)소련을 비롯한 공산권의 몰락과 오늘날 북한 사회의 참상이 이를 증명해 주고 있다. 동시에 복지국가도 불평등을 감소시킨다는 의미에 있어서 정도의 문제일 뿐 결코 평등주의적인 것은 아니다. 특히 유럽 복지국가들의 위기론과 소련 공산진영의 몰락사태를 초래했고, 세계적인 우경화 현상을 초래했고, 자본주의 국가이든 복지국가이든 더욱 평등주의와는 멀어지고 있다. 이것이 오늘날 인류사회가 직면하고 있는 딜레마인 것이다.

2) 자유냐? 평등이냐?

지금까지 자본주의 진영에서는 개인의 자유를, 사회주의 진영에서는 사회적 평등을 제일 순위로 추구했지만 이것들을 제도라는 수단을 통해 강제에 의존했기 때문에 어느 것도 달성할 수 없었다. 근대 시민사회가 추구하고자 했던 덕목 중에서 우애라는 개념을 망각하고 있었기 때문이다. 자유, 평등, 우애가 동시에 공존하는 사회를 만드는 것이 우리의 목표가 되어야 한다.

미쉬라(Mishra)는 공동체적인 특징을 가진 사회나 집합체는 일정 정도의 연대감을 유지해야 한다고 지적한다(남찬섭, 1996: 92). 이는 이타주의를 표현하는 제도나 실천은 사회의 정상적인 특징의 하나라는 것을 의미한다고 했다. 이러한 점에서 사회복지는 공동체의 결과일 뿐만 아니라 목적이기도 하다는 점을 일깨우고 있다.

3) 사회통합: 공동체

전통적으로 사회통합과 사회통제의 유지는 종교가 담당해 왔다. 가난한 자와 병자 그리고 도움이 필요한 자를 돌보는 것, 부자에게 자선을 권장하고 가난한 형제에 대한 그들의 의무를 상기시키는 것, 구조(救助)를 조직하고 공동체 의식을 유지시키는 것, 이 모든 것은 농업사회에서 종교기관이 수행하던 훌륭한 통합 기능이었다(남찬섭,

1996: 95). 역사적으로는 초대 그리스도교의 공동체와 오늘날 종교의 수도공동체에서 공동체의 전형을 찾을 수 있다.

티트머스는 "사회행정이 통일적인 관심을 갖는 일차적 영역은 통합을 증진시키고 소외를 추방하려는 사회제도들이다."라고 했다. 그의 이러한 정의는 사회통합에 초점을 둔 것이지만 사회통합으로서의 복지라는 개념이 전혀 없는 것은 아니다. 사회복지의 기능주의적 분석은 '공동체' 또는 '연대'의 개념을 복지와 연결시킴으로써 '이타적' 행위의 주요 결과들뿐만 아니라 이타적 행위의 중요한 변천에도 주의를 기울이게끔 하고 있다(남찬섭, 1996: 97). 여기서 우리는 이념이 제도를 통해서 구현될 수 없음을 알게 된다. 이념은 이를 실현하려는 사회구성원들의 적극적인 의지가 있을 때 달성될 수 있는 것이다. 이러한 의지는 인간의 한계성 때문에 지속적인 교육과 운동(movement)이 필요하게 된다.

2. 사회복지의 윤리: 사회복지사 윤리강령

1982. 1. 15.	사회복지사 윤리강령 제정
1988. 3. 26.	제1차 사회복지사 윤리강령 개정
1992. 10. 22.	제2차 사회복지사 윤리강령 개정
2001. 12. 15.	제3차 사회복지사 윤리강령 개정
2021. 07. 05.	제4차 사회복지사 윤리강령 개정

전문

사회복지사는 인본주의·평등주의 사상에 기초하여, 모든 인간의 존엄성과 가치를 존중하고 천부의 자유권과 생존권의 보장 활동에 헌신한다.
특히 사회적·경제적 약자들의 편에 서서 사회정의와 평등·자유와 민주주의 가치를 실현하는 데 앞장선다. 또한, 도움을 필요로 하는 사람들의 사회적 지위와 기능을 향상시키기 위해 저들과 함께 일하며, 사회제도 개선과 관련된 제반 활동에 주도적으로 참여한다. 사회복지사는 개인의 주체성과 자기 결정권을 보장하는 데 최선을 다하고, 어떠한 여건에서도 개인이 부당하게 희생되는 일이 없도록 한다.
이러한 사명을 실천하기 위하여 전문적 지식과 기술을 개발하고, 사회적 가치를 실현하는 전문가로서의 능력과 품위를 유지하기 위해 노력한다. 이에 우리는 클라이언트·동료·기관 그리고, 지역사회 및 전체사회와 관련된 사회복지사의 행위와 활동을 판단·평가하며 인도하는 윤리기준을 다음과 같이 선언하고 이를 준수할 것을 다짐한다.

I. 사회복지사의 기본적 윤리기준

1. 전문가로서의 자세
1) 사회복지사는 전문가로서의 품위와 자질을 유지하고, 자신이 맡고 있는 업무에 대해 책임을 진다.
2) 사회복지사는 클라이언트의 종교·인종·성·연령·국적·결혼상태·성적 지향·경제적 지위·정치적 신념·정신, 신체적 장애·기타 개인적 선호, 특징, 조건, 지위를 이유로 차별 대우를 하지 않는다.
3) 사회복지사는 전문가로서 성실하고 공정하게 업무를 수행하며, 이 과정에서 어떠한 부당한 압력에도 타협하지 않는다.
4) 사회복지사는 사회정의 실현과 클라이언트의 복지증진에 헌신하며, 이를 위한 환경 조성을 국가와 사회에 요구해야 한다.
5) 사회복지사는 전문적 가치와 판단에 따라 업무를 수행함에 있어, 기관 내외로부터 부당한 간섭이나 압력을 받지 않는다.
6) 사회복지사는 자신의 이익을 위해 사회복지 전문직의 가치와 권위를 훼손해서는 안 된다.
7) 사회복지사는 한국사회복지사협회 등 전문가단체 활동에 적극 참여하여, 사회정의 실현과 사회복지사의 권익 옹호를 위해 노력해야 한다.

2. 전문성 개발을 위한 노력
1) 사회복지사는 클라이언트에게 최상의 서비스를 제공하기 위해, 지식과 기술을 개발하는 데 최선을 다하며 이를 활용하고 전파할 책임이 있다.
2) 클라이언트를 대상으로 연구하는 사회복지사는 저들의 권리를 보장하기 위해, 자발적이고 고지된 동의를 얻어야 한다.
3) 연구 과정에서 얻은 정보는 비밀보장의 원칙에서 다루어져야 하고, 이 과정에서 클라이언트는 신체적, 정신적 불편이나 위험·위해 등으로부터 보호되어야 한다.

4) 사회복지사는 전문성을 개발하기 위해 노력하되, 이를 이유로 서비스의 제공을 소홀히 해서는 안 된다.
5) 사회복지사는 한국사회복지사협회 등이 실시하는 제반 교육에 적극 참여하여야 한다.

3. 경제적 이득에 대한 태도
1) 사회복지사는 클라이언트의 지불 능력에 상관없이 서비스를 제공해야 하며, 이를 이유로 차별대우를 해서는 안 된다.
2) 사회복지사는 필요한 경우에 제공된 서비스에 대해, 공정하고 합리적으로 이용료를 책정해야 한다.
3) 사회복지사는 업무와 관련하여 정당하지 않은 방법으로 경제적 이득을 취하여서는 안 된다.

II. 사회복지사의 클라이언트에 대한 윤리기준

1. 클라이언트와의 관계
1) 사회복지사는 클라이언트의 권익 옹호를 최우선의 가치로 삼고 행동한다.
2) 사회복지사는 클라이언트에 대하여 인간으로서의 존엄성을 존중해야 하며, 전문적 기술과 능력을 최대한 발휘한다.
3) 사회복지사는 클라이언트가 자기 결정권을 최대한 행사할 수 있도록 도와야 하며, 저들의 이익을 최대한 대변해야 한다.
4) 사회복지사는 클라이언트의 사생활을 존중하고 보호하며, 직무 수행과정에서 얻은 정보에 대해 철저하게 비밀을 유지해야 한다.
5) 사회복지사는 클라이언트가 받는 서비스의 범위와 내용에 대해, 정확하고 충분한 정보를 제공함으로써 알 권리를 인정하고 존중해야 한다.
6) 사회복지사는 문서・사진・컴퓨터 파일 등의 형태로 된 클라이언트의 정보에 대해 비밀보장의 한계・정보를 얻어야 하는 목적 및 활용에 대해 구체적으로 알려야 하며, 정보 공개 시에는 동의를 얻어야 한다.
7) 사회복지사는 개인적 이익을 위해 클라이언트와의 전문적 관계를 이용하여서는 안 된다.
8) 사회복지사는 어떠한 상황에서도 클라이언트와 부적절한 성적 관계를 가져서는 안 된다.

9) 사회복지사는 사회복지 증진을 위한 환경 조성에 클라이언트를 동반자로 인정하고 함께 일해야 한다.

2. 동료의 클라이언트와의 관계
   1) 사회복지사는 적법하고도 적절한 논의 없이 동료 혹은, 다른 기관의 클라이언트와 전문적 관계를 맺어서는 안 된다.
   2) 사회복지사는 긴급한 사정으로 인해 동료의 클라이언트를 맡게 된 경우, 자신의 의뢰인처럼 관심을 갖고 서비스를 제공한다.

III. 사회복지사의 동료에 대한 윤리기준

1. 동 료
   1) 사회복지사는 존중과 신뢰로서 동료를 대하며, 전문가로서의 지위와 인격을 훼손하는 언행을 하지 않는다.
   2) 사회복지사는 사회복지 전문직의 이익과 권익을 증진시키기 위해 동료와 협력해야 한다.
   3) 사회복지사는 동료의 윤리적이고 전문적인 행위를 촉진시켜야 하며, 이에 반하는 경우에는 제반 법률규정이나 윤리기준에 따라 대처해야 한다.
   4) 사회복지사가 전문적인 판단과 실천이 미흡하여 문제를 야기시켰을 때에는, 적절한 조치를 취하여 클라이언트의 이익을 보호해야 한다.
   5) 사회복지사는 전문직 내 다른 구성원이 행한 비윤리적 행위에 대해, 제반 법률규정이나 윤리기준에 따라 조치를 취해야 한다.
   6) 사회복지사는 동료 및 타 전문직 동료의 직무 가치와 내용을 인정・이해하며, 상호 간에 민주적인 직무 관계를 이루도록 노력해야 한다.

2. 수퍼바이저
   1) 수퍼바이저는 개인적인 이익의 추구를 위해 자신의 지위를 이용해서는 안 된다.
   2) 수퍼바이저는 전문적 기준에 의해 공정하게 책임을 수행하며, 사회복지사・수련생 및 실습생에 대한 평가는 저들과 공유해야 한다.
   3) 사회복지사는 수퍼바이저의 전문적 지도와 조언을 존중해야 하며, 수퍼바이저는 사회복지사의 전문적 업무수행을 도와야 한다.
   4) 수퍼바이저는 사회복지사・수련생 및 실습생에 대해 인격적・성적으로 수치심

을 주는 행위를 해서는 안 된다.

IV. 사회복지사의 사회에 대한 윤리기준

1) 사회복지사는 인권존중과 인간 평등을 위해 헌신해야 하며, 사회적 약자를 옹호하고 대변하는 일을 주도해야 한다.
2) 사회복지사는 필요한 사회서비스를 개발하기 위한 사회정책의 수립・발전・입법・집행에 적극적으로 참여하고 지원해야 한다.
3) 사회복지사는 사회환경을 개선하고 사회정의를 증진시키기 위한 사회정책의 수립・발전・입법・집행을 요구하고 옹호해야 한다.
4) 사회복지사는 자신이 일하는 지역사회의 문제를 이해하고, 그것을 해결하는 일에 적극적으로 참여해야 한다.

V. 사회복지사의 기관에 대한 윤리기준

1) 사회복지사는 기관의 정책과 사업 목표의 달성・서비스의 효율성과 효과성의 증진을 위해 노력함으로써, 클라이언트에게 이익이 되도록 해야 한다.
2) 사회복지사는 기관의 부당한 정책이나 요구에 대하여, 전문직의 가치와 지식을 근거로 이에 대응하고 즉시 사회복지윤리위원회에 보고해야 한다.
3) 사회복지사는 소속기관 활동에 적극 참여함으로써, 기관의 성장발전을 위해 노력해야 한다.

VI. 사회복지윤리위원회의 구성과 운영

1) 한국사회복지사협회는 사회복지윤리위원회를 구성하여, 사회복지윤리실천의 질적인 향상을 도모하여야 한다.
2) 사회복지윤리위원회는 윤리강령을 위배하거나 침해하는 행위를 접수받아, 공식적인 절차를 통해 대처하여야 한다.
3) 사회복지사는 한국사회복사협회의 윤리적 권고와 결정을 존중하여야 한다.

제3절 사회복지의 기본 이념

이념(ideology)이란 "이상적인 것으로 여겨지는 생각이나 견해"(표준국어사전)라고 했다. 이를 영어로는 Ideology라 한다. 이데올로기를 사전에 찾아보자. "사회 집단에 있어서 사상, 행동, 생활 방법을 근본적으로 제약하고 있는 관념이나 신조의 체계", "역사적 · 사회적 입장을 반영한 사상과 의식의 체계이다."라고 설명하고 있다. 이게 무슨 소리인가. 도무지 알아듣기 어렵다. 이렇게 이념이란 추상적이기 때문이다. 구체적이면 우리 눈에 보이기 때문에 금방 알아듣겠는데, 너무 추상적이라서 알아듣기 힘이 든다.

요즈음 사회복지기관이나 시설에 가보면 비전(vision)이니 미션(mission)이니 하는 용어를 많이 듣게 된다. 이 말은 우리가 이런 일을 행하면 어떤 모습의 세상을 만들 수 있을 것이라는 그 세상의 모습이 비전이다. 그것은 분명 아름답고 행복한 모습이다. 그래서 사람들은 이런 세상을 만들고 싶어 하게 된다. 그러기 위해서는 우리가 이런 저런 일을 수행해야 한다. 그것이 우리의 미션 즉, 사명이다. 한 단계의 비전을 달성하면 그 다음 단계의 비전이 제시된다. 이렇게 해서 최종적인 비전, 궁극적인 비전이 제시될 것이다. 그것이 우리 기관 · 단체의 목적이다. 최종적인 목표가 바로 목적인 것이다. 그런데 그 목적은 너무 멀리 있어서 희미하게 보이게 된다. 그래서 추상적인 이념이 된 것이다.

사회복지의 궁극적인 목표가 바로 사회복지의 목적이요, 이것이 바로 사회복지의 이념이다. 사회복지의 이념은 결국 모든 인간이 인간답게 존중받는 삶을 살게 하자는 것이다. 그런 세상의 모습은 어떠할까? 마치도 천국과 같겠지. 그런 세상의 모습이 그려지는가? 그래서 이념인 것이다. 하여튼 아름답고 평화로운 세상이 아니겠는가? 그런 세상을 만들기 위해서 무엇보다 먼저 모든 인간은 인간답게 존중 받는 삶을 살 수 있어야 한다. 그것을 위해서 모든 인간은 평등한 대접을 받아야 한다. 이것을 궁극적으로 국가의 책임으로 해야 한다는 것이다. 이것이 사회복지의 목적이자 이념인 것이다.

1. 인간존중사상

사회복지가 지향하는 첫째 목표는 인간존엄성의 구현(Skidmore & Thackeray, 1982: 4)이므로 사회복지란 하나의 가치개념[7]이라 할 수 있다(Forder et al., 1984: 14). 인간존중사상은 사회복지의 본질적인 가치를 이루고 있다.[8] 왓슨(Watson, 1985: 46)은 "인간은 누구나 개인으로서 존중받아야 한다는 사상은 모든 인간에게 해당된다. 그것은 그 사람의 성취 여부에 관계없이, 비록 어떤 결함이 있는 사람이라 할지라도 인간인 한 존중받아야 한다."[9]고 했다. 이와 같이 인간을 존중한다는 것은 사회복지에 있어서 가장 기본적인 가치인 것이다(Friedland & Apte, 1980: 3; Watson, 1985: 47; Midgley, 복지연구회 역, 1984: 14). 왜냐하면 사회복지는 사람이 정서적으로 안정되고 사람들로부터 사랑받고 우호적인 인간관계 속에서 근심걱정 없이 만족스럽게 살아갈 수 있는 능력을 길러주고 발전시켜 주기 때문이다.

인간의 존엄은 인간다운 생활을 요청하게 되었고 사회적 안정의 최저한도를 요구하게 되었다. 결국 인간다운 생활을 할 권리란 생활권적 기본권의 가장 핵심적인 권리로서 「바이마르(Weimar)헌법」은 '인간다운 생활'이라 했고, 세계인권선언에서는 '인간의

7) 가치란 과학적으로 증명될 수 있는 성질의 것이 아니다. 가치란 사람들이 '옳고 그른 것', '좋고 나쁜 것'에 대한 각자 자신들의 개념에 따라 결정해야 할 선택일 뿐이다. 이러한 개념들은 사회환경이나 합리적인 사고, 감정이입적 상상(empathic imagination), 기타 여러 가지 요인들에 의해 형성될 수 있다. 그러나 어느 경우이든 가치가 단순히 불합리한 선호(irrational preference)나 편중된 취향에 의한 것이란 뜻은 아니다. 즉, 가치는 여러 사람들에 의해 논의되고 도덕적 제재(moral appeals)를 통해 그 타당성이 지켜질 수 있다는 것이다(Furniss & Tilton, 1979: 28). 따라서 여기서 말하는 가치란 성취가 바람직스러운 사회적 목표나 결과를 말한다(한국사회과학연구협의회, 1979: 132).

8) 그리스도교의 사상은 사랑으로 대표되고 사회복지의 역사는 그리스도교의 사랑의 정신에 연유한다(Bessel, 1970: 12; Piccard, 1979: 27-28). 인간존중사상이나 인권에 대한 가르침은 거의 모든 종교가 다 같이 가지고 있다. 그것은 그리스도교뿐만 아니라 불교나 힌두교도 마찬가지다. 다만 그리스도교 이전의 그리스문화에서는 박애사상을 강조하지도 않았고, 따라서 이런 사상이 보급되지도 않았다. 그리스도교가 점차 확산되어 전체 유럽을 지배하게 되자 그리스도교의 인간존중사상과 박애정신이 유럽 정신세계를 지배하게 되었다(Macarov, 1978: 76).

9) 이러한 사상은 인간성이 절대자인 신에 근거를 가지고 있기 때문이다. 그리스도교는 "신의 모습을 닮은 인간"(창세기 5/1)이라고 했고, 불교에서는 "一體衆生 悉(同)有佛性(일체중생 실(동)유불성)", 즉 "모든 중생은 다 같은 불성(佛性)을 가지고 있다."라고 했다.

존엄성에 상응하는 생활'로, 또 UN의 경제적 · 사회적 · 문화적 권리에 관한 국제규약에서는 '상당한 생활조건을 가질 권리'로 표현하고 있다(Furniss & Tilton, 1979: 489).

2. 평등사상

현대 복지국가의 기본이념은 사회적 평등에 기초하고 있다. 평등에는 균등한 교육을 받을 권리, 법 앞에서의 평등, 인간으로서 동등하게 존중받을 권리, 정치적 · 경제적 혜택을 공평하게 받을 권리 등 다양한 내용이 포함된다. 평등이 오늘날 사회적으로 문제가 된 것은 개인주의적 자유주의사상의 구현과 그 결과로 야기된 부의 불평등 분배 때문이다. 프랑스대혁명 등 근대 여러 시민운동에서 부르짖은 자유 · 평등 · 박애라는 가치는 어쩌면 인간으로서는 영구히 성취하지 못할 일인지도 모른다.

오늘날 자유자본주의 사회의 가장 심각한 사회문제 중 하나가 바로 인간평등의 관념에 입각한 사회문제다. 인간은 누구나 인간인 이상 살고자 하는 욕구를 인정하지 않으면 안 된다는 것, 즉 생활권을 인정해야 한다는 입장에서 출발하는 사회문제다(飯島幡司, 起基動, 1973: 225). 이러한 사회문제는 개인주의적 자유주의를 바탕으로 한 자본주의 사회의 자체 모순에서 야기되는 것이다. 물론 어떠한 사회도 그 자체 내에 모순이 있게 마련이고, 그로 인해 야기되는 사회문제는 그들 각 사회제도 내지 생활양식에 의해 규정된 독자적인 방법에 의해서 해결되어 왔다. 마찬가지로 국가독점자본주의 시대에 나타난 빈곤의 일반화가 이 시대의 사회문제의 특징이며, 이에 대한 새로운 사회적 대책으로서 등장한 것이 평등사상을 바탕으로 한 생활권 사상이다(張 壎, 1973: 354-355). 그래서 퍼니스와 틸톤(Furniss & Tilton, 1979: 29)은 전통적인 자유국가 형태와 복지국가 형태를 구별짓는 것은 여러 가지 가치 중 평등이 가장 특징적인 것이라고 했다.

시대에 따라 이념이 어떻게 변천해 왔는지는 〈표 3-1〉을 보면 쉽게 이해할 수 있다. 학자들이 다양한 관점에서 그 시대를 지배한 이념들을 구분하고 있는데 전체적으로 볼 때 왼쪽에 가까울수록 소극국가적인 이념이고 오른쪽에 가까울수록 적극국가적인 이념이다.

〈표 3-1〉 이념 비교표

	① 반집산주의	소극적 집산주의	페이비언 사회주의		맑시즘	
	② 시장 자유주의자	정치적 자유주의자	사회 민주주의자		신 맑시스트	
Antistate	③ 전통적 경제이론		신 중상주의이론		맑시즘 - 파생적 사회주의자	Prostate
	④ 잔여적		제도적		규범적 또는 사회주의자	
	⑤ 보수주의	적극국가	사회보장 국가	사회복지 국가	급진주의	

① George & Wilding, 1976.
② Room, 1979.
③ Pinker, 1979.
④ Mishra, 1977, pp.35-36. and George & Manning 1980, after Titmuss, 1974. Ch.2.
⑤ Furniss & Tilton, 1977.

출처: Loney, M., Boswell, D., & Clarke, J.(1987), *Social Policy & Social Welfare*, Philadelphia, Milton Keynes: Open University Press, p.23.

3. 국가책임사상

사회복지란 인간이 달성하고자 하는 이상과 목표에 대한 사회적 노력과 제도라고 할 수 있다. 또한 그 이상과 목표를 인간존엄성의 구현에 두고 있다. 인간존엄성의 구현은 평등을 전제로 하고 있으며 평등의 객관적 기준을 사회적 욕구라고 보고 이 욕구충족의 최종적 책임을 사회 또는 국가에 지우고 있다.[10)]

10) 이렇게 볼 때 오늘날 미국, 일본, 한국 같은 나라를 복지국가라고 할 수 없다는 주장이 있다. 그것은 복지에 대한 국가책임은 예산으로 반영되는데 이들 나라의 사회복지에 대한 예산이 다른 나라에 비해 현저히

사회복지에 대한 국가의 기본적 책임은 영국의 엘리자베스 구빈법(The Poor Law of 1601)에 의해 처음으로 인정되었다. 1601년에 최초로 집대성한 구빈법에서는 빈민구제를 체계화했고 지역사회의 보호를 통해 공적 책임을 이행하도록 하는 제도를 확립하였다(Skidmore & Thackeray, 1982: 43-44). 이러한 빈민에 대한 사회적 책임의식은 공동선 사상에서 나온 것이다.

국민의 복지에 대한 국가의 책임이 인정된다면 반사적으로 개인은 국가에 대해서 자신의 복지를 요구할 권리, 즉 복지권이 있다는 해석이 가능해진다. 이러한 복지권은 자연법 학자들에 의하면 다른 인권과 마찬가지로 천부적인 권리(natural rights)라는 것이다(Leiby, 1985: 325).

이와 같이 사회복지정책에서는 가난에 대한 일차적인 책임이 '개인에게 있는가', '사회에 있는가'하는 질문을 끊임없이 되풀이하면서 사회 안에 공존해 오고 있다. 그래서 시대와 상황에 따라 개인의 책임이 부각되기도 하고, 때로는 사회의 책임이 강조되기도 한다. 사실 전적으로 어느 한쪽의 책임이라고 단정 지을 만한 경우란 없다. 다만 어느 한쪽의 책임이 더 강조되고 덜 강조되는 경우가 있을 따름이다. 그것은 궁극적으로 시대와 사회 여건에 따라 정책적으로 결정하게 되는 선택의 문제인 것이다. 그러나 오늘날 일반적인 추세가 복지국가라면 사회 또는 국가의 책임이 어느 정도로 강조되는가에 따라 평가되는 것이다.

낮기 때문이다(김상균, 1983: 43). 이것은 결국 복지에 대한 국가책임이라는 의식의 결여 때문이라고 보는 것이다. 실례로 2001년도 사회부문 정부지출의 대 GDP 비율을 보면 벨기에 27.2%, 덴마크 29.51%, 스웨덴 29.5%인데 비해 미국은 15.2%, 일본은 17.5%, 한국은 8.7%에 불과하다.

04 사회복지의 역사

Introduction to Social Welfare | chapter 04

사회복지의 역사

제1절 서양 사회복지의 역사

서구 사회에서 사회복지의 역사는 기독교 사상을 중심으로 한 자선활동과 중세의 장원과 길드를 중심으로 하는 지역공동체 활동에 그 기반을 두었다. 그러나 본격적인 사회복지는 구빈법을 기반으로 한 공공복지의 시작과 그 맥을 같이한다. 이 절에서는 구빈법 시대, 사회보장 시대, 복지국가 시대로 구분하여 서구 사회복지의 발전과정을 살펴보도록 한다.

1. 구빈법 시대

1) 시대적 배경

중세 유럽은 백년전쟁(1338~1453)과 흑사병(黑死病; the Black Death, 1347~1349) 등으로 약 250만 명이 사망했다. 이 숫자는 당시 유럽 인구의 약 1/3에 해당한다. 그 결과 유럽사회는 빈곤의 만연, 인구수의 격감, 군사력의 쇠퇴, 노동력의 감소를 가져왔다. 따라서 국가 재정은 극도로 어려워졌다. 이 당시 영국의 정치상황은 헨리 8세가 로마 교황청으로부터 영국 교회의 독립을 선언하고 영국 국왕이 영국 교회의 수장임을 규정하는 소위 수장령(首長令; Acts of Supremacy, 1534)을 발표하였다.

수장령의 표면상 이유는 헨리 8세의 이혼을 로마 교황청이 반대한다는 것이었지만 정치적 배경은 교구와 수도원이 소유한 재산과 토지를 빼앗기 위함이었다. 결국 교회의 재산을 국가가 몰수하였지만 동시에 교회가 베풀던 자선도 고스란히 국가의 몫으로 떠안게 되었다(박지훈, 2010: 96). 이에 정부는 당시 만연하던 빈민들의 문제를 국가 의존에서 제외시키기 위한 온갖 법령과 규칙들을 만들었다. 공공부조의 형태로 출발한 국가의 구빈제도는 유럽에서 자본주의가 형성될 때로부터 치안 및 실업대책의 의미도 포함되어 있었다. 노동력이 없는 자는 가족들에게 맡기거나 아니면 구빈원에 수용해서 부조를 받게 했다. 구빈대책은 위로부터의 자혜(慈惠)에 지나지 않았다. 노동빈민은 천시・멸시를 당했고 가혹한 처우를 받으면서 살아갔다.

2) 엘리자베스 구빈법(the Poor Law of 1601)

영국의 엘리자베스 여왕 시대인 1601년에 집대성된 구빈법은 종래의 제도를 조직화하고, 치안판사[1]의 권한하에 구빈제도를 강제화한 것으로 유명하다. 이 법률은 그

1) justice of the peace, 治安判事: 엘리자베스 구빈행정의 총책임자는 치안판사였다. 치안판사는 영미법계에서는

후 모양과 내용을 바꾸어 가면서 1948년 국가부조법이 나올 때까지 존속되어 오면서, 오랫동안 노동자들의 증오의 표적이 되었다.[2] 사실 구빈법 자체는 빈민을 위한 법이었다. 그럼에도 불구하고 많은 학자가 빈민억압법이라고 비판하는 것은 법의 내용 때문이 아니라 법의 집행과정에서의 비인권적 태도 때문이었다. 엘리자베스 구빈법(Elizabethan Poor Law)의 주요 골자는 다음과 같다.

① 빈민구제에 대한 국가책임을 인식했다.

② 교회사업이 국가사업으로 바뀜에 따라 교회행정단위에서 국가행정단위로 구빈행정의 체제를 확립했다.

③ 본당단위[3]로 주민들의 구빈세(poor rate)를 재원으로 사용했다.

④ 노동능력자와 노동무능력자를 구분하여 처우했다. 즉, 노동능력이 있는 빈민(the ablebodied poor)은 노역장(Workhouse)에 강제수용하여 이들에게 노동의 재료(아마·대마·양모·철 등)를 주어 노동을 강제하였다. 노동능력이 없는 빈민(the impotent poor)은 구빈원(Almshouse)에 수용하여 보호했고 지체장애인·노인·시각장애인 등을 국가예산으로 구제하였다.

⑤ 고아와 빈민아동에 대해서는 보호뿐만 아니라 직업교육을 실시하였다. 직업교육은 도제방식으로 실시했다.

오늘날에도 존재하지만 최초의 치안판사는 본래 주지사의 권한을 위임받은 지방행정관이었다. 튜더왕조에 들어와서 행정권과 사법권을 포함하여 형사 재판권과 최저임금 결정권, 빈민구제 및 복지에 관한 모든 감독권을 위임 받으면서 주지사보다 높은 지위에까지 오르게 되었다. 그런데 이들은 직업관료가 아니었다. 의회에 진출하기 위해 기회를 노리는 세력들이었다. 이는 구빈법의 집행에 있어서 치안판사의 이권이 개입될 수 있었음을 의미한다(박지훈, 2010: 121-122).

2) 튜더왕조 전반에 걸친 구빈법의 내용에는 빈민을 구제하고 부랑자를 처벌하는 규정이 함께 포함되어 있다. 따라서 법의 목적은 빈민의 구제에 있다고 볼 수 있다. 그러나 법의 집행에 있어서는 빈민의 인권을 고려치 않고, 그들의 노동을 통하여 경제를 안정시키고 부랑자를 처벌함으로써 사회질서를 유지시키고자 하는 데 초점을 맞추고 있다는 비판을 받기도 한다(박지훈, 2010: 121-122).

3) 본당이란 가톨릭교회의 최소행정단위를 말한다. 우리나라의 행정단위와 비교한다면 동과 같은 것이다. 교구(敎區; Diocese)에는 여러 개의 본당이 있다. 교구는 우리나라 행정단위로 보면 광역자치단체 정도에 해당된다. 따라서 종래의 교구단위는 본당단위를 잘못 이해한 것이다.

사회복지의 근원을 흔히 1601년 엘리자베스 구빈법에서 찾고 있다. 그것은 이 구빈법이 최초로 빈민구제를 국가책임으로 인정하고 국세를 빈민구제사업에 투입하였기 때문이다. 그러나 이것은 당시 인권사상의 발전 때문이 아니라 수장령에 의해 교회재산이 국가에 몰수되면서 교회가 수행하던 구빈사업이 국가로 넘어갔기 때문이었다. 이때부터 국가는 구빈재정을 줄이기 위해 〈표 4-1〉과 같이 각종 시책을 창안하게 되었고 이것은 결과적으로 사회복지의 발전을 가져온 면도 있었다.

〈표 4-1〉 **구빈법 시대의 다양한 입법**

정주법 (The Settlement Act of 1662)	정주법은 Law of Settlement and Removal이었고 Vagrancy Acts, 즉 부랑인단속법이었다. 이러한 법이 나오게 된 배경은 걸인들이 너그러운(generous) 본당(parish) 관할로 이동해 다녔기 때문에 본당은 자기 본당 관할 내에서 출생한 자에 대해서만 책임지고자 했다.
작업장법 (The Workhouse Test Act of 1696, 1722)	이 법은 노동이 가능한 빈민을 고용하여 국가적 부의 증대에 기여코자 하는 목적에서 제정되었다. 동시에 빈민에게 노동을 강제함으로써 구빈재정의 지출을 줄여보자는 의도도 있었다. 1696년 영국의 브리스톨 시에서 여러 본당이 모여 연합체를 형성, 공동작업장을 마련하여 빈민들에게 일을 시키고 노임을 지불했다. 이것이 효과적이라고 보아 작업장법에서는 작업장 수용을 거부하는 빈민은 구제등록부에서 이름을 삭제하여 구제받을 자격을 박탈하였다. 그러나 이 작업장에서 생산되는 물건은 질이 떨어지고 판매에서도 다른 제품과 경쟁을 할 수가 없어 결국 재료의 낭비를 가져왔고 주민들의 세 부담만 늘어났다(芹澤勇, 1982: 44). 그뿐만 아니라 빈민의 학대와 노동력의 착취 등 부작용도 많았다. 이것이 오늘날 직업보도의 성격을 띤 최초의 프로그램이었다.
길버트법 (Gilbert Act of 1782)	영국 리치필드(Richfield)의 하원의원 길버트 토마스(Gilbert Thomas)가 제안하여 제정된 법으로 그의 이름을 따서 길버트법(Gilbert Act)이라고 한다. 이것은 'an Act for Better Relief and Employment at the Poor', 즉 작업장에서의 빈민들의 비참한 생활과 착취를 개선할 것을 목적으로 한 법이었다. 노동력이 있는 빈민을 작업장에 보내는 대신 자기 가정이나 인근의 적당한 직장에서 취업하도록 알선해 주는 원외구호(outdoor relief)를 인정하는 내용이었다.
스핀햄랜드법 (Speenhamland Act of 1795)	버크셔(Berkshire) 주 스핀햄랜드 지역의 치안판사회의에서 제정된 법으로 빈민에 대한 일종의 임금보조제도(Relief Allowance System)였다. 즉, 최저생활비 미달의 임금에 대해서 그 부족분을 보조해 주는 제도로 이것이 오늘날 가족수당이나 최저생활보장의 기반이 되었다. 이때 최저생활의 기준은 남자는 매주 3갤런의 빵, 여자와 자녀는 매주 1.5갤런의 빵이 필요하다고 하였다. 이를 기준으로 빈민들에 대한 구제금액을 결정하고 또 가족의 수에 비례해서 금액을 산출했다. 이 제도의 시행 결과 다음과 같은 부작용이 나타났다. ① 고용주가 저임금을 지급해도 구빈세로부터 보조금이 나오기 때문에 이것은 노동자를 위한 임금보조금이 아니라 고용주에 대한 보조금이 되었다. ② 노동자는 수입이 적어도 본당으로부터 부족분을 받을 수 있기 때문에 열심히 일을 하지 않았다.

3) 신구빈법(Poor Law Reform of 1834)

1834년에 개정된 구빈법은 1601년의 엘리자베스 구빈법과 구분하여 일반적으로 신구빈법[4]이라고 부른다. 산업혁명이 막 시작된 영국사회에서는 지주와 자본가들의 이해를 조정하기 위해 빈민구제를 억제하는 방향으로 법을 개정하게 되었다. 이 법에 의하여 확립된 몇 가지 원칙은 20세기의 사회보장제도가 확립되기까지 영국 공공부조의 기본원리로 간주되었는데 그 내용은 다음과 같다.

① 균일처우의 원칙(The Principle of National Uniformity): 행정기구를 개혁해서 전국적인 행정수준의 통일을 도모한 것으로 구빈행정의 중앙집권화를 뜻한다.
② 열등처우의 원칙(The Principle of Less Eligibility): 구빈대상자의 구제수준이 자활노동자들의 생활수준보다 높지 않아야 한다는 것이다.
③ 작업장 활용의 원칙(The Principle of Workhouse System): 이것은 '노역장강제수용의 원칙'이다. 즉, 원조를 억제할 수 있는 작업장 수용을 원칙으로 하고, 다만 병자・노인・허약자・모자가족에게만 원외구호를 허용했다.

그 외에도 빈민들에 대한 선거권의 제한, 보호청구권의 불인정, 사적 부양의무의 이행, 자산조사(means-test)의 실시 등을 규정하였다. 이것은 가능한 한 보호를 청구하지 않도록 하려는 데 그 목적이 있었다. 또한 빈곤의 원인을 게으름이나 독립심의 결여 등 개인의 도덕적인 결함에 있다고 보아 빈민을 범죄자와 같이 취급해서 억압했다.

4) 빈곤의 국가책임 인식

구빈법(1601)은 봉건사회의 농촌 노동력과 농촌사회로부터 이탈한 부랑자에 대한

4) 신구빈법의 정식 명칭은 다음과 같다. 'an Act for the Amendment and Better Administration of the Laws to the Poor in England and Wales'

억압책이자 구제책이었다. 그러나 자본주의의 진전으로 도시의 노동자 계급이 등장했고, 이들의 열악한 생활조건, 만성적이고 주기적인 실업, 극도의 저임금, 열악한 위생과 보건 등 이전과는 질적으로 다른 새로운 사회문제가 야기되었다. 이에 신구빈법(1834)은 공적 구빈수준이 자신의 노동으로 생활하는 사람보다 낮아야 한다는 열등처우의 원칙, 작업장 입소 자격조사를 통해서 노동능력이 있는 사람은 작업장으로 보내고 원외구조를 폐지하였다. 그리고 행정의 중앙집권화와 통일 등을 중심 내용으로 하고 있었다.

신구빈법에 의해서 빈민구제의 비용을 줄이려는 목적은 달성되었지만, 17~18세기 당시 불어 닥친 대공황과 대량실업은 빈민의 수를 계속 증가시켰으며, 결국 빈곤문제는 자본주의의 진전과 함께 심각한 사회문제가 되었다. 이러한 빈곤문제에 대해 국가가 개입해야 한다고 생각하기 시작한 것은 1900년대에 와서다. 1930년대에 와서 비로소 영국에서는 오랜 역사를 가진 구빈법으로부터 근대적인 공공부조제도에로의 전환이 이루어졌다. 20세기 초 실업문제가 점점 더 심각해지자 개정 구빈법은 재검토가 불가피해졌고, 1948년 국가부조법이 제정됨으로써 구빈법은 완전히 폐지되었다.

5) 자선조직협회와 빈곤조사

영국에서 사회보험이 도입되기 전 구빈법 시대가 퇴조하던 시기, 즉 19세기 후반 빅토리아 시대에 박애, 상호부조, 자조 등 민간활동이 활발하게 전개된다. 대표적인 활동으로 자선조직협회와 인보관운동을 들 수 있다.

1869년 런던에서 자선조직협회(Charity Organization Society)가 설립되었다. 이 협회의 창립 목적은 구제의 중복과 누락을 없애기 위한 여러 자선활동의 조정, 환경조사와 적절한 원조 제공에 있었다. 중복 구빈을 피하기 위하여 연락기관이 설치된 것은 오늘날 지역사회복지로 발전했고, 빈민에 대한 철저한 환경조사는 가족사회복지 또는 개별사회사업으로 발전되었다.

한편, 자선조직협회와 함께 사회복지의 역사에서 중요한 의미를 갖는 인보관운동(settlement movement)이 전개되었다. 이 운동은 캠브리지대학과 옥스퍼드대학의 학생들이 주축이 되어 빈민들과 함께 생활하면서 빈곤문제를 해결하려는 일종의 사회운동이었다. 이들이 1884년 런던의 동부 빈민지역에 만든 토인비 홀(Toynbee Hall)은 세계 최초의 지역사회복지관이 되었다.

[그림 4-1] 토인비 홀

산업화와 도시화로 인하여 도시빈민들이 대량으로 생성되었지만, 일반 시민들은 여전히 빈곤의 원인을 개인의 게으름이나 도덕적 결함으로 돌렸다. 이때 부스(Booth)가 런던(London) 시 빈민의 생활실태를 조사(1889)한 것과 라운트리(Rowntree)가 요크(York) 시의 빈민들의 생활실태를 조사(1901)한 결과는 시민들의 상식을 뒤집어 놓았다. 즉, 이들은 체계적인 조사를 통해서 빈곤의 주된 원인이 게으름이 아니라 노령, 질병, 실업, 낮은 교육수준 등임을 밝혀냈다. 이러한 사회조사는 오늘날의 사회과학적 조사방법론으로 발전했다(원석조, 2001: 76-81).

2. 사회보험의 시기

1) 시대적 배경

17~18세기에 자유와 평등을 외치면서 일어난 미국 독립과 프랑스혁명의 여파로 봉건체제는 무너지고 영국에서 시작된 산업혁명은 근대자본주의 체제를 형성시켰다. 이렇게 시기적으로 시민혁명과 산업혁명이 발단이 되어 대지주와 영주로부터 자유권을 쟁취한 농민들은 해방을 얻어 도시로 모여들었다. 농민들의 도시 이주가 계속되자 노동력은 과잉공급을 가져왔고, 자본가와 노동자는 자유민 대 자유민으로서 계약자유의 원칙에 따라 노동계약을 맺었다. 노동력의 과잉공급 현상은 마침내 부녀자와 아동들까지도 산업현장으로 불러내었고, 시장경제의 원리에 따라 저임금과 노동시간의 연장을 초래했다. 이는 결국 커다란 사회문제를 유발했고, 국가는 공장법과 노동법을 제정하게 된다. 그러나 노동법만으로는 노동자들의 생활향상을 가져올 수는 없었다. 노동자들의 생활은 점차 더욱 빈곤해지고 사회문제는 날로 심각해져 갔다. 이에 발맞추어 사회주의운동이 격화되었다. 이런 상황 속에서 독일은 노동자를 중심으로 한 사회보험제도를 도입하게 되고, 이후 전 세계로 확산되어 오늘날 사회복지의 가장 중심적인 축을 형성하게 되었다.

이와 같은 사회보험제도의 도입에 영향을 미친 요인으로는 첫째, 산업화의 진전 및 자본주의적 생산관계의 정립을 들 수 있다. 즉, 자본주의적 임금・노동관계의 보편화로 인해 사회보험료를 낼 수 있는 계층이 광범위하게 확대되면서 사회보험의 가능성을 높였다는 것이다.

둘째, 노동계급의 성장과 보통선거권의 확대를 들 수 있다. 노동계급의 성장과 정치세력화는 더 이상 억압과 착취만으로 자본주의적 생산방식을 강요할 수 없는 상황을 만들어 냈으며, 이는 노동자와 그 가족을 대상으로 하는 각종 사회보험 프로그램을 도입하는 계기로 작용했다. 또한 19세기 중반 이후 확대된 보통선거권은 노동자계급의 정치적 지위를 향상시켜 이들을 위한 사회복지제도와 정책이 확장되는 계기를 제공했다.

셋째, 위기관리자로서의 국가의 성장을 들 수 있다. 국민국가의 성장과 국가행정체계의 성립이 전국적 단위의 사회보험 성립에 영향을 주었으며, 더 근본적으로는 자본주의의 주기적 공황의 발생으로 인해 위기관리자로서의 국가의 역할이 필요하게 되었다. 이로 인해 국가는 사회적 합의에 기반을 둔 각종 사회보험제도를 도입하는 데 중심적인 역할을 하게 되었다.

2) 사회보험법의 등장

이즈음 독일은 뒤늦게 통일국가를 형성하고 산업화를 막 시작하려던 시기였다. 당시 재상 비스마르크(Bismark)는 한편으로는 영국에서 격화되던 사회주의운동이 독일에 영향을 미칠 것을 우려하여 사회주의를 금하는 입법조치를 하고, 다른 한편으로는 노동자들을 무마하기 위한 수단으로 사회보험을 채택했다. 이것이 비스마르크의 유명한 '당근과 채찍'의 사회정책이었다. 이때 비스마르크가 채택한 채찍정책은 사회주의 진압법(1878)이었고, 당근정책은 질병보험법(1883), 노동재해보험법(1884), 노령·폐질·유족연금보험법(1889)의 세 가지였다(左藤進, 1980: 31). 독일은 그 후 1911년에 생명보험법을 제정, 질병보험, 재해보험, 노등자연금을 통합·정비했다. 또 같은 해 직원보험법, 1923년 광부생명보험법, 1927년 직업소개·실업보험법을 제정하여 사회보장제도의 확충을 도모했다.

3. 복지국가의 재편과 발전의 시기

1) 시대적 배경

복지국가란 국민의 복지를 국가의 가장 중요한 정책으로 삼는 나라, 즉 국민의 복지를 궁극적으로 국가가 책임지는 나라를 의미한다. 이러한 복지국가는 20세기 중반부터 서구 자본주의 국가를 중심으로 본격화되기 시작하는데, 주로 포괄적인 사회복지제도들을 도입하면서부터이다.

서구에서 복지국가가 출현하게 된 배경은 국가마다 다소 상이했으나, 대체로 다음과 같은 두 가지 상황이 중요하게 작용했다(김태성 · 성경륭, 1999). 첫째, 자본주의 경제체제의 모순이 누적되면서 발생했던 대공황이다. 대공황은 대량실업과 이에 따른 빈곤의 문제에 대한 국가개입을 불러일으켰다. 1930년대 대공황으로 1935년 미국에 사회보장법이 제정된 것이 대표적인 사례이다.

둘째, 세계대전의 영향을 들 수 있다. 특히 제2차 세계대전의 여파로 사회복지정책과 프로그램의 발전이 나타났다. 전쟁은 기존의 모든 공적 · 사적 복지제도들을 작동불가능한 상태로 만들어버려, 전후의 국가 개입과 책임은 당연한 것으로 되었다. 또한 국가들은 전쟁 시 효과적인 국민 동원의 수단으로 종전 후의 평화적 삶에 대한 보장을 하게 되고, 이런 과정에서 복지국가에 대한 계획이 만들어진 것이다. 이러한 경우는 바로 제2차 세계대전 당시 영국이 자국민들에게 한 복지국가의 약속은 이후 베버리지 보고서를 탄생시킨 사례에서 알 수 있다.

2) 베버리지 보고서와 복지국가의 발전

베버리지 보고서(Beveridge Report)는 전후 사회개혁을 위한 영국의 청사진이었으며, 제2차 세계대전 직후 집권한 노동당은 그 보고서에 입각하여 복지국가를 만들어 나

갔다. 이러한 베버리지 보고서는 영국에만 국한되지 않고, 프랑스・서독・스웨덴 등 서유럽 복지국가의 기틀을 형성하는 데도 큰 영향을 미쳤다.

베버리지는 "사회보험과 관련 서비스에 관한 보고서"에서, 국가재건을 위해 극복해야 할 5대 사회악(Five Giants)은 결핍・질병・무지・불결・나태라고 지적하고, 이의 극복을 위해 국민의 최저한의 삶을 보장해야 한다고 주장했다. 이 외에 보고서의 주요 내용을 살펴보면 다음과 같다.

① 동일갹출・동일급여: 소득에 관계없이 보험료와 보험금이 동일해야 한다.
② 행정책임 통합: 지방사무소를 둔 하나의 사회보험금고로 관리・운영하고, 개인은 한 번 통합된 보험료를 납부하면 된다.
③ 적절한 급여: 급여수준은 일상생활을 하는 데 충분할 정도가 되어야 한다.
④ 적용범위의 포괄성: 기본적이고 예측 가능한 모든 욕구를 해결해야 한다.
⑤ 대상의 계층화: 국민을 피고용자, 자영인, 전업주부, 기타 노동인구, 취업 전 청소년, 노동불능 고령자의 6개 집단으로 분류하고, 이들 모든 국민의 욕구를 보장한다.

한편, 베버리지는 사회보험이 성공하기 위해서는 세 가지 기본 전제조건이 필요하다고 했다. 즉, 가족수당, 포괄적인 보건서비스, 완전고용이 그것이다. 가족수당은 가족의 크기와 소득을 고려하여 결정되어야 하고, 보건서비스는 치료적일 뿐만 아니라 예방적이어야 한다고 주장했다. 실업은 실업수당의 비용과 그에 따른 임금 손실을 감안하면 가장 낭비적인 수단이므로 완전고용을 매우 중요한 전제조건이라고 했다.

베버리지 보고서는 실업・의료・출산・미망인연금・보호수당・장제비 등을 규정한 국민보험법(1946), 정부가 국민보건을 책임지고 의료서비스를 무상으로 제공하는 것을 골자로 한 국민보건서비스법(1946), 국민부조법(1948), 아동법(1948) 등으로 제도화되었다. "요람에서 무덤까지"로 칭송받은 영국의 복지국가정책은 바로 베버리지 보고서가 있었기에 가능했던 것이다.

각국의 사회보장제도는 특히 1960년대에 대폭적으로 확장되었다. 사회・경제상황의 변화에 따라 욕구(needs)가 증가하고 다양화되었을 뿐만 아니라 경제활동이 순조롭게 진행되어 이 시기에 사회복지분야에의 자원배분을 늘리는 일이 가능했다. 그래서 대상범위의 확대, 격차의 시정, 급여의 개선, 새로운 제도의 도입 등이 이루어졌다. 그 반면 의료보험과 연금보험의 양 부문에 대한 비용의 증대가 두드러졌고, 동시에 1970년대 초 전 세계적으로 불어 닥친 석유파동으로 큰 타격을 받게 되어 많은 나라에서 사회보장제도의 개혁을 서두를 수밖에 없었다.

3) 복지국가의 위기와 재편

1970년대 후반에 와서 유럽제국의 사회보장제도는 하나의 전환점을 이루었다. 1973년 석유파동이 발생한 이래 경제성장이 둔화되어 저성장의 어려운 여건 속에서도 인플레이션이 진행되고 스태그플레이션(stagflation), 즉 불황하의 물가고를 맞게 되었다. 또 나라마다 실업자의 증가가 큰 사회문제가 되었다. 한편 인구의 노령화가 점점 나타났고, 여성의 사회진출이 현저해졌다. 이러한 현상들은 어느 것이나 사회보장제도에 큰 영향을 미쳤다. 이러한 이유들로 해서 각국에서는 급여를 줄이거나 또 중단하는 것 등이 개혁 또는 조정조치로 나타났다. 그 대책의 중심적인 것은 우선 지출이 큰 의료・연금부문을 재정립하는 것이었다.

그것은 사회보험의 수입과 지출을 재조정하는 것이었다. 즉, 수입 면에서는 보험료의 인상, 일부 수혜자 부담의 증대를 단행했다. 그렇게 해도 부담이 한계에 다다랐다. 지출 면에서는 공공지출의 삭감, 의료비 증액의 억제, 의료공급체제의 통제 등을 실시하는 국가가 나타났다. 연금에 있어서도 서독 등과 같이 잠정적이긴 했지만, 연금액의 연동(sliding system)조정중지 등 대담한 조치를 취한 나라도 있었다.

그 외에 실업수당, 상병수당, 공공부조에 있어서도 이런 현상이 나타났다. 그 반면 가족수당, 사회복지서비스에 있어서는 더욱 충실해진 것도 있었다. 경제・사회정세의 변화에 대응하는 방식은 나라마다 다양했지만, 기본적으로 공통되는 점이 몇 가지 있다. 즉, 시책의 종합화, 자원의 유효이용, 지방에의 분산, 부담방식의 새로운 방식 도입 등이 그것이다.

이렇게 하여 당시 서독 등 일부 국가에서는 재정대책의 효과가 나타나기 시작했다. 프랑스에서도 역시 엄격한 조치가 계속되었고, 영국에 있어서는 그 후에도 여러 가지 면에서 더욱 자세한 조정을 실시했다. 이러한 현상에 대해 정당 및 관계 단체들로부터 많은 의견이 속출했다. 일부에서는 "복지국가의 재정은 파탄했다."는 소리도 있었지만 어떤 국가에서는 지금부터라도 복지에 관한 근본적인 재고가 있어야 한다고도 했다.

결과적으로 케인즈 - 베버리지에 근거한 복지국가의 정책은 위기를 맞게 되었고, 나아가서는 이러한 위기극복을 위한 돌파구를 찾아 각 복지국가들은 나름대로의 해결책을 모색하게 되었다. 이들 복지국가들이 추구한 해결책은 대개 3가지 경향으로 분류할 수 있다(Esping-Andersen, 1996: 31).

① 스칸디나비아 방식이다. 스웨덴과 노르웨이 등 스칸디나비아 복지국가들은 매우 포괄적이고 보편적인 사회복지 프로그램을 전개해 왔다. 이들 국가는 고용 확대를 통해 복지국가의 위기를 해결하려는 시도를 해왔다.

② 신자유주의적 방식이다. 1980년대에 미국과 영국을 중심으로 본격화된 이 방식은 규제완화를 주요 전략으로 삼고 있어 국가복지의 축소가 불가피하다.

③ 노동감축 방식이다. 독일, 프랑스, 이탈리아 같은 유럽 국가들은 노동유연성을 보장함으로써 지금 가지고 있는 사회보장의 기준을 기본적으로 유지하면서 기업활동을 최대한 지원하는 방식을 취했다.

복지국가가 앞으로 어떤 방향으로 나아갈 것인가를 예측한다는 것은 대단히 어려운 일이다. 자본주의 경제구조와 인구구조의 변화를 중심으로 각 국가에 적합한 복지국가체제를 갖추어 갈 것이다.

제2절 한국 사회복지의 역사

역사적으로 유럽이나 북미의 사회복지출현이 빈민구호와 관련되어 있는 것과 마찬가지로 우리나라도 삼국시대의 왕가인정(仁政)에 입각한 시혜적 구빈활동에서 그 맥락을 찾아 볼 수 있다. 삼국시대의 즉흥적·일시적인 구빈활동은 고려와 조선조를 이어 오면서 점차 제도화되었지만, 온정주의적 왕가인정사상에서 탈피하지 못했고 국가책임사상도 나타나지 않았다. 따라서 그 제도는 근세에 이르기까지 구빈적 한계 내에 머물렀으며 보호수준도 빈약할 수밖에 없었다.

갑오개혁을 계기로 근세 서구문물이 도입되었고 인간존중사상과 평등사상이 정치와 행정에 반영되면서 빈민이자 요부조자에 대한 보호조치는 국가의 시혜가 아닌 책임이라는 인식이 대두되는 계기가 되었다. 그러나 갑오개혁은 성공을 거두지 못했고 한일합방으로 우리의 고전적 구빈제도는 단절되고 말았다.

해방과 함께 짧은 기간의 미군정을 거친 후 「대한민국 헌법」이 제정되면서 국민의 생활권이 명문화되었고, 이후 현대적 사회복지가 확립되는 기틀이 되었다. 이와 같이 우리나라 사회복지사는 짧지만 그 전사(前史)라고 할 수 있는 구빈활동과 그 제도의 변천과정을 간략히 살펴봄으로써 사회복지의 현황을 이해하고 사회복지의 위상을 정립하는 데 도움을 얻고자 한다.

우리나라 사회복지의 변천과정을 동양의 고전적이고 시혜적인 구빈의 시기(1894년 갑오개혁 이전)와 서구적 사회보장 내지 사회복지제도의 시기(1894년 갑오개혁 이후)로 양분할 경우, 동양적 구빈의 시기에 있어서는 구휼, 구빈활동이 군주의 시혜로 인식되었던 것이 서구적 사회복지의 단계에 이르러서는 근대화 물결을 타고 자본주의 제도의 성숙과 더불어 국가의 복지조치가 하나의 의무라는 인식에로 전환되었다.[5]

5) 陸鐘洙,福祉行政法體系에 관한 연구: 現代福祉行政法體系定立을 위한 試論(대구: 天友出 版社, 1985), p.83.

1. 시혜적 구빈제도 시대

동양적 구빈사업은 온정주의를 바탕으로 한 왕가인정에 있었다. 이것은 고구려, 백제, 신라의 삼국시대부터 천재지변, 흉해병란 시의 구빈에 관한 기록을 찾아 볼 수 있다. 백제 온조왕 32년(서기 15년)에는 가뭄으로 굶주리는 백성에게 곡물을 나누어주어 구제하였고, 신라 유리왕 5년(서기 28년)에는 자활할 수 없는 사궁(환과고독)을 조사하여 구제하였다.[6] 또 고구려 고국천왕 16년에는 춘궁기에 관곡을 빈민에게 대여하는 진대법을 제정하였다.[7]

고려시대의 구빈활동도 삼국시대와 대동소이했으나 불교가 우리나라에 도입되어 삼국시대를 거쳐 고려에 와서 더욱 융성하게 됨에 따라 불교의 근본 이상(理想)인 자비정신에 의하여 구제사업은 한층 더 성행하였다.

조정의 구제사업은 처음에 호부(戶部)와 예부(禮部)에서 관장하다가 후에 구제도감, 진휼도감, 진제색 등 중앙구휼행정기관이 설치되었다. 지방의 일선구제기관으로는 제위보(濟危寶)[8], 의창, 동서대비원, 혜민국 등이 있었다.[9] 또 숭불정책을 쓴 고려조에는 불교도들의 사회비보사업(社會裨補事業)으로서 시료, 행려자보호사업이 성황을 이루었다.[10] 고려의 구제활동이 성행한 것은 이러한 불교의 자비정신에서 나온 것이다. 불심이란 대자대비를 뜻하고 자비심의 구체화된 것이 보시(布施)인데 불교도들의 자선 또는 구제활동은 바로 보시행(布施行)인 것이다.[11]

조선조의 구제활동도 구휼, 진대 및 감면세・역으로 집약된다. 구휼방법은 의식제

6) 三國史記, 권1, 新羅本紀, 제1; 河相洛, "우리나라의 구빈사업의 변천과 그 사회적 배경: 李朝時代를 중심으로" 문교부연구보고서(1970), pp.7-9; 具滋憲,韓國社會福祉史(서울: 한국사회 복지연구소, 1970), p.70에서 再引用.

7) 三國史記, 권16, 高麗紀, 제4:河相洛,上揭書, p.7에서 재인용.

8) 고려 시대에, 나라에서 돈 · 곡식 따위를 모아 두었다가 백성에게 꾸어 주고 그 이자로써 운용한 빈민구제기관. 광종 14년(963)에 설치하여 공양왕 3년(1391)에 없앴다(표준국어대사전).

9) 鄭麟趾,高麗史,志,百官, 一 및 二條; 申相俊, 福祉行政學(대구: 대구대학교출판부, 1983), p.63에서 재인용.

10) 具滋憲,前揭書, p.77.

11) 張壎"佛教에 나타난 福祉理念, 사회복지연구, 제9집(대구: 대구대학교 사회복지연구소, 1981), pp.9-10.

공과 의료가 주이고 대상자는 환과고독(鰥寡孤獨)이었다. 이러한 조선조의 구제활동은 유교의 민본주의에서 발전한 공맹의 인의사상에 바탕을 두고 있다. 이 시대는 정치의 근본을 왕가인정(仁政)과 덕치(德治)에 두었고, 궁민구제를 치국의 요체로 생각하였다.[12] 조선조는 건국 이래 정치·경제·사회·문화의 각 부문이 고려적인 기반에서 개혁되고 재편성되어 갔으며, 특히 법전편찬 작업이 매우 성행하여 민생구휼제도도 법제화하였다.

조선조의 법전으로서 체제가 완성된 것은 건국 초에 시작하여 성종 16년(서기 1485년)에 전전시행(全典施行)을 본 경국대전으로 갑오개혁(서기 1894년)까지 국가기본법전으로 전해졌다. 경국대전의 이전에는 의료구제기관으로 혜민서와 활인서를 두었고, 호전에는 중앙과 지방에 상평창을 두어 백성들의 경제생활 안정을 도모하는 규정을 두었다. 예전에는 혜민조에 경로, 혼비보조, 노인과 고아에 대한 수양 및 의류관급, 의약구제 등의 규정을 두었다. 또 병전에는 면역과 구휼제도를 규정하였고, 형전(刑典)에는 휼수(恤囚)의 규정을 두었다.[13]

민생구휼사업의 시설로서는 중앙에 구황청(후에 진휼청으로 개명되었다가 다시 선혜청에 흡수, 합병됨),[14] 혜민국, 활인서, 제생원, 기로원, 장예원(掌隷院), 빙고, 평시서 등이 있어 각기 독립된 기능을 가졌었다. 제22대 정조 7년(서기 1783년)에 증보된 대전통편(大典通編)의 예전(禮典) 혜휼조(惠恤)는 부랑아와 유기아에 대한 수양절목으로서 자휼전칙을 규정하였다. 또 세종 원년(서기 1419년)에는 환곡이라고 하는 춘궁기에 곡물을 민간에 대부하고 다음 해에 반납케 하는 민생구제제도를 시행하였다. 이 제도는 고종 32년(서기 1895년)에 면을 단위로 하는 사환제도로 발전하였다가 융희연간(서기 1907-1910)에 지방금융조합과 같은 제도로 흡수되었다.[15]

12) 최창무, "조선왕조초기의 구빈제도에 관한 고찰", 사회과학, 경북대학교 사회과학대학 논문집, 제3집(1984), p.170.

13) 具滋憲, 전게서, pp.105-106.

14) 신상준, 전게서, p.63.

15) 具滋憲, 전게서, pp.109-118.

2. 근대적 사회복지사업의 도입

1876년 개국 이후 서구문물이 도입되고 천주교·개신교가 전파되면서 사회복지사업이 도입되었다. 특히 1894년 이후의 정치·행정개혁에 수반하여 행정면에서도 서구적인 공공복지기능의 영향을 받게 되었다. 사회복지사상이 인간존엄성과 평등에 기본이념을 둔 것이라면 문벌반상 등급의 타파와 그 집안의 사회적 신분이나 지위를 불문하고 인재를 등용하도록 하였다. 이러한 것은 종래의 귀천계급의 장벽을 타파하여 빈민 기타 사회부조를 요하는 자에 대한 부조조치가 국가의 시혜로서가 아니라 하나의 의무로서 생각하게 되는 한 계기를 조성하였다. 그러나 1910년 한일합방 때까지는 사회복지사업이 주로 보건·위생분야에 한정되었고 사회복지분야는 보잘 것 없었다.[16)]

한국사회에서의 근대적 사회복지사업으로는 프랑스인 매스트르(Maistre, Joseph Ambroise; 1808~1857)신부[17)]의 성영회(聖嬰會; Saint-Enfant)[18)] 사업이 처음이다.[19)] 이것은 오늘날의 방식으로 표현하자면 아동위탁보호사업이다.[20)] 여기서 영해회 사업을 평가해 보면

16) 신상준, 전게서, p.64.

17) Maistre, Joseph Ambroise(1808~1857): 파리외방전교회 선교사로 1852년 한국에 입국, 1857년 사망할 때까지 성영회를 도입, 한국 최초의 근대적 사회복지사업(아동복지)을 시작하였다.

18) Saint-Enfant: 성영회(聖嬰會)는 버림받은 아동들을 위한 구제사업기관으로 1843년 프랑스 파리에서 프랑스인 홀본 잔송(Holbon Jansong)에 의해 창설되었다. Enfant(불), Infant(영)는 2세 미만의 영아를 뜻한다. 따라서 Saint-Enfant란 '성영아'('聖嬰兒')란 뜻으로 예수 아기를 상징하기도 하고, 예수 아기를 죽이려던 헤로데의 음모로 인해 무죄하게 숨진 아기들을 말한다(마태오복음, 3: 16-18). 초창기에는 성영회(聖嬰會) 또는 영해회(嬰孩會) 등으로 불렀는데 주로 영해회라는 이름을 사용하였다. 모든 어린이들을 구제하기에는 재원이 모자랐으므로 죽음의 위험에 처해 있는 어린이들에게 세례를 주고, 살아나면 그리스도교 가정에서 맡아 키우도록 하는 방식으로 어린이 구호사업을 폈다(가톨릭대사전 참조).

19) Dallet Ch., *Historie de Leglise de Coree*. 안응렬·최석우 역주, 한국천주교회사(왜관: 분도출판사, 1979), 하. pp.209-210.

20) 영해회의 자세한 성격은 3년 후 뵈르뇌(Berneux) 장주교가 1857년 8월 2일자로 반포한 『장주교윤시제우서(張主教輪示諸友書)』에 『영해회 규칙』을 실어 각처 공소의 회장 집에 비치하여 누구든지 볼 수 있게 했으니 그 내용을 통해 알 수 있다. 영해회 운영규칙의 내용은 다음과 같다.

(1) 목적:

① 죽을 위험이 있는 외교인 아이들을 대세받게 하는 것

② 의탁할 곳 없는 외교인 아이들을 양육하는 것

(2) 방법: 신자가정에 분산 양육(박해 때문)

현대 사회사업의 특징을 잘 나타내고 있다. 첫째, 치료적인 면보다 예방적인 면에 치중하였고, 둘째, 과학적이고 전문기술적인 방법을 썼다. 셋째, 조직적이고 지속적인 사업이었으며, 넷째, 물질적인 구제보다 정신적 방향, 즉 물질 대신 지혜를, 돈 대신 직업을, 다시 말해서 자조자립의 방법을 가르쳐주는 데 두고 있었다. 영해회는 아이들을 단순히 기르기만 했을 뿐만 아니라 장래 성장해서 사회인으로 진출할 수 있도록 기술교육과 직업알선을 실시하였다. 이러한 점들로 볼 때 영해회 사업은 이미 훌륭한 현대적 사회복지사업이었음을 알 수 있다.

---

(3) 대상:
① 고아
② 고아가 아니라도 기를 능력이 없는 부모에게서 위탁받은 아이
(4) 조건: 남아 6세 이상, 여아 8세 이상은 위탁받지 못한다.
(5) 양육을 신자가정에 위탁할 때의 조건
① 2돌 이하의 아이를 젖 없는 사람에게 맡기지 못한다.
② 한 사람에게 둘 이상의 아이를 맡기지 못한다.
③ 남아는 18살이 되면 자유로 그 집을 떠날 수 있다. 만일 그 집에 그냥 있게 되면 다른 머슴과 같이 노임을 주어야 한다.
④ 여아는 20살 전에 (신부(神父) 허락을 받아) 결혼시켜야 한다.
⑤ 아이들에 대한 전권은 신부(교회)에 있다. 따라서 신부 판단에 아이 양육이 부적합하다고 보면 언제든지 데려올 수 있다.
⑥ 맡은 아이를 친자식 같이 키울 것. 종교교육도 시켜야 함. 영해회의 은혜를 일깨워주고 신부에게 속해 있음을 알려주고 공소 때에는 따로 신부와 면담시킬 것
⑦ 은전은 다음 <표 4-2>와 같이 2살까지는 양육비가 많이 들고 기르기 힘들다는 점을 감안해서 연간 24냥으로 가장 많고 2살부터 10살까지는 17냥, 10살부터 12살까지는 대폭 줄어 연간 6냥, 12살이 넘으면 은전이 없다.

〈표 4-2〉 영해회 은전(恩錢)지급표

나이	연은전
2돌까지	24냥
2돌~10살	17냥
10살~12살	6냥

이 은전에는 피복비가 포함되어 따로 피복비는 지급하지 않고 아이가 죽으면 장례비를 별도로 1냥을 지급한다.
(6) 입양 규정
맡아 기르던 아이를 양자로 삼고자 하면 신부와 의논해서 하되 은전은 보통의 절반이요, 장례비는 없다.
(7) 이 「규칙」을 누구든지 볼 수 있도록 각처 회장집에 비치토록 했다.

3. 시설사회복지사업

한국천주교회는 박해가 좀 잠잠해지자 1880년부터 버림받은 어린이들을 보살피는 위탁보호를 다시 시행하였다.[21)]

이것은 이미 20여 년 전 영해회가 하던 것과 같은 방법으로 고아들을 돌보았다. 그러다가 서울 곤당골(미동=현 을지로 1가 미대사관 서편)에 기와집 한 채를 사서 영해원을 설립하여 보모를 두어 고아들을 보육하였다.[22)] 그 후 1885년 3월 15일 곤당골에 '천주교고아원'을 개설하였다(앞의 책, 1973: 566). 이때 종로 똥골(東谷=현재 관철동)에 고아원 부설로 양로원을 함께 개설하였다. 이것이 한국 최초의 고아원과 양로원이었고 고아원은 오늘날까지 계속되어 오고 있다.

1888년 9월 샬트르성바오로수녀회가 아동복지사업을 목적으로 한국에 진출하여 1888년 9월 8일 '천주교고아원'을 인수하였다.[23)] 1915년에는 고아원 운영비의 조달을 위해 한국 최초의 자선바자(Bazzar)를 열었다.[24)]

1910년 조선 총독부가 제생원을 세웠고, 1929년 조선사회사업가협회가 창설되었다. 1929년 조선귀족보호시설로 재단법인 창복회가 설립되었다. 1933년 조선총독부에서 발행한 조선사회사업개요에 의하면 당시 전국의 양로원 수는 9개였고, 수용인원은 58명이었다. 1944년에는 조선총독부 구호령이 반포되어 생활이 빈곤한 임산부와 13세 이하의 아동을 대상으로 재가구호를 원칙으로 하고 예외로 위탁구호 또는 시설수용 등의 조치가 시행되었다.

---

21) 매스트르 신부는 1852년 8월 29일 입국하였고, 1854년 10월 22일자로 파리외방전교회에 보낸 편지에서 성영회에 관한 보고를 한 것으로 보아 1852년과 1854년 사이에 이 사업이 시작된 것으로 보인다.

22) 한국샬트르성바오로회, 바오로뜰안의 애환85년, 1973: 124.

23) 앞의 책, p.567.

24) 이때 자선권은 1매에 1원씩 했는데 당시 한국에 와있던 서양 사람들, 특히 그 부인들이 한꺼번에 수십 장씩 사갔기 때문에 몇 달 만에 자선권 1천 장이 매진되었다고 한다. 그래서 가밀 원장수녀는 이들에게 감사를 표하기 위해 1915년 11월 27일 다과회를 베풀고 고아들이 만든 수예 옷, 상보, 수건, 손가방들을 제비뽑기를 하여 선물했다.

4. 해방과 6 · 25전쟁, 그리고 공공부조의 시도(1945~1950년대 말)

이 시기는 지주계급의 몰락과 신흥자본가의 등장, 본격적인 산업화 이전 단계로, 해방에서 정부수립, 한국전쟁 그리고 이승만 정권으로 이어지는 사회 전반의 혼란기였다. 미국의 후원을 입은 이승만 정권은 반공이데올로기를 바탕으로 한 권위주의체제를 수립하여 일본으로부터의 해방보다는 미국과의 친화적 관계에 더 큰 비중을 두었다.

이런 정치 · 경제적 상황으로 인하여 이 기간 동안 국가복지는 논의의 대상이 아니었으며, 그 결과 중요한 사회복지제도의 도입이 거의 이루어지지 않았다. 이 시기의 사회복지는 전쟁난민에 대한 일시적 구호가 주종을 이루었고, 그것도 국가가 아닌 외원기관이나 종교기관 등의 민간 사회복지기관에 의해 주도되었다. 고아와 기아 등을 위한 육아시설, 감화원과 양로원 등의 시설은 8 · 15해방 후부터 1948년 3월 말까지 총 시설 수는 47개에서 127개로 증대하고, 그 수용인원도 2,228명에서 7,832명으로 3배 이상으로 급증했다(함세남 외, 1996: 558).

6 · 25전쟁으로 피난민이 급격히 늘어나자 정부의 복지정책은 피난민을 위한 수용소 또는 급식소를 설치하는 일이었다. 1950~1951년간 일시에 생긴 이재민은 1,000만여 명에 달했다. 1 · 4후퇴로 남하하는 피난민이 부산에 집중되자 정부는 이들을 위하여 부산 각처에 피난민 수용소를 설치하여 수용하는 한편, 피난민의 일부는 거제도에 이송하여 집단수용했다. 보사부는 이들을 구호하기 위하여 거제도에 보사부 분실을 설치하여 지방 관계관을 지도 · 감독했다. 당시 거제도는 원주민이 6만 명이었으나 이송된 피난민이 최고 20만 명까지 집단수용되어 피난민의 땅이 되기도 했다. 요구호자는 막대한 수에 달했지만 구호에 소요되는 자금과 물자는 크게 부족했으므로 정부로서는 재해로 인한 응급구호에 치중할 수밖에 없었다. 특히 아동, 노인, 임산부 및 유아를 거느린 부녀 등을 우선적으로 구호했다.

이 시기에 시설보호와 공공부조사업이 이루어질 수 있었던 것은 거의 전적으로 유엔구호계획에 의한 구호물품과 세계 여러 나라로부터 보내온 기증금품과 외국 민간 구호물자 덕분이었다. 특히 피난민을 구호하기 위하여 활동했던 외국 민간원조단체가 도입한 양곡 · 식료품 · 의류 · 의약품 · 연료 · 건축자재 등은 피난민의 정착에 크게 기여했다.

1948년 제헌헌법은 생활무능력자에 대한 보호규정(제19조)을 두어 국가의 공공부조를 통한 국민의 생존권 보장을 명시했다. 그러나 이는 명문화된 법조항으로서만 의미가 있었으며 실질적인 제도는 훨씬 뒤에 등장했다. 즉, 사회복지적 측면에서는 거의 의미가 없었으며, 일반적으로 복지에 대한 필요성이나 인식은 극히 미약했다. 이 시대의 사회복지 관련 입법들은 〈표 4-3〉과 같다.

〈표 4-3〉 1945~1950년대 사회복지 관련 입법들

1944	조선구호령
1946	아동노동법규
1946	최고노동시간법
1950	군사원호법
1951	경찰원호법
1953	근로기준법
1958	가족법
1960	공무원연금법

전쟁고아를 긴급구호하기 위해서 외국의 원조에 의존한 이 시기의 사회복지 역사는 향후 한국의 사회복지를 시설보호와 공공부조에 한정시키는 경향으로 이끌었다. 이 시기에 피난민을 긴급구제하기 위해서 복지행정을 담당하는 정부의 행정부서가 체계화되었고, 1947년부터 전문사회사업이 대학교육으로 도입되었지만 국가의 복지정책은 응급구호사업과 시설보호를 크게 벗어나지 못했다. 그러나 이처럼 주체적인 사회복지정책의 수립을 기대하기가 어려웠던 것이 사실이지만, 기존 사회운동의 전통과 사회 각계각층의 성장된 의식화, 그리고 해방 후 특히 6 · 25전쟁 이후의 급속한

사회변동 속에서 점차 근대적 사회관이 형성되어 근대적 사회복지도 이 같은 배경하에서 발전되어 나갈 계기를 맞고 있었다(한국복지연구회, 1985: 44).

5. 공공부조의 체계화와 사회보험의 시도(1960~1970년대)

1961년 쿠데타로 집권한 박정희 정권이 등장하면서 한국은 경공업에 기반한 수출주도형 산업화의 길을 걷게 된다. 본격적인 경제성장과 더불어 근대적 의미의 노동시장이 급속도로 형성되기 시작했고, 어떠한 임금수준과 노동조건하에서도 노동력의 공급은 거의 무한정으로 제공될 수 있는 시대적 상황을 배경으로 하고 있었다. 이런 상황에서는 고용 그 자체가 바로 최저생활을 보장하는 복지가 되었기 때문에 임금이나 노동조건의 개선은 전혀 사회적 쟁점으로 등장하지 않았다. 국가 주도의 고도성장과 권위주의적 지배로 인해 소득불평등이 심각한 사회문제로 등장했으나, 박정희 정권은 유신체제를 선포하면서 정치영역과 경제영역에서 노동자들을 철저하게 배제하는 강압적 통제방식으로 일관했다.

아울러 국가는 분배문제에 대해 선성장 후분배 이데올로기로 일관했을 뿐만 아니라 복지문제에도 특별한 관심을 기울이지 않았다. 이 시기에 대량 복지입법이 있었으나 대부분 국가권력과 관련 있는 특수집단에 대한 혜택을 규정하는 것들이었다.

이 시기 공공부조에 관한 법으로는 생활보호법(1961), 군사원호보상법(1961), 국가유공자와 월남귀순용사 특별보호법(1961), 재해구호법(1962), 자활지도사업에 관한 임시조치법(1968) 등이 제정되었으며, 사회보험에 관한 법으로는 공무원연금법(1960), 선원보험법(1962), 군인연금법(1962), 산업재해보상보험법(1963), 의료보험법(1963), 국민복지연금법(1973) 등이 제정되었다. 또한 이 시기에 사회보장의 기본이 되는 사회보장에 관한 법률(1963), 아동복지법(1961), 윤락행위등방지법(1961), 「사회복지사업법」(1970) 등의 제정은 미약하지만 사회복지의 기초를 다진 것이었다. 이 시기에 입법된 법률들은 <표 4-4>와 같다.

〈표 4-4〉 1960~1970년대 사회복지 관련 입법들

1960	공무원연금법
1961	윤락행위등방지법/ 아동복리법/ 생활보호법
1962	재해구호법
1963	사회보장에 관한 법률/ 군인연금법/ 산재보험법/ 의료보험법
1970	「사회복지사업법」
1973	국민복지연금법(미실시)/ 사립학교교직원연금법
1976	개정 의료보험법 · 직장의료보험법 실시/ 입양특례법
1977	의료보험법/ 특수교육진흥법

그러나 당시 시행된 유일한 사회보험인 산재보험은 500인 이상 사업장을 대상으로 하여 사회정책의 포괄성을 충족시키지 못했으며, 의료보험 · 국민연금은 법제정만 있었을 뿐 그 실시는 훨씬 뒤로 미루어졌다. 1961년의 생활보호법은 일제강점기하의 조선구호령을 그대로 답습한 것이었으며, 그 외의 입법들도 실효성이 극히 미약한 명목적인 것들이었다. 이러한 상황은 군사쿠데타로 집권한 정권이 그 정당성을 확보하기 위해 국민들의 환심을 얻고자 형식적으로 도입했기 때문이다.

6. 사회보험의 보편화(1980년대)

1980년대에 들어서면서 한국 산업의 중심은 저임금 노동을 기반으로 한 경공업에서 중화학공업으로 전환되었다. 1987년 민주항쟁과 연이은 노동자투쟁은 그간 억압된 사회체제에서 억눌려온 노동계급이 전국적 수준에서 광범위한 노동운동을 전개함으로써 정치적 · 사회적 · 경제적 차원에서 민주화를 가져오게 되었다. 이를 기점으로 군사정권 중심의 권위주의체제에서 형식적이긴 하나 민주체제로의 점진적 이행이 시작되었다. 아울러 노동계급에 대한 억압과 배제를 통한 체제에서 형식적 동의에 의한 체제로 변화되었다. 사회복지에 있어서도 배제적이고 억압적이던 반복지전략으로부터 포섭전략으로 변화되어 국가 차원에서의 복지에 대한 정책을 마련하는 계기가 되

었다. 그러나 사회복지와 관련하여, 당시 노동운동의 유일한 대표였던 한국노총의 최저임금제 도입 투쟁을 제외하고는 복지 확장에 대한 적극적 사회운동이 존재하지 않았다.

제5공화국 정부는 집권 후 '복지사회의 건설'을 국정지표로 내걸었으나, 복지의 획기적인 발전보다는 점진적인 전개를 지향했다(이혜경, 1993: 182). 그러나 비록 형식적이나마 복지국가 구현을 국정목표로 내걸고, 많은 사회복지 관련법의 입법화 작업에 주력하게 되면서 최저임금제와 국민연금, 그리고 의료보험의 농어촌 확대 등 사회보험을 중심으로 한 보편주의 복지제도의 본격적인 도입을 마련하는 시기이기도 했다. 1986년에 도입된 3대 보편주의 입법이 1988년부터 시행되었는데, 최저임금제도, 5인 이상 사업장 근로자를 대상으로 한 국민연금제도와 농어민을 대상으로 한 지역의료보험제도가 이것들이다.

3대 입법 외에도 산재보상법의 적용범위가 5인 이상으로 확대되었으며, 직장의료보험의 경우도 5인 이상 사업장으로 확대되었다. 1989년에는 모자복지법과 장애인복지법, 장애인고용촉진법 등의 사회서비스에 관한 법률들이 제정되었고, 영구임대주택을 포함한 200만 호 주택건설사업이 시작되면서 지역사회복지관 사업이 본격화되는 계기를 마련했다. 또한 복지행정에도 획기적인 진전이 있어 1987년에 생활보호행정을 전담할 사회복지전문요원이 시범 임용되었다가 이후 점차 확대되었다.

1980년대 사회복지제도의 특징은 사회복지서비스 분야의 입법화 작업이라고 할 수 있다. 노인복지법·장애인복지법의 제정(1981), 유아교육진흥법 제정(1982), 「사회복지사업법」 개정(1983) 등이 이루어져 과거의 요보호대상자만을 위한 사회복지서비스가 아닌 전 국민을 대상으로 하는 제도적 변화를 시도했다. 1980년대에 시행된 사회복지 관련 제도들은 〈표 4-5〉와 같다.

〈표 4-5〉 1980년대에 시행된 사회복지 관련 제도들

1981	아동복지법 · 노인복지법 · 심신장애자복지법
1982	생활보호법 전면개정
1984	임대주택건설촉진법
1986	국민연금법 · 의료보험법 개정/ 최저임금법
1987	남녀고용평등법
1988	국민연금 · 농어촌의료보험법 시행
1989	도시지역 의료보험 시행/ 사회복지전문요원제도 실시
	모자복지법 · 보호관찰법 · 장애인복지법 · 장애인고용촉진법

이 시기에 사회보험이 전 국민에게 적용되고 사회복지서비스가 보편적 서비스를 지향하게 된 것은 노동조합, 여성운동단체 그리고 시민사회단체의 지속적인 입법청원운동이 크게 기여했다. 특히 1987년 학생, 노동자, 시민이 연대하여 권위주의 정부를 굴복시킨 6월항쟁은 전 국민의료보험, 국민연금, 그리고 최저임금제의 시행 등에 영향력을 행사했다. '선성장 후분배(복지)'의 논리가 더 이상 국민에게 설득력을 가질 수 없게 되고 복지권은 국민의 주된 관심사가 되었다.

7. 한국형 복지모델에 대한 모색기(1990년대 이후)

1990년대에 들어서면서 사회보장제도의 안정이 일정 정도 이루어지자 '한국형 복지'에 대한 모색이 시작되었다.

1995년에 고용보험법이 시행됨에 따라서 산업사회에서 가장 대표적인 4대 사회보험이 모두 시행되었다. 고용보험은 1997년 외환위기로 대량실업사태를 맞이하여 그 적용대상자를 30인 이상 사업장에서 점차 확대하기 시작하여 현재는 1인 이상 모든 사업장에 적용되고 있다. 2000년 7월부터는 산업재해보상보험의 적용대상이 1인 이상 사업장으로 확대되었고, 2001년 7월부터는 건강보험도 1인 이상 사업장 종사자까지 직장에서 보험료를 내게 됨으로써 4대 사회보험은 보편적 제도로 정착되었다. 한

편, 공공부조는 그동안 노동능력이 있는 연령층이라고 판단하여 생계급여를 하지 않았던 18세 이상 65세 미만 연령층에게도 최저생계비에 미치지 못할 경우에는 생계급여를 제공한다는 내용을 주요 골자로 하는 「국민기초생활보장법」(1999)이 2000년 10월부터 시행됨에 따라 국민의 최저생활을 국가가 보장할 수 있는 제도로 발전했다. 1990년대에 시행된 사회복지 관련 제도와 입법 상황은 〈표 4-6〉과 같다.

〈표 4-6〉 1990년대 사회복지 관련 입법들

1990	장애인고용촉진 및 직업재활법
1991	영유아보육법/ 고령자고용촉진법
1993	일제하 일본군위안부 피해자에 대한 생활안정지원 및 기념사업 등에 관한 법률
1994	고용보험법/ 모자보건법
1995	정신보건법/ 「사회보장기본법」
1996	농어촌연금 시행/ 여성발전기본법 · 청소년기본법/ 국민의료보험법
1997	북한이탈주민보호 및 정착법/ 청소년보호법 · 장애인노인 편의증진법 가정폭력 관련법/ 「사회복지공동모금회법」 장애인 · 노인 · 임산부 등의 편의증진보장에 관한 법률
1998	남녀고용평등법 개정/ 남녀차별금지 및 구제에 관한 법률
1999	국민건강보험법/ 「국민기초생활보장법」

1987년 6월 항쟁 이후, 국가는 전반적으로 개혁적 · 민주적 성격을 점차 강화시켜 왔지만, 근본적으로 온건 개혁적이고 자유주의적인 성향을 넘어서지는 못했고, 시장 위주의 경제정책과 조세정책을 펼침으로써 재분배를 위한 적극적인 복지정책을 펼치는 데는 한계가 있었다(정태석, 2001: 7). 정부는 1993년에 신경제 5개년계획을 수립하고, 1995년에는 국민복지기획단을 구성하여 "삶의 질 세계화를 위한 국민복지구상"을 발표했다. 구체적으로 신경제 5개년계획은 성장과 분배를 동시에 달성하는 '한국형 사회복지모형'의 개발을 추구하는 정책안을 제시했지만, 그 주요 내용은 생산적 복지의 추구, 민영화 및 지방화의 확대로 요약할 수 있다. 이에 따라 고용보험과 농어민연금 및 보육시설 확충과 같은 생산과 관련된 제도의 개선은 부분적으로 이루어졌지만, 생산적 복지에 대한 강조는 여타의 복지를 위축시키는 결과를 가져왔다.

8. 한국형 복지모델의 혼돈(渾沌)기(2000년대 이후)

2000년대는 진보정당에서 보수정당으로 정권교체가 이루어진 시기이다. 이러한 정권교체기에 사회복지가 정책의 핵심 이슈가 되었다. 모든 정당이 경제민주화를 외치면서 경쟁적으로 진보정당임을 내세웠다. 그러나 선거결과는 보수정당의 승리로 막을 내렸다. 복지에 대한 진보와 보수의 차이는 보편적 내지는 제도적 복지를 추구하는가 아니면 선별적 복지를 선호하는가에 따라 구분되고 있다. 사실 전문가의 입장에서 보면 어느 것이 더 좋다거나 나쁘다고는 말할 수 없다. 제도에 따라서 보편성을 강조해야 할 경우도 있고 선별적인 방법이 좋을 수도 있다. 이러한 혼돈 속에서 사회복지서비스법은 다양화되고 사회복지부문의 국가예산도 대폭 증대되었다. 그럼에도 불구하고 국민들이 체감으로 느끼는 복지혜택은 오히려 더 퇴보했다는 것은 무엇을 말함인가? 그것은 제도 상호 간에 중복 또는 누락 부분이 있고 전달체계에 미비가 있기 때문이다. 선별성을 지나치게 강조하여 국민들의 자존심을 상하게 하는 점도 있었다. 복지는 향상되는 데 복지사각지대의 국민들이 자살하는 현상이 오히려 늘어나고 있음은 이를 단적으로 말해 주는 것이다.

〈표 4-7〉 2000년대 사회복지 관련 입법들

2003	제1회 사회복지사 1급 국가고시 시행
2004	건강가정기본법
2005	긴급복지지원법
2007	노인장기요양보험법
2008	다문화가족지원법
2010	성폭력방지 및 피해자보호 등에 관한 법률/ 성폭력범죄의 처벌 등에 관한 법률/ 장애인연금법
2011	장애아동 복지지원법/ 장애인활동 지원에 관한 법률 사회복지사 등에 대한 처우 및 지위향상을 위한 법률 노숙인 등의 복지 및 자립지원에 관한 법률
2012	아이돌봄 지원법
2014	양육비 이행확보 및 지원에 관한 법률/ 기초연금법 '보호관찰 등에 관한 법률'을 「사회복지사업법」으로 편입/ 주거급여법
2017	사회복지사 등급을 1・2급으로 축소

05

사회복지정책

Introduction to Social Welfare | chapter 05

사회복지정책

제1절 사회복지정책의 의의

1. 목표달성을 위한 구체적 계획

개인이나 집단은 달성하고자 하는 어떤 목표를 가지고 살아간다. 그 목표가 성취될 가능성을 희망이라고 한다. 그래서 그 희망을 현실화하기 위해 개인이나 집단은 열심히 노력한다. 이때 아무런 행동지침도 없이 무작정 노력하는 사람은 없을 것이다. 하나의 목표를 달성하기 위해서 구체적인 계획을 세울 것이다. 이것이 국가 차원의 계획일 때 공공정책이라고 한다. 이렇게 하나의 목표를 성취하면 또 다른 목표가 생기기 마련이다. 이렇게 해서 가장 먼 목표 또는 궁극적인 목표를 목적이라고 한다. 따라서 목적은 흔히 추상적이고 이념적이다. 이렇게 볼 때 복지사회는 우리의 목적이며 이념이다. 이 목적을 달성하기 위한 전 단계의 조금 더 구체적인 목표가 있어야 한다. 이것을 우리는 정책이라고 한다. 그것이 복지사회 구현이라는 국가의 목표가 될 때 사회복지정책이 되는 것이다. 이것을 알기 쉽게 표현하면 [그림 5-1]과 같다.

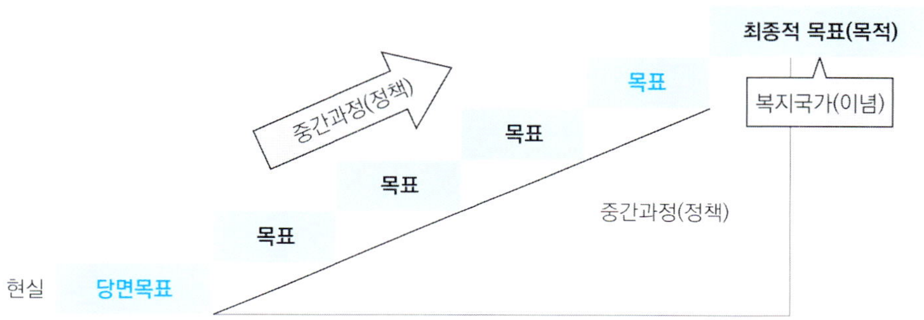

[그림 5-1] 정책결정과정의 단계

따라서 사회복지의 개념은 추상적인 목적 개념이 아니라 '복지'[1)]라는 목적달성을 위한 현실적인 수단으로 실체적 개념이다. 목적달성을 위한 수단으로서 사회복지정책은 소득보장, 건강, 교육, 주택, 사회복지서비스, 조세정책, 노동시장정책의 7가지 영역[2)](송근원 · 김태성, 1995: 31)으로 구성되어 있으며, 사회복지정책이 목적으로 하는 것은 인간생활의 질적 가치를 보장하는 데 있다. 즉, 사회복지가 인간생활의 질적 가치를 보장하기 위한 실질적인 개념이라고 본다면, 사회복지정책은 정책목표의 성취를 통해 사회문제를 해결하고자 하는 행동방침이라 할 수 있다.

1) 복지는 인간생활의 만족스런 이상상태를 의미하는 개념인 동시에 그 이상상태를 지향하는 구체적인 실천활동까지 포함하는 개념이라고 볼 수 있다(남세진 · 조흥식, 1995: 20).

2) 이것들은 복지사회를 달성하기 위한 하나의 하위 목표들이다.

2. 의사결정의 지침으로서의 정책

정책은 '지속적인 계획', 장래의 의사결정의 지침이거나 '결정의 연속'이다. 이것은 특수한 프로그램, 입법, 우선순위를 뒷받침하는 원리에 있어서 암시적이거나 명시적인 핵심요소이다(Kahn, 1973: 69). 프리그모어(Prigmore)와 아서튼(Atherton)은 사회복지정책을 사회복지 프로그램과 문제에 있어서 의사결정을 위해서 사용되는 지침을 가리키는 일반적인 용어(Prigmore & Atherton, 신섭중 역, 1984: 19)로 사용한다.

칸(Kahn)은 "사회복지정책은 사회복지 프로그램과 서비스 전달체계가 장기적으로 기초되는 원리와 관계가 있다(Kahn, 1973: 69)."는 사실을 강조하고 있다. 그는 훌륭한 사회복지정책이란 문제에 대해 즉각적으로 반응하는 것이 아니라, 장기간에 걸쳐 합리적으로 잘 고안된 반응이라고 한다. 정확한 정책분석에 있어서 훌륭한 부분은 암시적인 요인을 인지하고, 그것을 명시적인 것으로 만드는 개인의 능력에 의존한다는 것이다. 어떤 문제에 대해 즉각적인 반응을 하는 것은 결정이다. 의사결정이란 여러 가지 방안 중에서 하나를 선택하는 것이다. 정책이란 연속적인 행동과정이다. 따라서 행위자는 정책의 지배를 받는다. 정책은 목적지향적이고 문제지향적이며 동시에 행동지향적이다. 정책은 이념적 목적을 어떻게 설정하는가에 따라 달라지고 현실 문제를 바라보는 관점에 따라서도 달라진다. 따라서 목표로서의 사회복지정책에도 다양한 관점과 이론이 있을 수 있다. 이러한 정책은 계획・실천・평가의 과정을 통해서 수정되고 보완되어 가는 것이다. 사회는 언제나 유동적이기 때문에 어떤 경우에도 고정된 정책이란 있을 수 없다.

3. 사회정책의 성격

마샬(Marshall)은 다음과 같이 사회정책을 정의하고 있다. 즉, "사회정책은 시민들에게 서비스나 소득을 제공함으로써 시민들의 복지에 직접적인 영향을 주는 행위와 관련된 정부의 정책을 지칭하는 것이다. 그러므로 그 핵심은 사회보험, 공공부조, 보건 및 복지서비스, 그리고 주택정책으로 이루어져 있다(Marshall, 1965: 7).”는 것이다. 마샬의 사회정책 개념보다 광범위한 견해를 제시하고 있는 티트머스(Titmuss)는, 현물(in-kind) 서비스의 직접적인 공공의 급여(예를 들어, 교육과 의료보호)와 직접적인 현금급여(예를 들어, 퇴직 및 가족수당)는 사회복지가 지니는 물 위에 드러난 빙산현상으로 보며, 재정적 복지와 직업적 복지는 간접적이며, 빙산의 잠수된 부분으로 비유하여 보고 있다(Titmuss, 1976: 192).

공공정책은 일시적 또는 기회적 행위가 아닌 목적지향적 행동이다. 따라서 사회복지정책은 분리되고 구분된 의사결정이 아닌, 정부 관료에 의한 일련의 연속적인 행동과정이다. 법률 제정의 의사결정뿐만 아니라 이것의 집행과 강화에 관련된 의사결정도 포함된다. 공공정책은 정부가 하려고 하는 것이 아니라 실제로 행하는 것이다. 공공정책은 형식상 적극적이거나 소극적이다.

결국 공공정책은 일정한 목표를 달성하기 위한 행동을 지배하는 원리이다. 따라서 정책은 어떤 변화를 추구하는데, 그 변화란 상황이나 제도 또는 실제 행위의 변화를 말한다. 그러므로 정책이란 우리(사회, 집단, 조직, 국가)가 어떤 형태로든 변화에 영향을 미칠 수 있을 때 의미가 있다.[3] 사회복지정책은 ‘인간의 존엄과 가치구현’이라는 사회복지이념을 바탕으로 한다. 사회복지정책의 특징이 사회의 전체 구성원, 특히 사회적 약자를 위하여 가치의 배분이 이루어진다는 점에 있다고 볼 때, 사회복지정책은 결코 가치중립적이어서는 안 되고 가치지향적이 되어야 한다. 즉, 사회복지정책이란 “‘인간의 존엄과 가치구현’이라는 이념을 바탕으로 모든 사회구성원, 특히 사회적 약자의 기본적 욕구에 대응하기 위한 정책 분야이며, 각종 사회문제의 해결을 목적으로 하는 사회복지제도, 프로그램 등을 통한 가치 배분활동”이다.

3) 예컨대 자연현상에 대해 정책이란 있을 수 없다. 그것은 자연에 대해 직접적인 개입을 할 수 없기 때문이다. 그러나 자연재난을 피하기 위한 환경정책은 있다.

4. 사회복지정책의 개념

정책이란 “어떤 목표 또는 결과를 얻기 위한 행동을 지배하는 원리”를 말한다. 개인 또는 작은 집단의 경우 보통 ‘계획’이라고 한다. 큰 집단이나 국가단위에서는 정책이라는 용어를 주로 쓴다. 오늘날 지구상의 모든 국가는 최종적인 국가목표가 정치적으로 민주국가 건설이요, 사회적으로 복지사회 건설이다. 그렇다면 어떤 방법으로 복지사회를 이룩할 것인가의 국가적 방법론이 사회복지정책이 된다. 복지사회란 사회복지의 이념이 구현되는 사회를 말한다. 다시 말하면, 복지사회란 인간의 존엄성이 구현되는 사회, 모든 사회구성원이 인간다운 삶을 살 수 있는 평등한 사회, 이런 가치들을 국가의 책임으로 구현하는 사회를 말한다. 이러한 사회를 구현하고자 노력하는 국가를 우리는 ‘복지국가’라고 한다. 결국, 사회복지정책을 정의하자면, ‘복지국가 건설을 위한 구체적인 방법론’이라 할 수 있다.

제2절 사회복지정책의 목표

사회복지정책은 문제지향적이라고 했다. 봉건시대의 사회문제는 빈곤문제가 전부였다. 산업혁명은 절대다수의 노동자들을 빈곤계층으로 전락하게 했다. 따라서 이 시대의 사회문제는 노동문제였으며 노동문제를 해결하기 위한 노동정책이 바로 사회정책이었다. 이때 사회정책의 결과로 나타난 정책과 제도들은 노동3권을 인정하는 노동법, 사회보험, 공공부조 등이었다. 이러한 일련의 정책과 제도들로 인해 유럽의 노동자 빈곤문제는 어느 정도 해소되었다.

그러나 현대의 사회문제는 복잡하고 다양하다. 현대의 사회문제는 노동문제뿐만 아니라 산업화 사회에서 야기되는 수많은 문제는 바로 인간의 비인간화 문제이다. 즉, 공해, 전쟁, 범죄, 주택, 교통문제들, 청소년 비행, 소외된 노인들, 버림받은 장애인들,

부모 없는 어린이들, 한부모 슬하의 어린이들, 소년소녀가장의 식구들, 미혼모들… 이렇게 나열하자면 한없이 다양한 문제를 들 수 있다. 이런 문제들은 전통적인 사회정책으로서의 노동정책만으로는 해결할 수 없는 것이다. 이런 것들을 전통적인 사회문제와 구분하기 위해 사회적 문제라고 칭하기도 하고, 동시에 이런 사회적 문제에 대한 대응책으로서의 사회정책을 사회복지정책이라고 구분하기도 한다.

사회정책은 사회개량적 정책이며 전 국민을 대상으로 하는 사회서비스가 그 대상이며 국민의 최저생활의 보장을 목적으로 하고 있다. 사회복지정책은 여러 가지 형태의 사회문제 발생이 사회제도의 결함에서 생긴 것으로 파악하는 입장을 취하며, 국가나 공적 기구가 제도적·법적 장치를 마련하여 계층 간의 불평등을 완화시키고, 사회적 약자를 보호하고 후원하며, 생활상의 제반 위험으로부터 국민들을 보호하고, 나아가 국민들이 보다 나은 삶의 질을 추구하기 위한 사회의 공동 목표를 실현하려는 국가와 사회의 노력이라고 볼 수 있다.

사회정책의 기본 과제를 네 가지로 정리해 보면 다음과 같다.

① 분배과정의 개입과 사회적 교정으로서, 이것을 노동정책이라 표현할 수 있다. 개개의 국민들에게 노동기회를 부여하며 물질적 결핍으로부터 보호하고, 인간으로서의 존엄성에 위배되지 않는 노동조건을 형성하며, 국민이 노동하여 얻은 사회적 총생산을 정의롭고 공정하게 배분하는 것이 사회정책의 첫 번째 과제가 된다. 사회정책을 통하여 잘못된 부의 분배과정을 교정하며, 사회집단 간의 이해와 갈등을 조절하는 역할과 기능을 수행하게 된다.

② 빈곤의 완화와 최저생계의 유지로서 이것을 빈곤정책이라 한다. 빈곤가족과 극빈자들의 생계유지를 위한 생활부조제도와 이들의 독립적인 생활력을 키우는 직업기술 교육제도, 시장경제 속에서의 경제활동을 보장하는 취업알선제도, 사회의 변화와 새로운 산업기술에 적응할 수 있게 만드는 재교육제도 등 빈곤자들의 의식주를 비롯해 경제적 자립을 후원하는 일련의 사회적 역할을 말한다.

③ 국민들을 사회적 위협으로부터 보호하려는 사회보장정책을 일컫는다. 다원화,

산업화, 현대화된 생활환경은 국민들을 끝없이 불안하게 만든다. 건강상의 위협, 해고와 실직으로부터의 위협, 산업재해에 대한 공포, 교통사고, 죽음과 질병으로부터의 스트레스, 공해와 환경오염 등은 개개인의 힘으로는 도저히 해결할 수 없는 문제들로 부각되었고, 일상생활을 위협하는 이러한 제반 요인들로부터 국민을 보호하는 사회의 안전장치가 필수적이 되었다.

④ 삶의 질적 향상에 대한 추구로서 이것을 사회복지정책으로 말할 수 있다. 산업사회의 발전과 경제성장은 우리에게 물질적 요구를 충족시킬 수 있는 기회와 가능성을 제공해 주었고 절대빈곤에서 벗어나 보다 많은 여가시간을 가져다주었다. 물질적 충족을 넘어서 이제는 삶의 질을 높이기 위한 정신적 행복을 추구하게 되며, 다양한 욕구가 사회 각 계층에서 나타나게 되었다. 노인, 여성, 청소년, 아동 등의 욕구와 문제를 해결해 나가지 않으면 안 되게 되었고 그들이 가진 다양한 욕구를 충족시키기 위한 대책이 마련되어야 하기에 이르렀다.

제3절 사회복지정책의 형성이론

1. 사회복지정책의 형성이론

사회복지정책의 형성이론이란 사회복지의 목적을 달성하기 위한 정책이 어떤 과정을 통해서 형성되고 발전해 왔는가를 설명하는 관점을 말한다. 사회과학의 이론들은 사회를 파악하는 관점이라고 할 수 있는데, 그 어떤 이론도 하나의 이론으로 사회의 모든 현상을 설명할 수는 없다. 모든 이론은 결국 사회의 한 측면만을 설명할 수 있을 뿐이다. 따라서 사회복지정책도 다양한 이론을 파악함으로써 사회복지정책의 형성과정을 보다 폭넓게 이해할 수 있게 된다. 사회복지정책의 형성과정을 설명한 이론들 중에서 가장 많이 거론되는 것들을 몇 가지 소개하면 다음과 같다.

1) 산업화론

자본주의의 전개와 함께 산업화가 진행됨에 따라 발생하게 되는 사회적 위험을 해결하기 위한 합리적인 방책으로서 등장하게 된 것이 사회복지정책이라고 설명한다. 자본주의가 진전되면서 이전에는 존재하지 않았던 새로운 사회문제를 야기하여 사회적 도움을 받아야 할 대상자들이 증가하였다. 산업화는 산업재해나 실업문제, 도시화로 인한 주택과 범죄의 문제, 빈부격차의 심화 등의 문제를 초래하여 사회복지에 대한 객관적 요구를 증대시킨다(Wilensky & Lebeaux, 1965: 67-81).

산업화로 인해 도시화가 급속도로 진전됨에 따라 전통적인 대가족이 붕괴되고 핵가족화 및 소가족화로 가족기능이 붕괴되면서 사회문제의 발생을 증가시켰다. 즉, 산업화는 노인들의 경제적 가치를 저하시켰고, 노인단독세대를 양산시켜 사회복지적 요구가 증대되었다.

사회복지정책은 국가산업을 위해 필요한 존재로 노동력을 공급해 주고 지속적인 소비력을 유지시킨다. 따라서 산업화로 인한 경제적 필요성의 측면에서도 사회복지의 확대가 요구되었다. 산업사회에서는 잘 훈련된 건강한 노동력의 지속적인 공급이 국가발전이라는 측면에서 중요하기 때문에 국가에 의한 사회복지의 확대가 필요했다. 또한 산업화된 자본주의 경제체제에서는 국가경제의 안정을 위해서도 사회복지는 중요한 역할[4]을 한다(김태성, 1990: 70).

2) 계급관계론

사회복지정책이 자본주의의 생산관계에 기초한 노사 간의 대립과정을 통해 노동자계급의 부단한 계급투쟁에 대한 국가와 자본가계급의 양보에 의한 것으로서, 계급 간

4) 예를 들어, 경기침체기에 국가에 의한 사회복지비 지출의 확대는 국민들의 구매력을 높여 경기회복을 기할 수 있다. 세계경제 대공황기 때 미국의 뉴딜(New Deal) 정책이 좋은 예가 된다. 미국은 TVA Project와 사회보장정책을 통해 실업자를 지원함으로써 경기부양을 도모했다.

의 역학관계에 의해 생성·발전하게 된 것이라고 보는 이론이다.

계급관계론은 '계급투쟁'과 '자본의 기능적 필요성'의 강조 정도에 따라 다시 '계급투쟁론', '자본논리론', 그리고 양자를 결합한 '통합주의론'으로 구분된다(Sullivan, 1987). 계급투쟁론은 노동자계급의 정치적 투쟁이나 요구가 사회복지정책의 형성 및 발전과정에서 가장 중요하고 결정적인 역할을 했다고 주장한다.

자본논리론은 오코너(O'Connor, 1983)[5)]를 대표적인 학자로 들 수 있다. 자본주의가 발전하면 필연적으로 독점자본이 지배하게 되고, 이때 노동력의 공급과잉이 나타나면서 대량실업이 초래되고, 과잉생산과 집단구매력의 저하로 경제 전체의 위기가 발생하게 된다. 사회 내에 많은 불이익집단이 존재하는 것은 기존 질서를 잠재적으로 위협할 수 있기 때문에 국가가 자본가의 이익을 위하여 개입하게 되는데, 이때 사용하는 방법이 사회복지라는 것이다. 즉, 자본주의하에서 사회복지가 발전되는 이유는 국가가 자본가의 이익을 보호하기 위하여, 기존의 자본주의 경제질서를 정당화(legitimation)하기 위하여, 혹은 불이익집단을 통제(social control)하기 위해서라는 것이다.

통합주의론은 노동자계급의 '계급투쟁'과 '자본의 기능적 필요성'의 결합관계에 의해 국가가 매개되어 사회복지정책이 발전되었다고 보는 입장으로서, 사빌레(Saville, 1979), 고프(Gough, 1979), 오페(Offe, 1984)를 대표적 학자로 들 수 있다.

3) 음모이론

음모란 겉으로 드러난 것과는 다른 숨겨진 계략을 말한다. 사회복지정책에서의 음모이론이란 사회복지정책이 겉으로 드러난 것과는 다른 숨겨진 어떤 목적을 달성하

5) 오코너는 독점자본의 성장이 국가부문의 성장을 초래하여 국가로 하여금 축적(accumulation)기능과 정당화(legitimation)기능을 수행하게끔 하는데, 여기에서 국가지출은 사회적 자본(social capital)과 사회적 비용(social expense)으로 구분된다고 한다. 사회복지정책을 위한 지출은 사회적 비용에 포함되며, 이는 지속적인 자본축적을 위한 노사관계의 안정을 위한 필요성 때문에 형성된 산물이며, 독점자본가 및 국가에 의해 주도된다고 한다.

기 위해 위장된 정책이라는 뜻이다. 이러한 음모이론은 인도주의에 입각하여 사회복지정책의 확대를 설명하려는 입장에 대해 전면적으로 반대하면서 등장하게 되었다. 피븐과 클로워드(Piven & Cloward, 1971)는 공적 사회복지제도가 중상층계급의 자비심에서가 아니라 빈민들을 규제하기 위한 것이라는 빈민규제론(Regulating the Poor)을 주장했다. 그들은 그 근거로서 대량실업과 같은 심각한 사회문제가 사회적 무질서를 야기할 때 정부는 공적 사회복지제도를 확대하고, 반대로 고용이 확대되고 사회가 안정되면 사회복지가 위축된다는 사실을 제시했다(원석조, 2001: 202). 사회복지의 확대는 지배계급의 대응책으로서, 사회복지의 진정한 수혜층은 지배계급이라는 것이다.

음모이론의 현실적 타당성은 우리나라의 경우에도 찾아볼 수 있다. 예컨대 5・16 쿠데타로 집권한 군사정권은 빈곤정책을 최우선으로 삼았다. 그 후 정당 간의 정권교체는 없었다 해도 집권자가 바뀔 때마다 다양한 사회복지정책을 내놓았다. 또한 국민연금은 내국자본을 마련하기 위한 경제개발정책의 일환으로 도입된 것이다. 따라서 국민들의 저항을 적게 하면서 정착시키기 위해 적게 부담하고서도 많은 혜택을 받을 수 있도록 설계하였던 것이다. 이것이 지금에 와서 국민연금의 위기를 초래하고 있다.

4) 국가론

국가론은 "사회복지란 국가의 원래의 존립목적을 위해 국가 스스로 사회문제를 인식하고 해결하려고 노력하는 행위"라고 보는 것이다. 그래서 국가론에서는 사회복지정책을 독립된 주체인 국가가 스스로 문제를 인식하고 해결하려고 하는 산물이라고 파악한다. 국가론이 가장 중요시하는 것은 문제를 발견하고 해결책을 찾아내며 그것을 수행하는 정부 관료조직의 역할이다. 국가론에서는 사회적 쟁점과 그 해결책은 점차 복잡해지는 경향이 있으며, 정치인과 이익집단의 역할은 약화되는 반면, 관료와 전문가들의 역할은 더욱 중요해진다고 본다(Baldwin, 1990: 45-46; 원석조, 2001: 188).

5) 조합주의이론

현대사회에서 대표적인 거대이익집단으로서 자본가와 노동자는 상호 대립관계가 아니라 조합과 같은 동반자관계라는 것이다. 이러한 조합주의는 자본주의와 사회주의의 이론적·실천적 전제에 반대함으로써 태동했다. 조합주의는 개인주의적 자본주의의 경쟁성에 반대하고, 다른 한편으로 그것이 야기시킨 계급갈등과 사회주의운동에 반기를 듦으로써 시민사회 내에서 개별 영역에 따라 자율적으로 작동하는 기능적 사회경제 조직체에 기반을 둔 사회질서를 제안했다(Panitch, 1980: 160).

조합주의(corporatism)는 유럽 여러 나라에서 다 같이 채택하고 있지만 나라마다 그 형태가 조금씩 다르다. 독일의 경우 사회적 시장경제제도(Social Market Economy System)라고 하고, 오스트리아는 사회적 동반협력제도(Social Partnership)라고 한다. 우리나라에서도 참여정부가 들어서면서 노사정위원회가 신설되었고 조합주의에 대한 관심이 높아지고 있다. 조합주의의 이념은 계급투쟁과는 달리 근본적으로 현존 사회질서를 긍정하는 데서부터 출발한다(Korinek, 1980: 9). 사용자와 피고용인은 서로가 상대의 존재와 가치를 인정하는 것이다. 경제에서는 자본과 노동은 공생 아니면 공멸밖에 없다. 그것은 자본 없는 노동도, 노동 없는 자본도 있을 수 없기 때문이다(Leo XIII, Rerum novarum, z.15). 만약 우리가 공생을 원한다면 필연적으로 상대의 존재가치를 인정할 수밖에 없는 것이다.

제4절 사회복지정책의 결정과정

정책결정의 실제 과정은 본질적으로 정치적인 활동들로 이루어진 과정 안에서 수행되는 일련의 활동들이다. 이러한 활동들이 정책결정의 과정으로 묘사될 수 있으며, 이러한 과정은 상호의존적인 일련의 단계를 거친다(Dunn, 1998: 17). 구체적인 과정은 의제설정(agenda setting), 정책형성(policy formulation), 정책채택(policy adoption), 정책집행(policy implementation), 정책평가(policy assessment)로 구분할 수 있는데, 각 단계별 특징은 〈표 5-1〉과 같다.

〈표 5-1〉 정책결정과정의 단계

단계	특징	사례
의제설정	선출된 공직자와 임명된 관료가 문제들을 공공의제화한다. 다루어지지 않았던 문제도 많으며, 어떤 문제는 오랫동안 지연된 다음에 다루어지기도 한다.	의원과 공동발의자가 보건복지위원회에서 검토하고 통과시키기 위해 법안을 제출한다. 그 법안은 위원회에 잔류한 채 표결에 부쳐지지 않는다.
정책형성	관료들이 문제를 해결하기 위한 정책대안을 형성한다. 정책대안은 행정명령, 법원의 결정, 입법행위 등의 형식을 취한다.	정부의 사법부가 여성과 장애인에게 불리한 점수가 나오는 이유로 SAT 등의 표준화된 성적시험의 사용을 금지시킬 것을 고려한다.
정책채택	정책대안이 입법부의 다수결, 행정기관 책임자들의 합의 또는 법원의 결정에 의하여 채택된다.	대법원 판례에서 여성이 낙태를 통하여 임신을 중절할 권리를 가지고 있다는 다수의견에 도달하였다.
정책집행	채택된 정책은 정책에 순응하기 위해 재원과 인적자원을 동원하는 행정단위에 의해 수행된다.	어떤 도시의 재무담당관은 세금면제 지위가 취소된 병원에 세금을 부과하기로 결정한 새로운 법에 순응하기 위하여 추가로 직원을 채용하였다.
정책평가	정부의 감사, 그리고 법원이 정책의 법적 요구사항에 순응하는지 또는 그 목적을 달성했는지 여부를 판단한다.	회계검사원에서 요보호아동가족부(AFDC)와 같은 사회복지 프로그램을 점검하여 집행에서 부정의 범위를 판단한다.

출처: Dunn, William N., 나기산 외 역(1998). 정책분석론 제2판. 법문사, p.18.

1. 의제설정

사회문제로 인식하고 정책입안자들의 관심을 얻어 의제로 선택되는 단계이다. 사회복지문제가 정책문제로 제기됨으로써 이슈화하는 경우, 그 문제는 국민들의 관심을 불러일으키고 결국 정책전문가들에 의하여 논의된다. 이러한 과정이 바로 사회복지정책 의제[6]설정 과정이다(송근원 · 김태성, 1995: 61).

6) 의제란 공공정책으로 전환되기 위하여 정책결정자들의 관심을 불러일으키고 논의될 수 있는 상태의 문제나 이슈를 의미한다(송근원 · 김태성, 1995: 62).

2. 정책형성

과거의 경험과 다른 나라의 사례 등을 검토하고 위원회의 자문을 얻거나 공청회를 개최하는 등으로 언론 등을 통해 여론을 형성해 가는 과정이다. 사회복지정책의 대안 형성과정, 사회문제를 파악하고, 정책목표를 설정하며, 정책수단을 확보하고, 이들을 비교 분석하는 과정으로 볼 때, 이들을 구체적으로 살펴보면 다음과 같다(송근원 · 김태성, 1995: 97-106). 먼저, 사회문제와 상황의 파악은 해석학적 입장에서 볼 때, 문제란 객관적으로 존재하는 것이 아니라, 문제가 될 수 있는 조건에 관한 주관적인 인식과 해석을 그 본질로 하여 만들어지는 것이다. 따라서 보는 관점에 따라 문제란 여러 가지로 정의내려지고 여러 가지 정책대안이 형성될 수 있다. 따라서 사회문제를 파악하기 위해서는 먼저 문제를 일으키는 조건이 무엇이며, 그것을 문제라고 인식하는 사람들이 생각하는 욕구가 무엇인가를 정확하게 파악하여야 한다. 사회문제로 인하여 고통을 받고 있는 사람들의 문제에 대한 정의와 비용 부담자의 문제에 대한 정의는 다를 수 있다.

정책문제와 그 문제를 둘러싼 상황을 정확하게 파악하기 위해서는 그 문제를 다루는 전문가나 학자 또는 관료와의 면담이 필요한 경우도 있고, 비슷한 문제나 선례에 관하여 문헌조사를 할 수도 있다. 또는 그 문제로 고통을 받고 있는 사람들이나 이해관계자들을 대상으로 현지 조사를 할 수도 있다.

미래 예측 및 목표설정이란 다가올 상황의 변화에 관한 예측 속에서 바람직한 미래의 상태인 목표를 설정하는 일은 미래지향적인 활동이다. 이때의 목표설정 과정에는 세워진 정책목표를 구체화하는 고-정도 포함된다.

사회복지정책의 목표설정에서 고려해야 할 주요 요인은 다음과 같다(송근원 · 김태성, 1995: 100). ① 정책의 대상집단(target group)인 클라이언트와 비용부담자 및 지역주민들의 이해관계, ② 정책문제의 특성, ③ 문제해결 목표의 종류 및 성격(단일목표인가? 복수목표인가?, 장기목표와 단기목표는 무엇인가?, 거시목표와 미시목표는 무엇인가?, 사회 전체적인 목표인가, 아니면 지역에 국한된 목표인가?), ④ 다른 목표와의 관계, ⑤ 기초하고 있는 가치 등이다.

3. 정책채택

정책의 목표가 설정되면, 그 정책수단으로서의 해결방법들, 곧 정책대안을 만들어 내야 한다. 즉, 실행계획을 수립하고, 예산을 편성하고, 인력을 배치하는 것 등이다. 정책대안을 만들기 위해서는 문제, 상황, 미래에 대한 정보를 수집하여 종합적으로 검토 분석하여야 한다. 정책대안을 개발하는 방법으로서는 그 문제와 관련된 과거의 정책이나 현존 정책 및 다른 나라나 다른 지역의 정책 등을 검토하는 방법이 있다. 또 다른 방법으로서는 사회과학적 지식이나 이론 모형으로부터 대안을 추론해 내는 방법이 있다. 한편, 이외에 주관적인 판단하에 직관을 통해 정책대안을 개발하는 방법도 있다.

정책대안들이 형성되면, 이들은 여러 가지 기준에서 분석되고 대안의 시행에서 나타날 결과를 예측하며, 다른 대안들과 비교・평가된다. 그러나 대안분석에서 여러 가지 이유로 인하여 제시된 모든 정책대안을 다 분석하는 경우는 드물다. 예컨대 분석에 드는 비용의 한계, 시간의 제약, 기술상의 문제점 등의 이유 때문에 제시된 정책대안들을 다 분석하지는 못하는 것이 보통이다. 따라서 본격적인 분석 이전에 예비 분석(preliminary analysis)을 통하여 본격적으로 검토할 대안을 찾아내는 추리기(screen) 작업이 이루어진다. 정책대안의 추리기 과정에서 일반적으로 많이 사용하는 기준은 실현가능성(feasibility)과 바람직성(desirability)이다(Mood, 1983: 33-34; 송근원・김태성, 1995: 102).

4. 정책집행

정책집행이란 의도된 정책목표를 달성하기 위하여 결정된 사항들을 구체화시키는 활동들을 의미한다(송근원 · 김태성, 1995: 143). 사회복지정책의 집행은 정책집행자인 관료들과 클라이언트의 직접적인 상호작용을 통하여 정책목표를 구체화시켜 나가는 과정이다. 이 과정에서 클라이언트뿐만 아니라 사회문제와 관련된 이해집단들이 관여하게 된다.

5. 정책평가

정책평가란 정책결과에 대한 확인을 말한다. 정책평가는 기대했던 정책성과와 실질적 정책성과 간의 불일치에 관한 정책 관련 지식을 산출하여 그 원인을 파악한다. 평가는 문제가 완화된 정도에 관하여 결론을 내릴 뿐만 아니라 정책을 지배하는 가치를 명료화하고 비판하는 데 기여하고, 정책의 조정과 재형성을 보조하며, 문제를 재구성하기 위한 기초를 제공한다(Dunn, 1998: 22). 즉, 정책평가를 통해 얻은 자료를 바탕으로 정책을 수정 · 보완하거나 그 정책을 완전히 폐기하기도 한다.

제5절 사회복지정책분석

1. 사회복지정책분석의 개념 및 의의

정책분석에 있어서 '분석'이라는 용어는 매우 일반적으로 사용된다. 즉, 직관과 판단의 사용이 포함되며, 정책을 그 구성요소로 분해하여 고찰함과 아울러 새로운 대안을 설계하고 종합하는 모든 활동을 포함한다. 이러한 활동은 예상되는 이슈나 문제에 대한 통찰력을 제공하는 연구로부터 완결된 프로그램에 대한 평가에 이르기까지 광범위하게 관련된다(Dunn, 나기산 외 역, 1998: 72). 따라서 정책분석은 경험적 규칙을 탐구하는 전통적인 학문분야를 넘어서, 여러 학문분야의 실질적 내용과 방법을 종합할 뿐만 아니라 현실의 사회문제를 해결하는 데 사용될 수 있는 정책 관련 정보를 산출하는 데 그 목적이 있다.

2. 사회복지정책분석의 방법

정책의 결정, 집행, 평가의 전 과정에서 정책분석은 가치(value), 사실(facts) 및 행위(action) 등에 대한 정보와 근거 있는 주장을 산출하게 된다. 먼저, 가치에 대한 질문으로 그 달성 여부는 어떤 문제가 해결되었는가에 관한 주요 검증기준이 된다. 둘째, 사실에 대한 질문으로 그 존재 여부는 가치의 달성을 제한하거나 촉진시켜 줄 수 있다. 셋째, 행위에 관한 질문으로 그 채택 여부는 가치의 달성을 초래할 수 있다(Dunn, 나기산 외 역, 1998: 74). 이들 정보와 근거 있는 주장을 산출하는 데 있어서, 정책분석에서는 경험적, 평가적 및 규범적 접근 등 세 가지 접근방법들 가운데 하나 또는 그 이상의 접근방법을 채택하게 된다(Krone, 1980: 37-46). 정책분석을 위한 세 가지 접근방법을 정리하면 〈표 5-2〉와 같다(노화준, 1999: 14).

〈표 5-2〉 정책분석을 위한 세 가지 접근방법

접근방법	일차적 질문	정보의 유형
경험적	사실이 어떠한가? (사실)	사실지향적
평가적	무엇이 바람직한가? (가치)	평가적
규범적	무엇이 행해져야 하는가? (행위)	창도적

1) 경험적 접근방법

경험적 접근방법은 주로 주어진 사회정책의 원인과 결과들을 기술한다. 여기서 일차적인 질문은 사실적이며, 산출되는 정보의 유형은 기술적인 성격을 띠게 된다. 정책분석가가 사회복지 지출을 기술하고 설명하며, 예측하는 경우를 그 예로 들 수 있다. 즉, 현실적인 문제는 무엇인가?, 이를 위해 어느 정도의 예산이 투입(in-put)되었는가에 관심을 갖는다.

2) 평가적 접근방법

평가적 접근방법은 주로 사회정책의 가치문제를 결정하는 것이다. 여기서 일차적 질문은 가치에 관한 것이며, 산출되는 정보의 유형은 평가적인 성격을 지니게 된다. 예를 들면, 다양한 조세정책에 대한 기술적 정보를 제공한 후에, 정책분석가는 배분적 조세부담에 관한 여러 가지 서로 다른 방법들을, 그 방법들이 초래할 윤리적인 결과들에 따라 평가할 수 있다. 즉, 현실사회가 어떤 모습으로 바뀌어야 하는가, 투입된 예산으로 어떤 결과를 산출(out-put)하였는가에 관심을 갖는다.

3) 규범적 접근방법

규범적 접근방법은 사회문제를 해결할 수 있는 미래의 행동노선을 제안하는 데 초점을 맞춘다. 여기서 주된 질문은 행위와 관련되어 있으며, 산출되는 정보의 유형은 주로 처방적인 성격을 띠게 된다. 예를 들어, 빈곤문제를 해결하기 위한 방법으로서 최저 연간소득을 보장하는 정책을 제안하는 경우를 들 수 있다. 다시 말하면 현실문제를 해결하기 위한 정책을 수행하는 과정에 대한 효율성 평가이다. 따라서 어떤 정책이 있어야 한다는 주장이 나와야 한다.

일반적인 정책평가는 이상과 같은 접근방법으로 분석하는 수준이지만 사회복지정책의 분석은 이것과는 다른 차원에서 살펴야 할 것이다. 사회복지란 인간에게 직접 투여되는 정책이므로 가치평가를 객관화하거나 평균화하기가 어렵다. 따라서 위의 세 가지 접근방법을 사회복지정책에 대입해 보면 〈표 5-3〉과 같이 구체화할 수 있다.

〈표 5-3〉 사회복지정책을 위한 세 가지 접근방법

접근방법	분석내용	사례
경험적	효과성(out-puts)	배분된 생계비는?
평가적	효과성(out-comes)	얼마나 만족하는가?
규범적	효율성	과정상의 문제점은?

① 경험적 접근방법: 그 정책을 위해서 어느 정도의 예산이 책정되고 몇 사람의 저소득자에게 얼마만큼의 금액이 지급되었는가를 살펴보아야 한다.

② 평가적 접근방법: 이렇게 지급된 금액으로 저소득자들이 얼마나 만족하는가를 살펴야 한다.

③ 규범적 접근방법: 이러한 정책을 집행하는 과정에서 문제점은 무엇인가? 인력은 적절했는가? 비용을 줄일 수 있는 방법은 없는가? 현금 지급이 좋은가 아니면 현물이나 서비스급여가 적절할 것인가? 등을 살펴야 한다.

사회복지예산을 몇 %나 인상했다는 단순한 수치로 국민의 복지가 많이 향상했다는 결론을 낼 수는 없다. 사회복지정책분석에서 이러한 다방면의 접근방법을 모두 포함하게 되면, 기존 전통적인 사회과학분야의 목적을 넘어설 수 있게 될 것이다. 실증주의적 전통 하에서의 사회과학분야는 가치와 사실의 분리에 입각한 뿌리 깊은 신념이 있어왔기 때문에 평가적이고 규범적인 접근방법을 회피하려는 경향(Dunn, 나기산 외 역, 1998: 75)이 있다. 이러한 관행에서 벗어나지 못한다면 실용성있는 새로운 정책을 입안한다거나 기존의 정책을 보다 나은 방향으로 개정・보완하기는 어려울 것이다.

Introduction to Social Welfare | chapter

06

사회복지행정

Introduction to Social Welfare | chapter 06

사회복지행정

제1절 사회복지행정의 개념과 특성

1. 사회복지행정의 개념

행정에는 정부의 정책과 계획들을 실행하는 데 관련된 국가통치 작용으로서의 행정이 있다. 이것은 법규범의 관점에서, 행정을 취급하는 행정법(行政法)에 의해 수행된다. 이와는 달리 공공목적을 달성하기 위한 조직과 관리의 과정, 또는 인간행동의 체계에 주목하여 그 기능과 구조를 명확히 하는 것을 목적으로 하는 행정기술(行政技術)적인 측면에서의 행정이 있다. 사회복지학에서의 행정의 의미는 국가의 사회복지정책을 구현하기 위한 정부 또는 지방자치단체의 공행정(公行政)과 국가 또는 개인이 설립한 사회복지법인 및 시설이 그 설립목적대로 효율적으로 운영하기 위한 행정기술로서의 사행정(私行政)을 포함해서 사회복지행정이라고 한다. 이것을 [그림 6-1]과 같이 나타낼 수 있다.

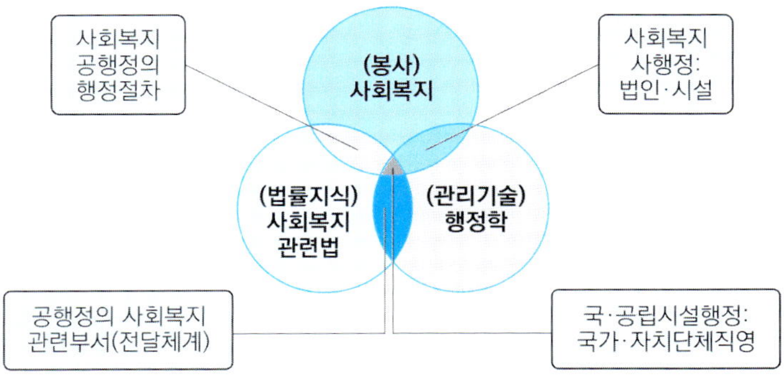

[그림 6-1] 사회복지에서 공 · 사행정의 관계

사회복지에 있어서는 무엇보다도 인적·물적 자원의 적절한 획득과 그 활용이 중요하다. 인적·물적 자원의 충분한 조달이 언제나 가능하다면 문제가 없겠으나 현실은 이러한 자원이 유한하기 때문에 확보된 자원을 보다 효과적(effectiveness)이며 동시에 효율적(efficiency)으로 활용해야 할 필요가 있다. 따라서 행정적 과정과 기술이 필요하게 된다.

일반적으로 공공의 목적을 달성하려는 모든 조직은 행정기술을 요구한다. 행정기술로서의 행정이란 두 사람 이상이 공익을 목적으로 하는 합리적인 협동적 활동이라고 정의할 수 있다. 이와 같이 행정은 정책을 현장에서 실현하는 작업이며, 사업 목적을 성취하기 위하여 인적·물적 자원을 활용하고 효율적으로 만드는 과정을 의미한다(박광덕, 1998: 48).

사회복지행정(social welfare administration)을 한마디로 정의하자면 '사회복지정책을 사회적 서비스로 전환하는 과정'이라고 할 수 있다. 즉, 사회복지행정은 사회복지정책으로 표현된 추상적인 것을 구체적인 유·무형의 서비스로 전환하여 수혜자에게 전달하는 공·사적 전 과정을 의미한다. 이러한 전환과정에서 사회복지분야는 다른 어떠한 분야보다도 충분한 인적·물적 자원의 획득 및 효율적인 활용이 중요하다. 그러나 사회복지활동은 인력이나 물적 자원의 투입만으로는 소기의 성과를 거둘 수 없으며 인적·물적 자원을 효율적으로 활용할 수 있는 합리적인 행정과정을 통해서 달성될 수 있다(장인협 외, 1999: 118).

사회복지행정은 크게 두 가지, 광의와 협의의 사회복지행정 개념으로 분류한다. 넓은 의미의 사회복지행정은 공공 및 민간기관의 사회복지행정을 포함해 사회복지조직의 활동과정에 기여하는 조직구성원들의 협동적이고 조직적인 노력이라고 할 수 있다. 좁은 의미의 사회복지행정은 주로 사회사업행정에 국한하여 사회사업의 지식·가치·기술 등을 적용하여 사회복지기관의 특정한 목적을 달성하기 위해 목표를 설정하고 프로그램을 기획하며 자원을 동원 및 활용, 그리고 평가하는 전반적인 활동을 의미한다. 사회복지행정을 가리키는 유사개념의 스펙트럼을 정리하면 〈표 6-1〉과 같다.

〈표 6-1〉 사회복지행정의 유사개념 비교

구분	사회사업행정	사회복지행정	사회행정
관점	전문직적 시각	전문직과 외부 사회 시각의 혼합	전체 사회적 시각
기능	잔여적 기능	잔여적·제도적 기능의 혼합	제도적 기능
지식과 기술	기존의 3대 전문직 방법론에 기초	휴먼서비스조직 관리에 필요한 사회과학적 지식	전체 사회의 욕구 및 자원배분에 관한 지식
개인과 환경	개인의 치료에 관심	개인과 환경 간의 상호작용	구조 및 환경의 변화

출처: 김영종(2001). 사회복지행정. 학지사, p.144에서 재인용.

2. 사회복지행정의 특성

사회복지행정 개념의 공통된 요소들을 고려하여 사회복지행정의 특성들을 정리하면 다음과 같다(장인협 · 이정호, 1992: 19-20; 신섭중, 1998: 137).

① 사회복지행정은 사회복지에 대한 국가의 책임(「헌법」 제34조) 규정에 따라 국민의 사회복지 욕구 충족을 목적으로 사회복지정책에서 설정된 목표를 이용 가능한 자원을 동원함으로써 충족하기 위한 수단과 방법이다. 따라서 사회복지행정은 국가의 행정이념에 따라 결정되며 관련 법규를 근거로 실행된다.

② 사회복지행정은 복지정책의 목표를 설정하고 이를 달성하기 위한 수단과 방법의 선택과 관련된 포괄적인 행동과정을 말하고, 사회복지정책을 준비하고 운영하는 특정의 조직과 운영에 관심을 둔다.

③ 사회복지행정은 많은 경우 비일상적 사건을 다루게 된다. 예컨대 가족의 위기, 위급한 건강문제, 주택문제 등으로 긴장에 처한 클라이언트들의 행동은 가끔 돌발적으로 발생하고 예측하기 어렵다. 이러한 점에서 사회복지행정은 '대인서비스 행정'으로 불리기도 한다.

④ 사회복지행정은 서비스 행정이므로 최종적으로 서비스가 개인에게 직접 전달됨으로써 그 효과가 비로소 나타난다. 인간관계를 중시하고 투입과 산출 모두 인간이라는 점에서 전문가를 필요로 한다. 따라서 전문직을 포함한 다수의 직접적인 처우에 종사하는 사회복지 종사자를 필요로 하고 인간관계 기술에 크게 의존한다.

⑤ 사회복지행정에 의한 서비스는 궁극적으로 개별화되지 않으면 안 된다. 특히 사회복지서비스 내지 대인서비스라고 불리는 영역의 주요한 기능은 직접적인 케어에 있다. 이것은 서비스 행정이 본질적으로 스태프의 활동 및 그들의 양과 질에 크게 의존하고 있음을 의미하는 것이다.

제2절 사회복지행정의 이론

사회복지행정가가 조직관리에 관하여 어떤 이론적 관점을 가지느냐에 따라 조직을 설계하고 직원들에게 동기를 부여하는 방법도 달라질 것이다. 사회복지행정의 실천이론 및 원칙들은 주로 행정학, 경영학, 조직행동 등에 관한 사회과학 및 행동과학이론들로부터 도입되었다. 그러나 어느 한 가지 이론만으로 사회복지조직 현상에 관한 모든 것을 적절하게 설명하지는 못한다. 많은 문헌에서 사회복지행정의 이론적 토대를 조직이론에 근거하고 있다.

여기서는 합리 - 합법적(고전적) 모델을 대표하는 관료제이론과 과학적 관리론, 인간관계론, 체계이론 등을 소개하고자 한다.

1. 관료제이론

관료제이론은 웨버(M. Weber)에 의해 전개되었다. 그는 인간사회의 지배 유형을 전통적 지배, 카리스마적 지배, 합리적 지배 등 3가지 유형으로 구분하고, 이 가운데 가장 효율적이고 합법적인 지배 형태인 합리적 지배로서 관료제를 주창하였다(박경일 외, 2000: 148).[1)]

그러나 관료제는 그 자체의 특성을 유지하다 보면 기대하지 않았던 부작용이 나타나고 합리성을 높이기는커녕, 오히려 해를 끼치는 역기능을 가져온다는 비판을 받고 있다. 특히 사회복지조직에 종사하는 실천가들은 규칙과 규제에 지나친 의존, 서비스 전달과정에서 직원과 클라이언트의 비인간화, 클라이언트에게 효과적인 서비스를 전달하는 데 필요한 융통성의 결여, 그리고 직원들의 자질을 평가하는 데 비인격적이고 무감각한 성과측정 방법에 의존하게 된다는 비판이 있다(신복기 외, 2002: 63).

1) 웨버의 관료제의 내용으로는 ① 분업, ② 고도의 공식화, ③ 위계구조, ④ 비인격성, ⑤ 능력에 기초한 평가, ⑥ 조직구성원의 신분 보장, ⑦ 각 구성원의 조직생활과 일반 사생활을 명확히 구분할 것 등을 포함하고 있다.

2. 과학적 관리론

경영조직에 대한 선구적인 연구로서 과학적 관리론은 테일러(F. Taylor)에 의해 시작되었다. 과학적 관리론의 주제는 일, 특히 단순근로자들의 일은 과학적으로 분석될 수 있고, 일을 조직화할 수 있는 최선의 방법을 찾을 수 있다는 확신으로부터 출발하였다. 즉, 일에 대해 과학적인 지식을 적용하여 생산성을 추구하는 것이 경영자와 노동자 모두에게 상호번영을 약속하는 것으로 보았다.

테일러는 작업의 효과성과 효율성을 향상시키기 위해서 노동 분업, 작업 유인, 시간의 효율적 사용, 직원의 과학적 선발, 표준화 등과 같은 과학적 의사결정 원칙들을 강조하였고, 이러한 원칙들은 본질적으로 정당할 뿐만 아니라 널리 수용되고 있다.

사회복지조직에서 과학적 관리라는 원리의 적용은 특히 업무부담과 과업분석 영역에 속한다. 예를 들어, 업무부담이 많은 사회복지기관에서 직원능력, 과업기대, 보상체계 등을 검토해 보는 것은 유효할 수 있다(신복기 외, 2002: 62).

3. 인간관계이론

인간관계이론은 합리 - 합법적 모델에서 나타난 한계점을 보충하기 위해 개발된 이론이다.[2] 즉, 과학적 관리론이 경제적 욕구만을 중시했다면 인간관계론은 사회적 욕구를 중시한다. 인간관계론 역시 규범적 조직이론의 성격을 띠고 있으나 비공식적인 조직구조에 초점을 두고 조직을 구성하는 것이 '인간'이라는 사실에 주목한다. 특히 인간들이 갖는 사회심리적인 욕구와 현상들이 조직에 미치는 영향을 중요하게 다룬다.

2) 인간관계이론은 메이요(E. Mayo) 교수 등이 1927~1932년 사이 실시한 '호손(Hawthorne) 공장의 실험' 결과로부터 주목받게 되었다. 이 실험은 조직 내의 작업자들은 고립된 개념으로서의 '개인'이 아니라 다른 개인들과 사회적 관계를 맺는 '집단 속의 개인'들임을 발견하고, 이들의 '사회적' 욕구(집단의 지지, 교우관계, 집단의 승인, 지위, 자아실현의 욕구 등)가 조직의 생산성에 중대한 영향을 미친다는 사실을 발견하였다.

'조직에서 일하는 인간들'은 '양계장의 닭들'과는 분명히 다르다는 것이다(김영종, 2001: 118). 조직 내의 인간들은 다양한 사회심리적 측면을 통해 상호작용하고 있으며, 그러한 것이 일과 동료들에 대한 태도에도 영향을 미치고 궁극적으로는 업무수행의 결과에까지도 영향을 준다고 본다. 사회복지조직들에서는 일반적으로 참여적 리더십과 같이 조직 내에서의 민주적 환경을 조장하는 리더십이 업무자들의 생산성을 높일 것이라고 본다.

4. 체계이론

과학적 관리론이 조직을 하나의 기계로 인식하고, 인간관계이론은 가족으로서 인식하는 반면 체계이론에서는 조직을 하나의 유기체로서 인식한다. 체계이론의 관점에서 조직체는 개방체계로서 항상 환경 속에서 자체의 생존과 유지에 도움이 되는 상호의존적인 다양한 하위체계들르 구성된다고 가정한다(박경일 외, 2000: 149). 이 관점에서는 특히 조직 내 개체 간의 상호의존성, 조직의 욕구, 그리고 조직환경의 중요성 등을 주요한 내용으로 다루고 있다.

체계이론의 핵심적인 내용은 조직을 형성하고 있는 다양한 구성체와 단위 간의 상호의존성이다. 체계론적 조직이톤에서 조직과 사회복지사는 상호공생적 관계이며 그들의 연대 그 자체는 조직에는 물론 서로에게 유리하다는 것을 말하고 있다. 또 한 가지 중요한 관점은 조직의 욕구를 이해하는 것은 사회복지사에게 있어서 조직 내에서 자신들의 영향력을 행사할 수 있는 여지가 있음을 보여준다.[3] 그리고 체계이론에서 조직은 그들이 속한 환경과 교환관계를 형성하고 있는 것으로 묘사되고 있다.

3) 영향력을 행사하기를 희망한다면 조직의 욕구를 파악하여 그 욕구를 충족시키는 역할을 하나의 전략으로써 활용할 수 있다. 전략적 역할로는 프로포절의 작성, 평가사업, 홍보, 기금모금 등을 들 수 있다(신복기 외, 2002: 66).

제3절 사회복지행정의 전달체계

사회복지의 향상과 증진을 위해서는 그것을 담당하는 인력 및 자금 등을 기반으로 하는 사회복지조직이 필요하다. 이는 크게 공공복지조직과 민간복지조직으로 나눌 수 있고, 공공복지조직은 민간복지조직에 비해 공공성이 강하고, 민간복지조직은 운영주체가 개인이나 법인이기 때문에 개인적인 이익추구와 사회적 책임이라는 이면적 목표를 추구하기도 한다. 특히 오늘날 사회복지에 대한 국가책임이 중시되는 복지국가에 있어서 정부의 사회복지행정조직이야말로 대표적인 조직이라고 할 수 있다.[4]

사회복지행정을 담당하는 정부조직은 중앙정부의 조직과 지방정부의 조직으로 나눌 수 있다. 중앙행정조직은 주로 정책입안과 결정에 관한 업무를 담당하고, 지방행정조직은 정책결정 후에 정책의 집행을 담당한다. 국가와 지방자치단체는 이와 같이 사회복지에 관한 영역・기능・권한 등을 배분・협동・분담한다.

중앙정부 수준에서의 사회복지행정조직은 정부조직법 및 관계부처의 직제에 의해 현재 보건복지부와 여성가족부를 중심으로 다양한 부처가 관련되어 있다. 여기에는 고용노동부・법무부・국방부・교육부・행정안전부・문화체육관광부 등이 관련되어서 일원적 조직으로는 다양한 복지욕구를 대응하지 못하고 다원적 조직에 의해 사회복지행정을 담당하고 있다.

1. 보건복지부

보건복지부는 장관과 제1차관 아래로 기획조정실, 사회복지정책실, 인구정책실, 장애인정책국, 사회보장위원회사무국, 연금정책국이 있고, 제2차관 아래로 보건의료정

4) 우리나라 「사회복지사업법」(제2조의2 제1항)에서는 "국가와 지방자치단체는 사회복지를 증진할 책임을 진다."라고 규정함으로써 공적 책임을 명확히 하고 있다. 따라서 사회복지의 향상 및 증진에 있어서 국가의 책임은 중대하며 그 중대한 책임은 국가의 행정조직에 의해 운용되는 것이므로 제도적・현실적으로 사회복지행정조직을 떠나서 사회복지서비스를 논할 수 없다(박종삼 외, 2002: 106).

책실, 건강보험정책국, 건강정책국, 보건산업정책국이 있다. 이 중에서 사회복지서비스와 관련된 업무는 주로 사회복지정책실, 인구정책실, 장애인정책국, 연금정책국이 담당한다. 그 자세한 담당업무는 다음과 같다.

사회복지정책실	복지정책관	기초생활보장, 자립지원, 기초의료보장
	복지행정지원관	지역복지
	사회서비스정책관	사회서비스
인구정책실	인구아동정책관	아동복지
	노인정책관	노인지원, 요양보험, 치매
	보육정책관	보육사업
장애인정책국	장애인복지	
연금정책국	국민연금, 기초연금	
사회보장위원회 사무국	사회보장	

2. 여성가족부

여성가족부는 장・차관 아래로 기획조정실, 여성정책국, 권익증진국이 있다. 사회복지서비스와 사회복지서비스 관련 업무는 주로 청소년 가족정책실과 권익증진국이 담당한다.

여성정책국	여성정책과	양성평등정책
	성별영향평가과	성별영향평가, 남녀차별정비
	여성인력개발과	여성인력개발
	경력단절여성지원과	경력단절여성의 경제활동촉진
청소년・가족정책실	청소년정책관	청소년복지
	가족정책관	건강가정사업, 미혼모, 한부모가족복지, 아이돌봄사업, 다문화가족

권익증진국	권익정책과	여성 · 청소년폭력피해자 보호, 일본군위안부 피해자 관련
	권익지원과	여성 · 아동 성폭력피해자 지원
	권익침해방지과	디지털성범죄 예방, 성희롱 · 성폭력 근절
	권익보호과	가정폭력 예방 및 피해자 보호
	권익기반과	성매매 방지 및 피해자 보호
	아동청소년성보호과	성교육 및 성폭력 · 가정폭력예방교육

3. 광역자치단체의 사회복지행정조직

지방자치단체의 행정조직은 지방자치제도의 실시와 함께 각 시 · 도의 행정조직은 당해 자치단체의 조례에 의거 설치되기 때문에 시 · 도에 따라 조직의 구성과 명칭을 조금씩 달리하고 있다.

4. 기초자치단체의 사회복지행정조직

기초자치단체인 시 · 군 · 구의 경우도 인구규모와 자치단체의 특성과 여건에 따라 사회복지행정조직이 약간의 차이를 보이고 있다. 그러나 대체로 1국 산하의 사회과 또는 사회복지과 등으로 그 명칭과 직제를 달리하여 지역복지행정업무를 담당하고 있다.

한편, 사회복지전달체계에 있어서 최일선 행정조직인 읍 · 면 · 동의 경우, 읍에는 대개 복지담당하에 3~4명으로 운영되고, 면과 동에는 대부분 사회복지행정조직이 별도로 없이 사회담당과 사회복지전담공무원이 국민기초생활보장 수급자관리 등 복지행정업무를 맡고 있다.

제4절 사회복지행정의 분야

행정이란 2인 이상의 인간이 그들의 공동목적을 달성하기 위하여 이루어지는 협동적 단체행위를 말한다. 근대자본주의사회에서 산업이 발전하고 대형화함에 따라 산업과정과 기업경영이 고도의 합리적 관리와 기술의 발전을 요구하게 되었다. 이에 따라 소위 '과학적 관리기법'이 창안되었고, 이 원리를 국가행정의 영역에까지 도입해서 행정능률을 보다 향상시켜 보자는 데서 출발한 것이다. 따라서 현대 행정은 기술적 · 과학적 관리(management)라는 성격과 권력적 · 지배적 관리(power)라는 성격의 양면성을 가지고 있다. 이때 행정을 관리라고 표현할 때 보통으로 전반적 관리를 행정이라고 하고, 부분적 관리를 관리라고 한다. 이러한 행정의 분야를 사회복지행정에서 보면 인사, 조직, 시설, 지도감독, 재무 등의 영역이 있다.

1. 인사관리

인사행정 또는 인사관리란 조직이 목표를 달성하기 위해서 필요로 하는 인력을 조달하고 유지 · 개발하며 이를 활용하는 계획적이고 조직적인 활동을 말한다. 사회복지행정에서의 인사관리는 직원의 채용에 있어서 전문성(사회복지사)을 어떻게 반영할 것인가? 직원들의 실적제도는 능력제로 할 것인가? 또는 연공서열제로 할 것인가? 그 외에도 급여문제, 임용기간 문제, 복무조건, 승진 등의 문제에 관한 것들을 관장하는 업무를 말한다. 또 직원들의 능력 개발을 위한 교육문제, 자원봉사자 개발 및 관리 문제도 인사관리에서 맡는다.

2. 조직관리

조직관리는 조직목표를 달성하기 위해 인간과 다른 자원을 이용해서 계획 · 조직 ·

활성화 · 통제 등을 수행하는 일련의 과정이다. 사회복지법인의 조직과 관련해서 법인 이사회와 다양한 종류의 자문을 얻기 위한 위원회에 관한 업무가 중심이 된다. 사회복지법인의 이사회는 의결기구이며, 대표이사를 비롯한 이사는 집행기구이다. 그 외의 위원회는 심의기구 또는 자문기구이다. 시설운영위원회는 심의기구로 되어 있다(「사회복지사업법」 제36조 제1항). 집행기구와 의결 · 심의 · 자문기구의 상호 관계는 〈표 6-2〉와 같다.

〈표 6-2〉 의결 · 심의 · 자문기구의 성격 비교

집행기구	의결기구	심의기구	자문기구
집행기구에 대한 구속 여부	구 속	불구속	불구속
행위의 동기	능동적	능동적	피동적
집행기구의 부의의무	의무사항	의무사항	임의사항

출처: 박석돈(2010). 사회복지법제론. 양서원, p.59.

1) 이사회(Board of directors)

법인의 업무집행에 관한 의사결정을 위해 이사 전원으로 구성되는 법인의 필수적인 의결기관이다. 사회복지법인의 법정 이사자격은 「사회복지사업법」(제19조)에 의한 결격사유와 특별한 관계의 제한규정(제18조 제2항)의 적용을 받는다. 그 외에 일반적으로 법인의 사업에 관심을 가지고 있는 자, 다양한 집단의 대표자, 능력이 있는 자, 시간과 정력을 할애할 용의가 있는 자 중에서 선임해야 한다. 사회복지법인의 경우 이사로 7인 이상을 선임해야 한다(제18조 제1항). 그렇다고 해서 이사의 정수가 과도하게 많으면 이사회의 성원 유지 등 운영상 어려움이 따를 수 있으므로 법인의 규모에 맞게 적정 수를 정하는 것이 중요하다. 보통 7인 이상 9인 정도가 적당하다. 그리고 이사의 수는 가부동수의 경우를 방지하기 위해 홀수로 정하는 것이 일반적이다.

2) 위원회(Committee)

위원회는 법인이 그 목표를 효율적·효과적으로 달성하기 위한 특별과업이나 문제를 해결하기 위하여 조직의 일상 업무 수행의 기구와는 별도로 구성한 전문가 또는 업무 관련자들의 활동기구를 말한다. 이러한 위원회는 지속성의 정도에 따라 상임위원회와 특별(임시)위원회로 구분된다. 상임위원회는 법인의 정규적인 업무 중에서 특정 분야의 업무를 수행하기 위한 조직이다. 특별위원회는 정규업무 외의 문제해결·처리를 위해 구성된다. 위원회는 의사결정의 보조나 의사결정의 자료 제공을 위한 경우가 많다. 따라서 대부분 자문기구의 성격을 갖는 것이 일반적이다. 최종 결정은 최고 책임자에 의해 이루어진다.

3. 시설관리

사회복지행정에서의 시설관리란 토지와 건물 등 구조물과 설비·비품 등의 유지·보수에 관한 업무를 말한다. 즉, 건물, 운동장, 주변도로, 전화, 전력, 도시가스, 상수도, 컴퓨터, 보일러 등 관리·설계·유지·보수에 관한 것이다.

4. 지도감독

사회복지행정에서의 지도감독(supervision)은 사회복지조직의 하위직원이 자신의 업무를 효율적이고 효과적으로 수행하는 데 있어서 자신의 지식과 기술을 잘 활용할 수 있도록 상위직원이 도움을 주는 과정을 말한다. 따라서 지도감독의 기능 또는 목표는 ① 교육의 기능(Teaching), ② 관리의 기능(Administration), ③ 원조의 기능(Enabling)을 달성하는 것이다.[5)]

5) ① 교육의 기능(Teaching): Worker가 전문적인 태도를 발전시킬 수 있도록 Worker의 지식과 이해를 증진시키

사회복지행정에서 지도감독이 수행되기 위해서는 훌륭한 자격을 갖춘 슈퍼바이저(supervisor)가 사회복지실천현장에 있어야 한다. 효과적인 지도감독자의 조건으로는 ① 지적 능력(Knowledgeability), ② 실천기술(Practice skill), ③ 접근의 개방(An open-door policy),[6] ④ 슈퍼비전의 필요성에 대한 신념, ⑤ 솔직한 태도, ⑥ 인정하고 칭찬해 주는 태도 등이 중요하다.[7] 이와 유사한 조건으로 사회복지현장실습에 대한 「사회복지사업법」의 규정을 보면 다음과 같다. 현장실습의 학점을 인정받기 위해서는 반드시 "사회복지사 1급 자격증을 소지한 자로서 3년 이상 또는 사회복지사 2급 자격증을 소지한 자로서 5년 이상 사회복지사업의 실무경험이 있는 사람이 실습을 지도하여야 한다."라고 규정하고 있다.

5. 재정관리

사회복지사업은 영리를 목적으로 하는 사업이 아니라 자금을 적절한 방법으로 유용하게 쓰는 사업이다. 따라서 언제나 자금의 부족 현상이 문제가 되고 있다. 대부분의 사회복지사업은 국가의 재정지원으로 운영되는 것이 현실이므로 그 재정관리의 적법성과 투명성이 강조되고 있다.

는 것, ② 관리의 기능(Administration): 기관에서 이루어지는 여러 가지 행정업무를 지도하고 도와주는 것, ③ 원조의 기능(Enabling): Worker가 서비스 업무를 수행하는 데 자신의 책임과 역할을 다하도록 환경과 조건을 조성해 주는 것, 즉 가능성을 깨닫게 해주고 자신감을 심어 주는 것 등이다.

6) "But it does not mean that the door is open at all time." 즉 형식적으로는 문이 열려 있어도 평소 권위적 태도를 갖고 있다면 접근하기가 어려울 것이다. 매주 정기적인 인터뷰나 회합 등을 갖는다면 개방적이라 할 수 있다.

7) ① 지적 능력(Knowledgeability): S.W.의 지식과 기술을 포함해서 자기가 속한 기관(agency)의 조직과 서비스에 관련된 지식과 태도 · 기술 등이 포함된다. ② 실천기술(Practice skill): 클라이언트를 실제로 다룬 경험과 기술이 있어야 한다. ③ 접근의 개방(An open-door policy): Worker가 쉽게 Supervisor에 접근할 수 있는 조건이 갖추어져야 한다. ④ 슈퍼비전의 필요성에 대한 신념, ⑤ 솔직한 태도: 슈퍼바이저는 지도감독을 받는 사람(supervisee)에게 솔직한 태도를 보여야 한다. 자기가 모르는 문제나 질문에까지도 대답할 수는 없다. 그렇게 되면 오히려 잘못된 지식을 갖게 한다. Supervisor는 모든 문제를 다 아는 사람이 아니라 자신도 한 사람의 훌륭한 Worker가 되려고 노력하는 사람일 뿐이다. ⑥ 인정하고 칭찬해 주는 태도 특히, 초보 Worker일수록 이것이 더 필요하다. 인정해 주고 칭찬해 주면, 즉 긍정적인 태도를 보이면 Worker는 더욱 동기유발이 되어 전문적으로 발전할 수 있게 된다.

사회복지사업의 수행 주체는 사회복지법인이다. 그 사업체는 시설이다. 사회복지법인은 사회복지사업을 수행하기 위해서 필요한 일정액의 기본재산을 소유해야 한다. 그리고 그 회계는 법인과 시설을 분리해야 한다. 또한 사회복지법인이 수익사업을 할 경우에는 수익사업에 관한 회계를 법인의 다른 회계와 분리해서 관리해야 한다. 사회복지법인(시설)의 회계 중 수입회계에 관한 것으로는 국가 또는 지방자치단체의 보조금 관리, 비용의 징수, 법인전입금, 후원금 관리, 세제상의 지원에 관한 것들이다. 지출회계는 예산에 따른 통상적인 지출, 예산의 전용 등 사회복지법인(시설) 재무회계규칙을 준수해야 한다.

그 외에도 구체적으로 예·결산서 작성, 보조금 신청, 급료 지불, 세금납입, 회계장부의 항목 설정 등과 관련된 기술적인 작업을 해야 한다. 사회복지사업의 지출은 목적사업을 위해 효율적으로 사용하는 것이 미덕이지 무조건 지출을 억제하는 것이 미덕이 아니다.

제5절 사회복지행정의 재정

국가의 기능이 점차 확대되면서 사회복지에 있어서도 정부의 기능이 매우 중요하게 되었는데, 정부는 재정이라는 수단을 통해 사회복지에 막대한 영향을 미치고 있다. 국가의 사회복지재정은 사회복지수요를 해결하기 위하여 필요한 수단을 조달하고 관리하며 거기에 필요한 재화 및 서비스를 생산하는 데 들어가는 정부의 비용을 말한다(박광덕, 1998: 384).

한 나라가 사회복지 부문에 어느 정도의 지출을 하고 있는가를 알기 위해서는 사회보장·사회복지의 주요 담당 주체인 정부 및 민간 양 부문의 노력을 포함한 총 사회복지지출의 정도가 어떠한가를 통해 파악되어야 할 것이다. 그러나 여기서는 복지의 주된 책임주체로서 정부부문의 재정지출을 살펴보기로 한다.

1. 사회복지재정의 의의

사회복지재정은 사회복지수요를 해결하기 위하여 재화와 서비스를 생산하는 데 소요되는 정부의 비용을 말한다. 이는 재정지출을 통하여 사회경제적 효과의 창출, 그리고 자원과 소득의 재분배를 하는 데 그 목적이 있다.[8] 이러한 복지재정의 중요한 특징 중 하나는 대규모 사회보장비를 들 수 있는데, GNP 또는 GDP 대비 사회보장비용의 지출 비율은 복지국가의 수준을 가늠하는 중요한 지표로 사용되기도 한다. 다음으로 복지재정은 소득세 중심의 조세체계를 주요한 재원조달수단으로 이용한다.

이러한 복지재정의 범주를 크게 보면 국민복지의 향상을 위해 지출되는 모든 재정지출과 '사회개발'과 관련된 모든 재정지출 등을 포함하기도 한다. 그러나 재정경제학적 측면과는 달리 사회복지의 측면에서 사회복지재정이라는 용어를 사용할 때는 가장 좁은 의미의 개념을 주로 사용한다. 즉, 사회보장 관련 재정지출만을 포함하는 개념으로서 이 경우는 공공부조, 사회보험, 사회서비스 등과 관련된 재정지출만을 포함한다.

2. 사회복지 재원구조

사회복지의 재원은 중앙정부재정에서의 국고부담, 지방자치단체의 지방비, 기업이나 사회복지법인 등에서 부담하는 사용자부담금, 사회보험의 가입자로부터 갹출하는 보험료, 기금 등에서 발생하는 이자수입과 잡수입 등으로 이루어진다. 오늘날 사회보장은 공공부조와 사회보험 중심으로 되어 있기 때문에 재원의 면에서도 조세와 사회보험료가 중심을 이루고 있다(박광덕, 2002: 269-273).

8) 여기서 사회·경제적 재분배란 시장에서의 자원 분배가 불균등한 동시에 공정성을 상실하고 있다고 보고, 국가가 조세정책 및 경제정책 등 정부재정을 통해서 재화와 서비스를 보다 효과적으로 재분배한다는 것이다(박광덕, 2002: 265).

1) 조세

조세는 중앙정부의 국세와 지방자체단체의 지방세로 나뉜다. 국세의 경우 전국적이고 보편적인 서비스의 제공에 소요되는 프로그램의 운용에, 지방세의 경우 지방의 특수한 욕구에 대응하는 서비스의 제공을 위한 프로그램의 운용에 주로 사용된다. 현대 복지국가에서 조세는 사회보장의 주요 재원으로 사용되며 조세를 재원으로 하여 제도를 운영하는 방법을 세이전방식이라고 한다.[9)]

2) 사회보험료

보험료에 의해서 사회보장제도를 운영하는 것을 보험방식이라고 한다. 사회보험은 질병, 장해, 노령, 실업 등에 의한 소득의 상실 또는 중단이라는 사회적 위험에 대비하여 그 가입의 강제성을 기초로 한 강제보험을 말한다. 사회보험의 확대와 더불어 사회보험료는 사회보장 중에서 가장 커다란 재원이 되었고, 오늘날 소득보장형 복지국가에서 사회보험은 사회보장의 중심제도로 채택되어 왔으며 제도 운영을 위해 피보험자인 국민으로부터 보험료를 강제 갹출하고 있다.

3) 수익자부담

사회복지재정의 하나로 복지대상자가 주어진 복지급여에 대해 정률 혹은 정액의 부담을 하는 응익주의(應益主義)[10)] 방식이 있다. 이러한 응익주의에 의한 수익자부담 방식[11)]은 의료보험 및 각종의 사회복지서비스에 널리 사용된다. 오늘날 복지는 무료

9) 국민기초생활보장제도와 같이 일정소득수준 이하의 저소득계층에 대하여 최저생활수준의 보장을 목표로 하는 공공부조 프로그램은 세이전방식을 취하는 전형적인 제도이다.

10) 응익주의(應益主義)란 조세 부담을 공평히 하기 위하여 과세의 기준을 각 개인이 국가 또는 지방 공공단체로부터 받는 이익에 두어야 한다고 주장한다. 이에 대해 응능주의(應能主義)는 조세 부담을 공평히 하기 위하여 과세의 표준을 각 개인의 부담 능력에 두어야 한다는 주장이다.

라는 사고에서 지불능력에 따른 차등부과 또는 부담능력에 대응한 비용부담은 당연한 방향으로 받아들여지고 있다.

4) 기타 민간부문의 재원

한 사회의 총 사회복지지출은 정부부문의 지출과 법에서 정한 민간부문의 지출뿐만 아니라 민간부문의 자발적이고 비공식적인 지출까지를 포함한다. 민간부문의 재원을 구성하는 주요 요소는 공동모금회를 통한 자발적인 기여금, 지역에서의 피용자의 복지를 위한 기업복지 재원이 있으며 더 나아가서는 가족・이웃 등에 의한 비공식적 재원 또한 사회복지재원의 하나로 포함시킬 수 있다.

제6절 사회복지행정의 과정

사회복지조직에서는 일반 경영학에서의 관리과정보다 복잡한 과정을 통해 업무가 진행된다. 사회복지행정의 기본적인 관리과정은 기획(planning), 조직(organizing), 인사(staffing), 지시(directing), 조정(coordinating), 보고(reporting), 재정(budgeting) 및 평가(evaluating) 등으로 전개되며, 이를 흔히 영어 알파벳의 첫 글자를 따 POSDCoRBE 관리사이클이라고 명명한다.[12] 사회복지행정과정을 다루는 대표적인 내용으로는 다음과 같이 계획, 조직, 지도와 관리, 그리고 평가 및 통제과정 등으로 나뉜다.

11) 수익자부담의 방법은 서비스비용에 따라서 일정비율을 부담시키는 정률부담방식, 비용의 크기에 관계없이 정해진 금액을 부담시키는 정액부담방식, 그리고 이용자의 소득수준에 맞추어서 부담을 체증시키는 부담체증방식 등이 있다.

12) 이러한 행정과정의 보다 구체적인 과업 내용을 살펴보면 다음과 같다(박용순, 2002: 181-184). ① 기획: 목표설정, 활동 선정, 방법 결정 등, ② 조직: 작업할당 구조(역할과 책임) 설정, ③ 인사: 직원의 채용과 해고, 직원의 교육훈련, 활동조건의 유지, ④ 지시: 합법성, 위임능력, 창의력, 격려 등, ⑤ 조정: 상호관련성, 의사소통 통로의 유지, ⑥ 보고: 기록유지, 정기적 감사, 조사연구 활동, ⑦ 재정: 조직상의 계획, 재정계획, 재정운영의 통제, ⑧ 평가: 효과성과 효율성의 사정 등이다.

1. 계획(Planning)

행정을 사회복지정책과 사회변화 간의 연결이라고 설명할 수 있다면 계획은 행정가에 의해 수행되는 첫 번째 단계 또는 기능이라는 점에서 그 연결의 중추가 된다(신섭중, 1998: 137). 다시 말해, 계획은 사회복지정책에 의해 수립된 목표를 향해 행정가가 그것을 원활히 수행할 수 있도록 기관행정을 인도하는 '길잡이 지도(road map)'라고 할 수 있다. 진정한 의미에서 계획은 행정의 정수로 간주된다.

정책이 조직 전반에 걸쳐 의사결정의 지침으로 작용하는 것이라고 한다면 계획은 행정가가 사회복지정책에서 밝혀진 사명을 확대하고 운용하기 위한 수단인 것이다. 그런데 과업수행을 위해 필요한 방법은 변화하는 목표에 따라 달라질 수 있다. 따라서 행정가는 변화하는 목표에 따라 과업을 계획하고 목표달성을 위해 필요한 방법을 선정해야 한다(박용순, 2002: 181).

2. 조직(Organizing)

계획이 확정되면 그 계획을 실천에 옮기기 위해 인원을 배치하고 책임과 역할을 분담하는 것 등의 인적 구성을 하게 된다. 이것을 조직이라고 한다. 사회복지행정의 첫 번째 과정인 계획이 조직에게 조직목표의 설명도를 제공한다면 조직구조는 목표에 도달하는 수단을 제공한다. 즉, 사회복지정책에 의해 수립된 목표를 향해 기관을 이끌어 가는 수레라고 할 수 있다.

조직은 그 역할과 책임이 불분명할 경우 구성원 간에 갈등이 초래되어 비효율적이고 비효과적인 결과가 나타난다. 공식적 조직구조는 기관 내의 개인에게 책임과 권위, 그리고 책무를 할당하고 따라서 조직의 첫 번째 과업은 기본업무를 구성할 제 활동을 결정하는 것으로 이루어진다고 할 수 있다. 즉, 조직구조를 통해 개인은 업무를 구성하는 과업집단에 책임을 지고 그 구조는 개인과 권한을 갖는 자들이 책임의 한계 내에서 결정을 내리도록 확대된다. 따라서 마침내 그 구조는 업무수행에 있어서 성취된 결과에 대해 개인이 보다 많은 권한을 갖도록 하는 것이다.

3. 지도와 관리(Leading and directing)

이것은 넓은 의미의 인사관리과정을 의미하는 것으로, 인사관리란 사회복지조직의 목적을 달성하기 위하여 인적 자원을 최대한 활용하는 관리활동이다.[13] 사회복지기관은 노동집약적 업무를 주로 하는 조직이다. 따라서 사회복지기관의 목표를 효과적으로 달성할 수 있는 능력을 보유하고 있는 인적 자원을 확보하고 이들의 잠재력을 계발해주는 일은 행정가의 주요 과업 중의 하나이다. 행정가는 관리자이자 리더로서 능력을 발휘하여 고도의 성취를 달성하도록 피용인에게 동기를 부여할 책임을 진다. 따라서 행정가는 인간작업 행태에 영향을 미치는 요인들에 대해서 이해해야 할 것이다.

전통적인 지도자는 카리스마(charisma)적 권위를 가진 리더(leader)였다. 그러나 새로운 지도자는 남들이 쉽게 의견을 말할 수 있도록 돕는 사람이지, 명령을 내리는 사람이 아니다(Naisbitt, 1984: 182). 다시 말하면, 현대는 모든 조직의 구성원이 각자 다양한 정보와 아이디어를 가지고 있으므로 그것들을 공유하는 것이 매우 중요하다. 지도자는 이것이 쉽게 이루어지도록 분위기를 조성할 수 있어야 한다.

4. 평가와 통제(Evaluating and Controlling)

사회복지조직에서 책임성을 완벽하게 달성하는 것은 거의 불가능하다. 그럼에도 불구하고 최근 사회복지조직의 책임성을 제시하기 위한 수단으로 성과에 대한 평가를 강조하고 있다. 평가란 사회복지기관의 목표에 따라 전반적인 활동결과를 사정하

13) 인사관리의 주요 과정은 충원, 선발, 임용, 오리엔테이션, 승진, 평가 및 해임 등 일곱 가지이다(Skidmore, 1990: 200-210).

는 과정을 말한다. 모든 행정가가 직면하는 1차적 문제는 그 조직단위가 성취하고자 수립한 것을 어느 정도 달성할 것인가 하는 정도를 결정하는 것이다.

적절한 관리적 통제와 더불어 훌륭한 프로그램의 평가체계는 행정체계의 필수 불가결한 요소이다. 그러한 체계는 ① 성취기준의 수립, ② 정보수집, ③ 정보분석, ④ 오차 수정의 네 가지 중요한 요소를 포함한다. 평가는 관리통제의 수단이어서 프로그램 행정의 개선이 있어야 한다는 것을 명심해야 한다. 사회복지행정가는 평가과정에 대한 충분한 지식과 기술을 갖추고 있어야 한다. 또한 사회복지기관의 평가기능을 효과적으로 수행하기 위해서는 기관의 구성원들이 평가활동을 자유롭게 할 수 있도록 하며, 아울러 기관의 프로그램을 창의성을 갖고 제안할 수 있도록 하는 분위기 조성이 필요하다. 이러한 평가는 결국 계획을 수정・보완하거나 폐기하기 위한 결정의 근거가 되는 것이다. 따라서 평가에 대한 피드백이 없으면 평가는 무의미하게 된다.

제7절 사회복지행정가의 역할

"행정은 사람하기 나름"이라는 말이 있다. 이것은 행정을 맡고 있는 행정가의 역할이 그만큼 중대하다는 것을 의미한다. 특히 사회복지행정은 기타 행정분야와 달리 대인적인 관계 속에서 관계가 형성된다. 즉, 서로 대면하고 있는 그 사람이 갖고 있는 '인간의 가치와 윤리' 등이 매우 중요시되므로 '행정은 사람 나름'이라는 말이 실감나는 것이다(박광덕, 1998: 236).

무엇보다 사회복지행정가는 행정과정에서 사회복지전문가로서의 자질과 태도를 갖추어야 한다. 즉, 사회복지의 가치의 중요성을 인식하고 각 직원들을 독립적인 개인으로 인정하며, 직원들이 자신들의 잠재력을 최대한 발휘할 수 있도록 물리적 환경과 정서적 분위기를 창출해 주고 열린 마음으로 새로운 아이디어를 존중해야 한다(박종삼 외, 2002: 104).

또한 사회복지기관의 행정을 원활하게 운영하기 위해서는 경영관리자로서의 사회복지행정가의 역할이 무엇보다 중요시된다. 관리자로서 행정가는 다양한 정체성을 지닌 개인이며 다차원적인 행정적 역할을 수행하도록 요구된다. 행정가가 자신에게 부여된 역할과 기능을 충분하게 발휘한다면 사회복지서비스의 효과와 능률이 제고되어 클라이언트의 욕구충족 및 행정의 성과가 보다 향상될 것이다. 이와 같이 사회복지행정가는 다양한 역할을 가지고 있고, 여러 가지 관리기능을 수행하고 있는데 사회복지행정가의 다차원적인 역할 및 기능들을 정리하면 〈표 6-3〉과 같다.

〈표 6-3〉 사회복지행정가의 다차원적 역할기능

구분	역할	기능
인간 상호 간의 역할	명목상 수장	조직단위의 수장으로 특정한 상징적 의무를 수행한다.
	지도자	부하직원들이 조직목표를 달성할 수 있도록 동기를 부여한다.
	연락자	외부정보체계와 상호원조체계의 수립에 관계한다.
정보 제공의 역할	모니터	조직에 유용한 정보를 받아들여 취사선택한다.
	홍보자	수집된 중요한 정보가 부하 직원에게 전달된다.
	대변인	외부 환경에 대하여 조직을 대변한다.
의사결정의 역할	기업가	새로운 프로그램의 시행과 현재 과정에서의 변화를 결정한다.
	갈등조정자	조직 내에 잠재된 위기상황에 대처해야 한다.
	자원할당자	조직 내 다양한 단위조직 간의 자원분배를 결정한다.
	협상자	여타 단위조직 간에 적절한 환경을 유지하도록 협상 책임을 진다.

출처: Prigmore, C. & Atherton, C.(1979), *Social Welfare Policy: Analysis and Formulation*, Lexington: D. C. Health and Co., pp.207-208.

07 지역사회복지론

Introduction to Social Welfare | chapter 07

지역사회복지론

제1절 지역사회복지의 이해

1. 지역사회복지의 의의

지역사회는 주민들이 행복하게 살기 위하여 서로 의지하고 교류하는 생활공간이다. 동시에 지역주민, 상호작용, 그리고 일정한 지역적 경계는 지역사회의 구성요소이다. 지역주민들은 특정한 문화적 토대에서 개인적 경험이나 관심의 정도에 따라 다양한 사고를 형성하고 있다. 이러한 문화적 공통성이 하나의 공동체를 형성한다.

그러나 다양한 특성을 가진 지역주민들의 지역사회에 대한 관심이나 애정은 다르다. 다양한 개인의 관심이나 흥미는 상황에 따라서는 경쟁과 갈등을 야기한다. 주민들의 갈등과 경쟁은 문제를 생산하지만, 본인들이 그로 인하여 고통과 불편함을 겪기도 한다. 지역주민들은 문제를 일으키는 당사자이지만, 지역사회에서 살아가야 하므로 지역사회의 문제가 해결되기를 바라는 욕구를 가지고 있는 것도 당연한 것이다. 따라서 지역주민들은 문제해결과정에서 가장 근본적이면서 최종적인 책임을 지는 존재이다. 지역주민들의 자발적이고 주체적인 참여는 당연한 것이며, 결과적으로 주민조직의 응집력을 강화하고 조직의 효율성을 강화하여 지역사회의 역할 구조를 민주적인 체계로 전환하는 데 기여할 수 있다(Bakalinsky, 1995: 143). 무엇보다도 지역주민들이 공통된 사고와 의식을 통하여 자발적으로 지역사회에 관심을 가짐으로써 자연스럽게 공동체가 형성된다.

이와 같이 지역사회복지는 주민들의 주체성과 자발성 그리고 협동성을 강조하여 이상적인 지역사회를 건설하는 것을 궁극적인 목적으로 삼고 있다. 지역사회복지는 이러한 목적을 추구하는 포괄적인 개념으로서 전문가와 다양한 분야에서 활동하는 비전문가가 지역사회의 문제와 욕구에 개입하여 지역사회문제를 예방하고 해결하는 일체의 사회적 노력을 의미한다(최일섭 · 류진석, 1998: 34-38). 또한 '지역사회복지'란 시설복지에 반대되는 개념으로 사회복지전문가에 의해서 수행되는 문제해결과정으로 파악하기도 하고, 공사(公私)에 의해서 수행되는 다양한 사회복지활동을 의미하기도 한다.

지역사회복지는 분명한 문제의식을 가지고 지역주민들의 관심과 참여로 공통의 욕구를 파악하여 지역사회복지체계를 통하여 적극적으로 문제를 해결하기 위한 사회복지실천방법론의 한 분야이다. 지역주민은 지역사회의 문제해결과정에서 가장 중요한 역할을 담당하는 실천적 주체이며, 자발적으로 문제해결에 참여한 주민들을 체계화하여 역량을 강화하는 것이 주민조직화이다. 공동체 의식 조성, 주민참여, 그리고 주민조직화는 지역사회복지의 가장 핵심적인 개념이라고 할 수 있다.

따라서 지역사회복지는 지역사회조직을 근간으로 하고 있으며 무엇보다도 주민들의 적극적인 참여를 전제로 주민들의 문제해결능력을 극대화하여 주체적으로 문제를 해결하고, 주민들 간의 연대의식을 강화하고 사회통합의 달성을 목적으로 한다.

2. 지역사회복지의 이념

지역사회복지는 다양하고 복합적인 사회문제의 발생, 가족과 지역사회의 복지기능의 약화, 비화폐적인 욕구의 증대, 민주적인 사고의 형성, 지방자치제의 실시 및 지방분권화에 대한 논의와 함께 국가와 사회의 책임이 강조되어 그 중요성이 부각되고 있다.

지역사회복지는 전통적인 사회복지실천방법론의 한 분야인 지역사회조직이 현대의 특성에 맞게 확대된 포괄적 개념으로, 기존의 지역사회조직의 범주를 넘어 이상적인 지역사회를 건설하기 위하여 노력하고 있다. 이를 위하여 지역사회복지는 정상화, 사회통합, 그리고 주민참여의 이념을 가지고 있다.

1) 정상화의 이념

지역사회를 구성하고 있는 모든 주민은 그 어떤 이유로도 차별받지 않고 동등한 지위와 권리를 가지고 있다는 것을 의미한다. 어느 사회에서든지 다양한 계층, 연령, 성향, 직업을 가진 사람들이 저마다의 능력과 기술을 가지고 고유의 기능을 수행하는 것이 지극히 정상적인 사회라는 것이다. 따라서 권력, 재산, 명예, 지식, 힘 등과 같은 요소와 무관하게 다양성을 가지고 있는 사회가 건강한 사회이다. 이러한 이념에 의하여 탈시설화 혹은 시설의 사회화가 진행되고 있으며, 재가복지활동이나 지역사회보호를 중심으로 하는 사례관리기법이 강조되고 있다.

2) 사회통합

지역사회의 구성원들이 개별성을 가지고 있는 독자적인 존재이기는 하지만 서로 협력하고 의존하는 상호관계적 특성을 가지고 있다는 것을 의미한다. 기존의 사회적인 도움이 필요한 사람들은 지역사회와 격리되어 보호받았으나 시설병과 같은 부정적인 영향이 많았으며, 사회적 기능이 부족한 사람들도 정상적인 사회생활에 참여함으로써 결여된 기능을 회복하거나 보완할 수 있다는 것이다. 결국 사회통합은 지역사회 내에서 다양한 특성을 가진 사람들이 서로 협력하고 보완하는 사회적 관계망이 필요하다는 것을 강조하고 있다.

3) 주민참여

지역사회의 문제가 지역주민들의 갈등에서 비롯되고 그 피해를 주민들이 직접적으로 입고 있다는 점과 이를 해결할 수 있는 주체도 바로 지역주민들이라는 점을 강조한다. 따라서 지역주민은 지역사회문제에 대하여 충분한 관심을 가지고 민주적인 의사소통을 통하여 다양한 견해를 표명하고 결정에 참여할 수 있다.

한편 최근에 등장하는 생태주의적 관점에서는 지역사회의 지속성과 순환성을 강조하면서 자연환경들에 대한 개발을 억제하고 절약과 근검을 통한 소비의 억제를 주장하고 있다(김만호, 2003: 105-110). 이러한 생태주의적 관점에서는 개발에 의한 편리함이나 개발권자의 이익보다는 절대 다수의 권리와 편안함을 위하여 더욱 중요한 가치로 삼고 있다.

3. 지역사회복지의 목표

지역사회복지에서는 지역사회가 클라이언트가 된다. 사회복지가 관심을 가지는 것은 클라이언트가 당연히 가져야 할 행복을 추구하는 것이므로 지역사회복지에서도 클라이언트인 지역사회의 욕구와 문제를 해결하여 이상적인 지역사회를 건설하는 것을 궁극적인 목표로 삼고 있다.

던햄(Dunham, 1970: 4, 최일섭 · 류진석, 1998: 40-41 재인용)은 지역사회복지의 목적을 과업목적, 과정목적, 관계목적으로 구분하고 있다. 로스만(Rothman, 1995: 27-33)은 지역사회조직의 세 가지 모델에서 공동체 의식 함양, 지역사회문제 해결, 그리고 불평등의 해소를 목표로 제시하고 있다. 또 루빈과 루빈(Rubin & Rubin, 1986: 16-19, 김용득; 1991: 21 재인용)은 지역사회조직의 목표를 4가지로 설명하는데, ① 지역사회구성원들의 잠재능력을 강화시키고, ② 지역사회가 당면한 문제를 해결하며, ③ 지역사회의 민주성을 강화시키고, ④ 지역사회의 자원을 공정하게 분배하는 것이다. 던햄이나 루빈이 말하는 지역사회조직의 목표는 로스만이 제시한 지역사회조직의 모델 - 지역사회개발, 사회계획, 사회행동의 목표와 유사하다. 이 외에도 여러 학자가 지역사회복지의 목표를 정의하고 있지만 커다란 차이점을 발견하기 어렵다.

따라서 지역사회복지의 목표는 다음과 같이 종합할 수 있다. 지역사회복지는 사회통합을 궁극적인 목적으로 하며, 지역사회의 불평등을 해소하고 상호작용을 강화하여 공동체 의식을 강화함으로써 지역사회문제해결을 목표로 한다. 이러한 목표를 달성하기 위하여 민주적인 사회구조, 충분한 의사소통과 의견 수렴, 주민역량의 강화, 그리고 자원의 균등분배를 실천목표로 규정할 수 있다. 이러한 목표의 전제조건으로서 지역주민들의 자발적이고 적극적인 참여를 요구하고 있다. 지역사회문제는 결국 지역주민들의 자조적인 힘으로 해결할 수밖에 없으므로 주민들의 자발적인 참여를 끌어내는 것은 당연한 것이다.

제2절 지역사회공동체

1. 공동체의 의의 및 개념

행복이란 나 혼자서만 향유할 수 있는 것이 아니다. 왜냐하면 인간은 사회적 존재이기 때문이다. 인간은 혼자서 살 수 없고, 남과 더불어 살아가야 하고, 또 기쁨과 슬

픔도 함께 나누면서 살아가야 할 운명을 타고나는 것이다. 이러한 마음가짐으로 살아가는 인간집단을 우리는 공동체라고 한다. 공동체의 사전적 의미는 "생활과 운명을 함께 하는 조직체"라 하였다. 다시 말하면 공동체란 "실제적이고 유기적인 생활체로서 감정이나 충동, 욕망 등이 자연스럽게 또 실제적으로 통일을 이루는 사회"를 말한다. 전통적으로 공동체는 토지를 중심으로 형성된 개념이다(大塚久雄, 李榮熏 역, 1982: 17). 영어로 'Community'를 우리는 지역사회라고 번역하지만, 이 말 속에는 지역공동체라는 의미가 함축되어 있다.

이러한 공동체를 이루는 사회는 평화롭고 행복한 삶을 살 수 있으나 공동체 의식이 상실된 사회는 무질서, 온갖 비행과 범죄가 난무하게 된다. 각자는 자신의 이익만을 위해서 살 뿐 이웃을 생각하지 않는다. 이렇게 볼 때 오늘의 우리 사회는 공동체 의식이 사라져 버렸다.

이와 같이 공동체란 결속과 상호 협조, 보다 깊고 보다 튼튼한 상호 이해와 공생의 관계를 의미한다. 따라서 공동체는 공동의 가치, 공동헌신, 공동사명에 의식적이고도 인격적으로 참여하는 집단인 것이다. 또한 공동체는 개성화요 친교이며, 다양성이요 일치이며, 공동 책임성 안에서의 성장이다. 그것은 공동체에 속해 있다는 소속감이면서 동시에 주체성의 확보인 것이다. 따라서 공동체는 단체나 군중집단과는 다르다. 이것을 비교해 보면 〈표 7-1〉과 같다.

〈표 7-1〉 공동체 · 단체 · 군중집단의 비교

	공동체	단체	군중 집단
목적	보편적 (인간 삶 전체)	특수 (특수한 목표)	개별적 (다양)
존속기간	항구적	일시적	일시적 · 개별적
구성원	다양	획일적	다양
친교의 범위	(생활 전체로 울타리 없는) 형제적 사랑	(일정한 범위 안에서) 친함	무관심

이러한 관점에서 볼 때 우리의 지역사회는 도시나 농어촌을 막론하고 공동체라기보다 군중집단에 가깝다고 하겠다. 따라서 요즈음의 우리 사회는 도시나 농어촌을 막론하고 현대의 온갖 부조리와 사회악의 현상들이 난무하고 있다. 이 가운데 사는 사람들은 극도의 긴장과 끊임없는 스트레스를 받고 있다. 경제성장과 비례하여 행복지수는 후퇴하고 있다. 이러한 군중집단과 같은 지역사회를 하나의 지역공동체로 만드는 일이 무엇보다 시급한 일이다.

2. 공동체의 유형과 특징

공동체는 혈연공동체, 지역공동체, 정신적인 공동체의 세 가지 유형으로 구분한다. 혈연공동체는 가족을 말하고, 지역공동체는 촌락 · 마을 · 동네라는 것이고, 정신적인 공동체란 교회 같은 종교집단을 말한다. 이러한 공동체가 가지는 특징은 ① 공동의 목표를 향해 함께 나아가며, ② 이를 위해 모든 구성원이 헌신적으로 봉사하며, ③ 공동체 구성원들끼리 서로 사랑으로 일치하는 것이다. 그래서 대부분의 공동체에서는 재산은 소유권에 상관없이 공동체 구성원이 함께 공유한다. 물품은 평등하게 분배되고, 개인은 부를 축적할 수 없다(Rosabeth M. Kanter, 김윤 역, 1983: 60). 따라서 공동체는 공산사회이다. 그러나 제도에 의해서가 아니라 자발적인 공산사회이다. 이러한 공동체의 원형은 가정이다.

공동체 관계가 유지되기 위해서는 행동 면에서나 감정 면으로 개인이 공동체에 주고자 하는 것과 공동체가 개인에게 기대하는 것이 서로 조정되어야 하고 서로 보강하는 것이어야 한다. 이와 같이 공동체에 있어서 헌신이라는 문제는 매우 큰 중요성을 가진다(김윤, 1983: 83). 워싱턴의 미국 국립묘지에 있는 케네디(John F. Kennedy) 대통령 묘소의 비석에는 "국가가 나에게 무엇을 해 주기를 바라기에 앞서 내가 국가를 위해 무엇을 해야 할 것인가를 생각하라."라는 말이 새겨져 있다. 이것이 바로 헌신이다.

헌신하는 사람은 충성스럽고 몰두하며, 그는 공동체가 자기 자신의 연장(延長)인 동시에 자기가 그 공동체의 연장이라는 소속감을 가진다. 따라서 헌신을 통해 개인과 공동체는 끊으려야 끊을 수 없는 관계로 연결되는 것이다. 또한 개인과 공동체는 서로 주는 것이 있고 받는 것이 있기 때문에 개인은 그 집단에 헌신함으로써 그 공동체를 유지하는 데 도움이 될 것을 쾌히 수락하게 된다. 어떤 사람이 헌신하고 있을 때는 그가 하고 싶은 것과 그가 해야 할 일이 동일하며 그런 까닭에 그 자신의 자아실현은 바로 공동체를 유지・발전시키는 데 도움이 되는 것이다(김윤, 1983: 84-85).

3. 공동체의 요건

헌신적인 유대관계를 갖기 위해서는 공동체가 가져야 할 세 가지 요건이 있다. 즉, ① 공동체의 구성원, ② 공동체의 응집력, ③ 공동체의 통제력을 말한다.

1) 공동체의 구성원

공동체가 '구성원을 보유'한다는 뜻은 사람들이 기꺼이 공동체 안에 머무르고, 그 공동체를 유지하며, 자기 역할을 수행하고자 하는 태도를 말한다. 그러나 우리의 현실은 인재와 돈이 대도시로 집중되고, 농어촌은 이농현상이라는 중병을 앓고 있다. 지역의 주민들은 기회만 있으면 좀 더 좋은 지역으로 이주하려 한다. 내가 살고 있는 지역을 아끼고 사랑함으로써 좀 더 나은 환경으로 바꾸려는 노력을 하지 않는다.

요즘은 한국을 '헬조선'이라고 한다. 헬조선(Hell朝鮮)은 2010년대 들어 유명해진 인터넷 신조어이다. 헬(지옥)과 조선의 합성어로 '한국이 지옥에 가깝고 전혀 희망이 없는 사회' 라는 의미이다. 또한 '한국이 지옥과 비견할 정도로 살기 힘든 나라'라는 의미이기도 하다. 디시인사이드를 위시한 인터넷 커뮤니티에서 주로 사용되다가 SNS 등지로 퍼지고 언론에까지 보도되면서 널리 쓰이게 되었다(위키백과 참조).

구인구직 매칭플랫폼 '사람인'이 20~30대 성인남녀 1,744명을 대상으로 '한국을 떠나 살 의향'에 대해 조사(2017)한 결과 87.9%가 "떠날 의향이 있다."라고 답했다. 응답자들은 한국사회가 가지고 있는 가장 큰 문제점은 빈부격차(26.9%), 대기업과 중소기업 간 격차(19%), 정규직과 비정규직 격차(11%), 일자리 부족(10.4%), 학벌중심주의(8.9%), 잡푸어 증가(6.8%), 물가상승(5.6%) 등으로 응답했다. 이러한 사회는 공동체 의식을 기대하기 어렵다.

2) 공동체의 응집력

'공동체의 응집력'이란 공동체 구성원들이 '한데 뭉치는 힘', '서로 끄는 힘'을 의미한다. 가드너(John Gardner)는 공동체가 붕괴될 때 그 구성원들에게 미치는 결과는 파멸적일 수 있다고 경고하면서 "공동체 의미의 체계가 무너져 내릴 때, 신뢰체계가 산산조각 날 때, 가치체계를 유지해 주는 어떠한 것도 남아 있지 않을 때, 참으로 어처구니없는 것이 되고 만다."라고 했다. "이럴 때 사람들은 그것을 의미상실이나 무기력감으로 경험한다. 그들은 그들이 살고 있는 공동체와 그들 자신의 삶에 스스로 영향을 줄 수 있다는 확신을 잃고 있다. 그 결과 놀라운 현상은 개인의 책임과 헌신의 감소이다(이강현, 1993: 9)."라고 지적했다. 이렇게 볼 때 우리 사회는 이미 공동체로서의 붕괴 조짐이 나타나고 있음을 알 수 있다.

이러한 공동체의 응집력은 우리의 전통사회에서는 쉽게 찾아 볼 수 있었다. 한국 전통사회의 두레[1]는 개인적·가족적 이해를 떠나 마을 전체의 사회적·집단적 이익을 추구하여 조직적·감정적으로 의무처럼 공고히 결합된 본질적으로 공동체였다(신용하, 1988: 438). 그러나 오늘날 우리 사회는 대도시는 물론, 중소도시와 농어촌에서까지도 이러한 공동체의 응집력을 찾아보기 힘들다. 오늘날 비인간화된 산업사회의 현상에 따라서 기초공동체가 점점 이익이나 관심에 따라 조직되어 나감으로써 기초공

1) 농민들이 농번기에 농사일을 공동으로 하기 위하여 부락이나 마을 단위로 만든 상부상조의 협동조직을 말한다.

동체는 점점 약화되고 이익공동체가 극대화되어 가는 현상이다. 이에 따라 인간관계는 더욱 갈등과 소외현상으로 나타나고 어떤 조직체의 목표에 따라 인간행동이 통제되어 나간다. 그래서 개인은 자율보다는 의타적 혹은 의존적, 또는 타의에 의해서 움직이는 경우가 많아진다(부성래 · 유판수, Volunteerism, 1987: 33).

3) 공동체의 통제력

'공동체의 통제'란 각 구성원이 서슴없이 공동체의 요구에 복종하고 그 가치관과 신념에 동조하며, 그 명령과 지시를 기꺼이 받아들이겠다는 자세를 말한다. 한 공동체에 헌신하기 위해서는 무언가를 얻는다기보다 무언가를 포기해야만 한다. 즉, 희생이 따라야 한다. 희생이란, 공동체에 소속해 있기 위해서 귀중하고 즐겁다고 여겨지는 개인적인 무언가를 단념하는 것을 말한다. 따라서 공동체를 유지하는 데 있어서 가장 중요한 요소는 인력을 개발하고 훈련시키는 일이다. 이를 위해서는 세대 간의 교류가 결정적으로 중요하다. 어려서부터 그들의 공동체가 어떻게 기능을 하고 또 계속적으로 기능하기 위해서는 어떻게 유지되어야 하는가 등을 배워야 한다(이강현, 1993: 41).

4. 사회복지의 이념과 공동체 정신

1) 사회복지의 이념

퍼니스와 틸톤(Furniss & Tilton, 1979: 28)은 복지국가가 지향하는 가치를 평등, 자유, 민주주의, 연대성(solidarity; 공동체 의식), 안정성, 경제적 효율성을 들고 있다. 사회구성원들의 극단적 빈부격차는 구성원들의 공동체 의식을 말살시킨다. 공동체란 '한 성원이 다른 성원과 함께 있을 때 편안함을 느끼며 일상적으로 생활이 되풀이되는 가운데 놀라움이 없이 서로서로 친숙하게 마주칠 수 있는 잠재적이거나 실질적인 대면 집단'이라 할 수 있다(신용하, 1987: 25). 결국, 사회복지의 이상은 공동체인 것이다. 다시 말하면, 인류사회가 지향하는 목표는 공동체요 사회복지는 그 수단이다.

2) 자유와 평등의 상관관계

현대 복지국가의 기본이념은 사회적 평등에 기초하고 있다. 근대 시민운동에서 부르짖은 자유, 평등, 박애는 서로 분리될 수 없는 하나의 가치인 것이다. 자유와 평등이라는 서로 모순되는 두 개념이 공존할 수 있기 위해서는 박애라는 가치개념이 매개가 되지 않으면 안 된다. 사회구성원 모두의 번영과 행복을 위해서 자본주의는 자유를 지상덕목으로 내세우고 사회주의는 평등을 제일 우선순위로 친다. 자본주의의 '자유'에는 '평등'이 자리할 곳이 없고, 사회주의의 '평등'에는 '자유'가 설 자리가 없다. 이렇게 볼 때 자본주의는 차등을 전제로 하기 때문에 소외계층이 생기게 되므로 사회불안을 야기시키고, 사회주의는 평등을 지향하므로 저성장을 초래하여 인간다운 생활을 보장하지 못한다. 이것은 (구)소련을 비롯한 공산권의 몰락과 오늘날 북한 사회의 참상이 이를 증명해 주고 있다. 동시에 복지국가도 불평등을 감소시킨다는 의미에 있어서 정도의 문제일 뿐 결코 평등주의적인 것은 아니다. 특히 유럽 복지국가들의 위기론과 소련 공산진영의 몰락 사태를 초래했고, 세계적인 우경화 현상을 초래했으며, 자본주의 국가이든 복지국가이든 평등주의와는 더욱 멀어지고 있다. 이것이 오늘날 인류사회가 직면하고 있는 딜레마인 것이다.

지금까지 자본주의 진영에서는 개인의 자유를, 사회주의 진영에서는 사회적 평등을 제일 순위로 추구했지만 이것들을 제도라는 수단을 통해 강제에 의존했기 때문에 어느 것도 달성할 수 없었다. 근대 시민사회가 추구하고자 했던 덕목 중에서 박애라는 개념을 망각하고 있었기 때문이다. 자유, 평등, 박애가 동시에 공존하는 사회를 만드는 것이 우리의 목표가 되어야 한다.

3) 사회복지의 목표: 사회통합

미쉬라(Mishra)는 공동체적인 특징을 가진 사회나 집합체는 일정 정도의 연대감을 유지해야 한다고 지적한다(남찬섭, 1996: 92). 이는 이타주의를 표현하는 제도나 실천은 사회의 정상적인 특징의 하나라는 것을 의미한다고 했다. 이러한 점에서 사회복지제도는 공동체의 결과일 뿐만 아니라 목적이기도 하다는 점을 일깨우고 있다.

전통적으로 사회통합과 사회통제의 유지는 종교가 담당해 왔다. 가난한 자와 병자 그리고 도움이 필요한 자를 돌보는 것, 부자에게 자선을 권장하고 가난한 형제에 대한 그들의 의무를 상기시키는 것, 구조(救助)를 조직하고 공동체 의식을 유지시키는 것, 이 모든 것은 농업사회에서 종교기관이 수행하던 훌륭한 통합기능이었다(남찬섭, 1996: 95). 역사적으로는 초대 그리스도교 공동체와 오늘날 종교의 수도공동체에서 공동체의 전형을 찾을 수 있다. 티트머스(Titmuss)는 "사회행정이 통일적인 관심을 갖는 일차적 영역은 통합을 증진시키고 소외를 추방하려는 사회제도들이다."라고 했다. 티트머스의 이러한 정의는 사회통합에 초점을 둔 것이지만 그의 정의에 사회통합으로서의 복지라는 개념이 전혀 없는 것은 아니다. 사회복지의 기능주의적 분석은 '공동체' 또는 '연대'의 개념을 복지와 연결시킴으로써 '이타적' 행위의 주요 결과들뿐만 아니라 이타적 행위의 중요한 변천에도 주의를 기울이게끔 하고 있다(남찬섭, 1996: 97). 여기서 우리는 이념이 제도를 통해서 구현될 수 없음을 알게 된다. 이념은 이를 실현하려는 사회구성원들의 적극적인 의지가 있을 때 달성될 수 있는 것이다. 이러한 의지는 인간의 한계성 때문에 지속적인 교육과 운동(movement)이 필요하게 된다.

제3절 지역사회복지의 실천방법

1. 지역사회복지 실천모델

1) 지역사회조직모델

지역사회문제를 해결하는 가장 유익한 지역사회복지 모형으로 로스만(Rothman)의 지역사회조직모형을 꼽고 있다(최일섭 · 류진석, 1998: 44; 한동우 · 윤주명, 2001: 113). 〈표 7-2〉와 같이 로스만은 지역사회조직의 세 가지 모델 - 지역사회개발, 사회계획 및 정책, 사회행동 - 에서 공동체 의식 함양, 지역사회문제 해결, 그리고 불평등의 해소를 목표로 제시하고 있다. 이러한 목표는 지역주민들의 관심, 발전과업, 그리고 상호관계를 강조하고 있는 것으로 지역사회복지의 추진 방향을 제시하고 있다는 점에서 의미가 있다(Rothman, 1995: 27-33).

〈표 7-2〉 로스만의 지역사회조직모델

구분	지역사회개발	사회계획 및 정책	사회행동
목표	• 과정중심의 목표(주민들의 태도와 의식 변화) • 기능적 통합, 자조적 협동 • 민주적 절차와 능력 강화	• 과업중심의 목표 • 과업의 완수가 중요 - 주요 사회문제의 해결	• 특정 분야의 입법 • 복지혜택 추구 • 공공기관의 정책 변경 • 체제의 변화에 따른 결과 중시
지역사회 구조	• 소속감 결여 • 공통적인 가치관 부재 • 사회적인 긴장 팽배 • 민주주의 의식 약화 • 사회변화를 위한 장애요인 존재 →인간의 존엄성 상실	• 수많은 사회문제 존재 - 주택, 고용, 보건, 여가 - 부채 - 슬럼지역 - 비행, 범죄 만연	• 혜택과 권한의 분배에 따른 계층차별 • 억압, 박탈, 무시당하는 주민 • 억압자들의 부조리와 착취가 존재
변화를 위한 전략	• 함께 모여서 이야기하자 - 광범위한 주민참여 - 자신들의 욕구 결정 - 자신들의 문제해결	• 진상을 파악해서 논리적인 조치를 강구하자 - 문제에 대한 자료수집 - 문제해결을 위한 방안모색	• 우리들의 억압자를 분쇄하기 위해 규합하자 - 주민들의 합법적인 적을 규명, 집단을 조직 - 적대집단에 대해 압력행사

구분	지역사회개발	사회계획 및 정책	사회행동
변화를 위한 전술과 기법	• 합의 - 의사교환과 호의	• 사실 발견과 분석기술 - 갈등이나 합의에 이르는 기술	• 갈등이나 대결 - 정면대결이나 실력행사 (성토, 시위, 피케팅)
사회사업가의 역할	• 조력자, 격려자 - 절차상에 역할을 둠	• 기술적이고 전문가적 역할 - 사실발견, 프로그램의 실시, 관계수립	• 옹호자, 행동가, 대변인 - 클라이언트의 이익을 옹호
변화의 매개체	• 과제지향적인 소집단 간의 합리적인 조정	• 공식집단과 자료의 조종	• 대중조직과 정치과정의 조성
권력구조에 대한 견해	• 지역사회 전체가 대상이며 권력자들도 지역사회를 향상시키는 목적을 위해 노력 • 목표에 대한 일치가 이루어질 때 합법적으로 인정	• 권력은 전문가의 후원자나 고용기관	• 행동을 전개하는 외부의 목적 - 클라이언트 집단 밖에 존재하는 강압세력
클라이언트 집단	• 전 지역사회 - 시, 동·리, 부락	• 전 지역사회 혹은 지역 내의 특수지역이나 일부 계층	• 지역사회의 일부로서 전문가의 지원을 요하는 고통 받는 집단
구성원들 간의 이해관계	• 이해관계는 상호 조화 가능 • 합리적인 설득이나 대화나 상호 간의 호의가 필요	• 실용적이며 특정 문제의 해결에만 관심 있음	• 이해관계가 상충되며 조화를 이룰 수 없음. 입법이나 집단행동이 필요
공공의 이익에 대한 개념	• 공익에 대해 합리주의적, 중앙집권적 - 여러 지역사회집단의 이익 반영	• 이상주의적, 중앙집권적 - 지식, 사실, 이론에 입각하여 이익을 대변 - 개인의 정치적 이익이나 인기에 무관	• 현실주의적, 개인주의적 견해
클라이언트 집단에 대한 개념	• 미개발된 잠재력을 가진 정상인 - 전문가 지원 필요	• 서비스의 혜택을 받는 소비자 - 사회계획의 결과물인 프로그램이나 공적부조의 수혜자, 공공주택이용자 등	• 체제의 희생자 - 정부나 기업 등 클라이언트 집단에 불이익을 준다고 생각되는 일체의 조직과 제도
클라이언트의 역할에 대한 견해	• 지역사회의 문제해결과정에 적극적 참여 - 욕구표현, 목표결정, 적절한 조치	• 서비스의 수혜자	• 혜택을 받는 자 혹은 회원

(1) 지역사회개발모형

지역사회를 유지하는 규범과 가치가 붕괴되어 가치관의 혼란과 도덕체계가 무너져 아노미 상태에 처한 구성원들 간의 이기심과 무관심을 해결하려는 모형으로, 공동체 의식과 문제해결능력의 배양에 역점을 두고 있다. 이 모형은 주민들의 의식화와 관심 제고, 주민참여를 강조하고 있으며, 지역주민들의 차이를 인정하고, 이들을 각자의 위치에서 역할을 수행하는 기능적 통합을 추진한다. 이를 위하여 지역주민들 간의 만남과 대화의 기회를 많이 가지려고 한다. 그러나 이 모형은 기능주의적 관점을 강조함으로써 지역사회에 존재하는 불평등과 갈등을 해결하지 않는다는 명확한 한계를 가지고 있다.

(2) 사회계획 및 정책모형

범죄와 비행, 주택과 위생, 정신건강과 같이 지역사회에 존재하는 사회문제를 해결하기 위한 실천모형으로 전문적인 조사와 분석을 토대로 합리적인 계획을 수립하기 위한 모델이다. 따라서 주된 활동은 사실발견과 문제정의, 의사전달의 구성 및 활동구조, 목표와 정책의 결정, 계획의 실천, 그리고 결과 및 영향에 대한 사정활동이다. 다른 모형보다는 사회복지행정과 긴밀한 관계를 가지며(永田幹夫, 2000: 144-147) 전문가로서의 역할이 강조되지만, 지역주민들을 수혜자로서 인식하는 경향이 강하며, 문제를 예방하는 사전적 노력보다는 사후적이고 치료적인 성격이 강하다.

(3) 사회행동모형

부, 권력 등의 불평등과 차별로 나타나는 지역사회 계층 간의 갈등을 사회정의에 입각하여 계층(계급) 간의 격차를 해결하려는 모형으로 불합리한 제도와 정책의 변화를 추구한다. 따라서 현존하는 불이익과 차별을 해소하고 평등한 재분배를 추구하는 것과 같은 가시적인 결과를 얻고자 하지만 미약한 주민조직으로 강력한 정부와 공공조직을 상대한다는 점에서 효과가 불확실하다는 문제를 가지고 있다.

한편 주민들의 주체적 참여를 기본으로 하는 지역사회조직은 전문가의 역할을 모호하게 규정하기 때문에 전문사회복지의 위치가 불분명하게 되어 전문가인 사회복지사가 주민활동에 전적으로 의존하게 되거나 주민들의 개별적이고 특수한 욕구가 주민 생활의 일반적 욕구에 매몰되어 버린다는 비판도 있다(永田幹夫, 2000: 20-21). 따라서 로스만(Rothman)의 세 가지 모형은 사회문제, 무관심, 그리고 불평등을 대상으로 지역사회문제를 해결하고자 하지만, 다양하고 복잡해진 현대사회를 모두 포괄하지 못하고 있다.

2) 모형의 변화와 적응

지역사회복지는 다양한 모형을 기초로 하여 실현 가능한 형태로 변화하고 있다. 특히 사회·경제적 상황의 변화는 새로운 지역사회복지 실천모델을 요구한다.

테일러(Taylor)와 로버츠(Roberts)는 실천방법의 각 변인, 전략, 의사결정 등에 있어 후원자와 클라이언트가 어느 정도의 결정권한이 있느냐에 따라 5가지의 모델을 제시하고 있다(정무성, 1997: 30-31).

이것은 로스만의 세 가지 모델에 두 가지의 모델을 추가한 것이다. 그 중 프로그램 개발 및 조정이라는 직접적이고 구체적인 서비스를 제공하는 것은 특정 문제를 해결하기 위해서는 효과적이라고 할 수 있지만, 광범위한 지역사회문제를 해결하는 데는 부적당하다. 다만 지역사회 연계모델은 지역사회관계망의 중요성이 부각되고 사례관리의 필요성이 강조되는 상황에서 매우 유용한 실천모델이라고 할 수 있다.

와일과 갬블(Weil & Gamble, 1995: 582)은 1995년에 지역사회복지실천방법에 대한 종합적인 접근방법을 8가지의 유형으로 제시하였다. 이들의 모델은 지리적 지역사회조직, 기능적 지역사회조직, 지역사회 사회경제적 개발, 사회계획, 프로그램 개발 및 지역사회 연계, 정치 사회행동, 연합, 사회운동이다. 와일과 갬블의 모형은 일관된 체계성은 찾아보기 힘들다. 형태적으로는 지리적·기능적·사회경제적 조직 유형, 연합을 강조하고 있으며, 내용적으로는 사회계획, 프로그램 개발과 지역사회 연계, 정치사회행동, 사회운동으로 구분하고 있다. 와일과 갬블의 모형은 기존의 모델을 세분화하였다는 평가를 받지만(정무성, 1997: 32), 각 모델들 간의 관련성을 발견하기는 어렵다.

지역사회복지 패러다임의 변화에서 강조할 것은 지역사회보호의 개념이 확대되고 있다는 점이다. 영국의 지역사회보호와 일본의 재택복지가 대표적인 제도라고 할 수 있다. 지역사회보호는 전문가로서의 사회복지사의 역할을 자원조정과 직접적 서비스를 제공함으로써 생활서비스를 통한 사회통합을 촉진하는 활동을 주로 담당하게 되었다. 이러한 제도의 변화는 케어전문가를 통한 가정봉사서비스의 필요성을 증가시키고 있다.

2. 지역사회복지 실천과정

1) 계획단계

계획단계에서의 가장 기초적인 과제는 욕구 및 문제의 발견과 분석이다. 욕구와 문제의 파악은 문제해결을 위한 기획과 계획단계의 중요한 정보와 자료를 제공한다. 따라서 사회복지사는 지역사회의 구조, 특성, 그리고 문화를 충분히 파악하여 주민사회에 대하여 충분히 이해하고 있어야 한다. 무엇보다도 강조할 것은 욕구의 발견과 분석을 토대로 문제해결을 위한 목표를 설정하는 계획을 수립할 수 있다. 사회복지사는 문제에 대해서 명확하게 파악하고 정의할 수 있어야 한다. 명확한 문제정의는 지역사회복지 실천과정을 분명하게 제시할 수 있다.

정확하고 명확한 목표를 설정하는 것은 주민들의 결속을 위한 필요조건이다. 지역주민들이 공통으로 느끼는 불편함을 목표로 정한 다음, 문제에 대한 여론을 형성하는 것이 필요하다. 여론의 형성은 지역주민들의 지지와 합의를 끌어내는 수단이다. 여론의 형성은 TV 방영을 통한 토론회, 공청회, 신문의 사설이나 기사 등을 통하여 문제의 심각성을 알리고 해결의 필요성을 알리는 것이다.

따라서 지역주민들이 지역사회문제에 대한 인식을 공유하고 적극적으로 참여하기 위해서는 홍보와 교육을 통하여 건전한 여론을 조성하여야 한다. 주민조직의 궁극적인 목적이 사회통합에 있다면 주민들의 참여를 민주적 과정으로 확보하는 것은 당연한 것이기 때문이다.

발견된 지역사회의 문제를 종합적으로 분석하고, 가장 효과적이고 효율적인 대안을 모색하여 계획을 수립한다. 이 계획은 실행과 평가를 위한 가장 기본적인 것이므로 목표와 방법을 분명하고 명확하게 설정하는 것이 무엇보다 중요하다. 명확하고 분명한 목표를 수립하기 위해서는 문제의 원인과 관련된 요소들을 철저히 분석하는 것이 중요하다. 특히 지역사회의 문제들로 인하여 이해관계에 있는 사람들의 반응과 그들의 대응방법도 분석하여 지침으로 활용될 수 있어야 한다. 지역주민들이 참여방법과 역할분담, 자원조달방안, 홍보방안 등이 구체적으로 수립되는 것이 바람직하다. 이러한 모든 계획은 지역사회의 특성을 충분히 반영하여야 한다.

2) 실행단계

수립된 계획은 주민들의 적극적인 참여와 지원으로 이루어진다. 지역주민들은 지역사회에서 그들의 불편을 제거함으로써 문제해결의 이익을 직접적으로 향유할 수 있다. 지역주민들의 참여를 촉진하기 위하여 주민위원회와 같은 자발적인 조직이 필요하다.

이러한 조직화는 주민의 참여, 자원봉사, 회비 및 후원금 신청, 이벤트 사업, 지원금 등의 형태로 주민조직화를 통한 문제해결이 지역주민의 누구에게 도움이 되며 그러한 이익은 지역사회 발전에 얼마나 기여하는지 주민들 스스로가 인지하고 참여동기를 유발하기 위한 수단이다(김남선, 2000: 194-196). 실행단계는 일관된 계획에 의하여 진행되므로 지속적으로 진행과정을 모니터링하고 점검하는 것이 바람직하다.

3) 종결 및 평가단계

종결단계에서 가장 기본적인 사업의 계속적인 수행 여부를 판단하는 것이다. 프로그램의 종결은 현 단계에서의 사업을 마무리하면서 평가를 통해서 성과를 파악하게 된다.

평가는 문제해결과정의 최종단계에서 이루어진다. 평가의 유형은 계획단계에서 수립한 목표가 제대로 수행되었는지를 파악하는 결과평가와 계획이 차질없이 수행되고 있는지의 여부를 파악하는 과정평가로 구분된다. 평가결과는 사업의 수행 여부 및 정책이나 프로그램의 수정과 존폐를 결정하는 중요한 도구가 된다. 따라서 구조화된 척도의 이용 여부와 주관적이고 객관적인 척도를 활용하여 평가할 수 있다.

제4절 지역사회복지 실천주체

1. 지역사회복지 실천기관

1) 사회복지협의회

사회복지협의회는 지역사회복지의 가장 대표적인 협의기관이며, 지역사회 내의 다양한 사회복지기관의 욕구를 달성하고 기능을 강화하기 위하여 정보를 제공하고 서비스를 조정하는 역할을 수행한다. 현재의 사회복지협의회는 사회복지기관과 시민들이 참여하여 조직을 구성하고 있다. 따라서 사회복지협의회는 지역사회문제 해결에 필요한 계획을 수립하고 사업을 추진함에 있어서 주민들의 참여와 전문가의 기술을 결합시키는 지역주민과 사회기관들 간의 연합체로서 지역주민들의 문제와 욕구를 효과적으로 대처하기 위한 활동을 전개하고 있다. 이러한 활동은 민간 사회복지증진을 위한 협의조정, 정책개발, 조사연구, 교육훈련, 자원봉사활동의 진흥, 정보화 사업, 대

정부 건의, 사회적 취약계층을 위한 사업을 수행하고 있다.

사회복지협의회의 기능을 강화하기 위해서는 지역사회의 모든 사람이 참여할 수 있는 민주적인 참여절차가 필요하며, 지역사회의 성장과 발전을 위한 장・단기적 목표를 수립하여 균형적이고 효율적인 지역사회 프로그램을 마련하는 것이 필요하다.

2) 공동모금회

지역사회복지사업은 시민들의 자발적이고 적극적인 참여를 통하여 이루어지는 것이 원칙이다. 이러한 원칙을 제도화한 것이 자원봉사활동과 공동모금활동이다. 우리나라는 사회복지에 대한 재정적 지원이 정부 중심으로 이루어지고 있으나 재정의 규모는 매우 열악하다. 재정 부족을 메우기 위한 가장 바람직한 방법이 공동모금제이며, 사회복지사업 수행에 필요한 재정을 충분히 확보하여 전문적인 사회복지서비스를 제공하는 기본전제가 된다.

공동모금회의 필요성은 지역사회 주민들의 자발적이고 적극적인 참여를 통한 주민복지의식의 고취, 조직적이고 체계적인 모금활동을 통한 모금의 효율성 증대, 객관적이고 전문적인 배분을 통한 사회복지의 투명성과 효과성 확보, 민간사회복지기관의 자율성과 전문성 확보, 그리고 지역주민들을 중심으로 하는 지역사회복지의 증진 등이다.

공동모금제는 주민들의 참여의식과 공동체 의식을 조성하는 데 커다란 기여를 하며, 지역주민들에게 제공되는 사회복지서비스의 질을 한층 높이고 사회복지에 대한 관심과 이해를 제고할 수 있다는 점에서 매우 의미 있는 민간모금활동이다.

공동모금회의 역할은 전국의 모든 사회복지기관에 대한 지원 사업, 시민들의 공동체 의식을 함양하기 위한 사업, 기부문화 정착을 위한 홍보활동, 선진 모금 프로그램 개발 및 지원, 그리고 배분과정의 투명성 및 전문성 확보를 주요한 역할로 삼고 있다.

따라서 공동모금회의 활성화를 위한 과제는 다음과 같다.

① 자발적인 기부문화를 위한 사회적 분위기를 조성한다.

② 민간 비영리 조직의 투명성과 책임성을 확보하여 지역주민들에 신뢰성을 강화한다.

③ 기부금품에 대한 세제상의 공제 범위를 확대하여 각종 조직들과 주민들의 참여를 촉진한다.

3) 지역사회복지관

지역사회복지관은 지역사회복지를 실천하는 대표적인 기관이라고 할 수 있으며, 사회의 구조적 모순과 환경을 변화시키기 위한 사회운동의 일환이었던 인보관에서 그 기원을 찾아볼 수 있다.

사회복지관은 지역사회의 문제를 파악하여 필요한 서비스를 제공하는 직접서비스 기관으로(최일섭 · 류진석, 1998: 319), 혹은 다양하고 종합적인 프로그램을 제공하는 비영리 종합사회복지센터로(김영모, 2001: 237) 정의된다. 보건복지부의 사회복지관 운영지침에 의하면 “사회복지관은 지역사회 내에서 일정한 시설과 전문인력을 갖추고 지역사회의 인적 · 물적 자원을 동원하여 지역사회문제를 해결하고 주민의 복지욕구를 충족시키기 위한 종합적인 사회복지사업을 수행하는 사회복지시설”로서 저소득층의 자립능력을 배양하여 중산층으로 유도하고 지역사회문제의 예방과 치료를 도모하며 지역사회 및 주민의 연대감을 조성하고자 한다.

지역사회복지관은 대상 및 목적 면에서는 지역사회의 문제와 욕구를 해결하는 것이며, 방법 면에서는 프로그램 혹은 서비스를 제공하는 포괄적이고 종합적인 센터의 성격을 지닌 것이라고 할 수 있다.

이러한 성격을 지닌 지역사회복지기관은 다음과 같은 기능을 수행한다(Dillick, 김성이 외, 1997: 312-315). 딜릭의 견해는 사회복지서비스의 제공과 이를 위한 조직화 사업으로 정리할 수 있다.

① 지역사회의 다양한 욕구를 충족시키기 위해 통합된 서비스를 제공한다.
② 지역사회 내의 서비스의 중복과 누락을 방지하기 위해 서비스의 조정을 도모한다.
③ 지역주민들의 문제해결을 위해 공동의 노력을 할 수 있도록 집단을 구성한다.
④ 주민집단으로 하여금 사회적 목표를 수정하고 새로운 목표를 만들어 낼 수 있도록 한다.

한편 지역사회복지관은 정부주도형의 운영, 특성화된 지역복지서비스의 부족, 폐쇄적인 기관 운영, 그리고 재정의 부족과 전문인력의 부족 등을 문제점으로 꼽을 수 있다. 발전방안은 지역사회중심의 프로그램 개발, 대상지역의 특성에 부합되는 프로그램 개발, 주민들의 실질적 참여와 확보방안 마련, 전문화된 사회복지관 설립, 그리고 지역사회복지관의 업무 효율화를 위한 업무표준화 지침의 마련 등이다.

4) 기타

앞서 언급한 기관 이외에도 지역사회복지를 실천하는 기관들은 매우 많다. 재가복지봉사센터, 자원봉사센터, 자활후견기관, 주간보호센터, 단기보호센터, 지역사회정신건강센터, 장애인복지관, 노인복지(회)관, 시니어클럽, 사회단체, 사회복지생활시설 등과 같은 기관들이 지역사회의 다양한 문제를 해결하기 위하여 적극적인 노력을 기울이고 있다.

반야월 행복한 어린이 도서관 '아띠'

아띠는 2008년에 개관한 마을도서관이다. 문화시설 하나 변변히 없는 안심지역에 "도서관을 한 번 만들어보자!"라는 데 중지를 모아 주민들 스스로 십시일반 힘을 모아 개관한 민간도서관이다. 아띠는 '친한 친구'라는 이름 그대로 행복한 마을을 꿈꾸는 반야월지역 엄마, 아빠들이 자발적으로 모은 성금과 재능기부로 만들어졌다.

아띠는 지난 6년을 국가나 지방자치단체 또는 어떤 민간기업으로부터의 정기적인 지원 없이 회원이자 이용자인 주민들의 후원금과 순수 자원봉사로 운영해 왔다. 내부를 꾸미는 일이나 홍보활동도 직접

하는 작은 마을도서관... 후원하며 이용하는 주민참여도서관.... 현재 회원은 400여 가구에 후원금은 월 100~110만 원, 운영은 30여 명의 자원봉사로 이루어지고 있다.

그러나 어려움이 없지 않다. 무엇보다도 전문 사서자원봉사자를 구하기가 어렵다. 책임감 있는 운영진도 없고, 그러다보니 업무처리는 원활하지 못하다. 다양하고 유익한 프로그램도 가져오기 힘들고, 그나마 프로그램 참여자들의 연령층이 제한되어 있다.

이런 어려움을 극복하고 한 단계 도약할 계기를 만들고자 '사립공공도서관'으로의 전환을 시도하고 있다. 후원행사도 열고 새롭게 각오를 다지고 있다. 마을도서관은 지식을 공급해 줄 뿐만 아니라 마을주민들의 사랑방이자 소통의 장소로 거듭나고자 주민들은 오늘도 중지를 모으고 있다.

<대구광역시 동구 율하동로 23길 8-1>

2. 사회복지사의 역할

지역사회에서 활동하는 사회복지사는 다양하고 복합적인 지역사회문제를 해결하기 위하여 탁월한 역할이 요구된다. 다양한 지역사회의 조건을 중심으로 지역사회의 목적과 유형에 따라서 다양한 역할을 수행하게 된다. 이러한 역할을 수행하기 위하여 사회복지사는 뛰어난 지도력을 갖추고 있어야 한다. 즉, 욕구를 사정하고 분석하는 기술, 집단의 욕구를 응집하는 기술, 자원을 동원하는 기술, 행정관계와 같은 능력을 갖추는 것이 필요하다. 사회복지사의 역할은 다음과 같다.

① 문제발견자의 역할: 지역사회복지가 집단화된 주민들의 욕구와 문제를 해결하기 위하여 지역사회의 구조, 특성, 문화를 이해하는 것은 당연한 일이다. 지역사회복지는 세계적인 것에 관심을 가지기보다는 지역주민들의 생활에 필요한 것을 파악하는 것이 무엇보다 우선적이라고 할 수 있다. 지역주민들은 일상생활 속에서 문제를 인지하면서도 이를 해결할 수 있는 방법을 알지 못하기도 하지만, 사회문제를 전혀 인지하지 못하는 경우도 있다. 사회복지사는 주민들이 인지하지 못하는 사회문제를 발견하고 이를 주민들이 인지할 수 있도록 지원하는 역할을 수행하여야 한다. 일상생활 속에서 불편함을 겪으면서도 당연한 것으로 인지하고 있는 경우에 주민들의 권익을 보호할 수 있도록 하는 것이다.

② 교육자의 역할: 지역주민들은 지역사회에 대한 관심은 높으나 해결방안을 모르는 경우가 많다. 따라서 문제해결능력을 배양하고 자율적으로 문제를 해결하기 위하여 주민들을 교육하고 홍보하는 것이 필요하다. 회의, 토론회, 역할교육 등을 통하여 주민들의 문제해결능력을 강화한다.

③ 대변인의 역할: 지역사회의 구조와 기능이 불평등하게 이루어져 있으며 열등한 위치에 있는 사람들은 자신들의 권익을 주장하지 못하고 있다. 이러한 문제에 당면한 사회복지사는 협동적인 관계를 유지하기 위하여 지역주민들의 권익을 대변하여야 한다.

④ 계획자의 역할: 지역사회의 문제와 욕구를 발견하고 이를 해결하기 위한 목표를 수립하기 위하여 객관적 사실을 발견하고 분석하여 계획을 수립하게 된다. 지역사회의 욕구와 문제해결을 위하여 인적・물적 자원의 동원, 구성원의 역할, 해결방법과 같은 계획을 수립한다.

⑤ 조직가의 역할: 지역사회의 문제해결에 있어서 가장 중요한 구성원은 지역주민들이다. 문제해결을 위하여 적극적으로 참여하고 진행하는 것도 지역주민들의 몫이라고 할 수 있다. 따라서 사회복지사는 지역주민들의 참여와 역할 수행을 위하여 주민들을 조직하는 것이 필요하다. 이러한 조직을 통하여 주민들의 공동체 의식을 형성하고 사기를 강화할 수 있다.

⑥ 행동가의 역할: 지역사회의 문제와 욕구가 반드시 대화를 통하여 해결될 수 있는 것은 아니다. 지역사회문제의 발생 원인이 권력의 불평등이나 자원의 불균등과 같은 구조적인 문제에 의하여 발생되기도 한다. 이러한 문제를 해결하는 과정에서 지역주민들의 이해가 대립되는 경우가 발생할 수 있으며, 사회복지사는 불우계층의 이익을 증진시키고 불평등한 사회구조를 평등하게 만들 수 있도록 실천적 과업을 수행하여야 한다.

제5절 지역사회복지의 전망

지역사회복지는 다양화되는 주민욕구에 적절하게 반응하기 위하여 지역의 특성을 충분히 활용하여 사회복지서비스를 적극적으로 주도함으로써 지역주민들이 지역사회복지의 주체로 역할을 다할 것을 강조한다. 주체로서의 주민활동은 주민 상호 간의 신뢰감 형성, 자신감 강화, 그리고 소외감을 떨쳐내고 공동체 의식을 조성할 수 있다. 다만 고려할 것은 주민들이 의사결정에 참여할 수 있는 민주적인 운영체제를 마련하는 것이며 의사결정과정에서 충분하게 기능할 수 있도록 사회문제에 대한 정보를 제공하는 것이다.

특히 제도를 통해 이루어지는 국가정책이 개인의 삶을 분업화시켜 노동에서의 소외현상이 일어나고 있는 상황에서 국가의 역할이 더욱 강조되고 있는 사실을 무시할 수는 없을 것이다. 더욱이 지방화와 지방자치제도는 중앙정부의 역할보다 지역적 특성을 강조하는 지방정부의 역할을 강조하고 있다. 지역주민들의 실제적인 생활경험을 통해서 분출되는 문제제기와 대안의 모색은 경직된 공무원들에게 새로운 자극제가 될 수 있을 것이며, 지역주민들을 행정의 수혜자에서 동반자로 인식할 수 있을 것이다. 즉, 지방정부가 다양화되는 주민들의 욕구를 무시할 수 없을 것이며, 조직화된 주민들의 의견이 정책결정과정에 강력한 압력수단으로 작용할 수 있다.

노령화의 빠른 진행과 장애인 및 요보호자의 증가는 기존의 사회복지체계의 한계와 자원의 부족으로 더 이상 감당할 수 없는 지경에 이르렀다. 지역주민들의 개별적이고 특별한 욕구와 서비스를 충족시키기 위해서 지역사회의 공・사적 관계망의 협력과 연계를 필요로 하고 있다. 이에 부응하여 주민들의 참여를 강조하는 지역사회조직에 대한 관심이 점차 증가하고 있으며, 환경과 생명에 대한 관심도 고조되고 있으므로 지역사회복지의 발전은 필연적이라고 할 수 있다.

08

사회복지실천

08 사회복지실천

제1절 사회복지실천의 의의

사회복지실천(social work practice)은 전통적인 사회복지 3대 방법(개별사회사업, 집단사회사업, 지역사회조직)을 중심으로 한 실제적인 서비스 체계의 전문적 영역이다. 지금까지 사회복지실천방법은 서비스 대상, 실천방법 및 범위에 따라 세 가지 방법으로 구분되어 발달되어 왔다. 그러나 사회적 변화에 따라 클라이언트의 문제나 사회복지사의 역할이 다양해지면서, 기존의 전통적인 3대 방법론으로는 인간의 문제를 효과적으로 해결하는 데 여러 가지 문제점이 나타나기 시작했다. 따라서 1970년대 이후부터는 세 가지 실천방법을 하나의 통합된 실천의 가치, 지식, 목적 및 기술체계로 묶는 통합작업이 전개되면서 통합실천방법론이 대두되기 시작했다.

이와 같이 일반적 또는 통합적 접근을 뒷받침할 수 있는 이론들(일반체계론, 생태학이론 등)이 개발됨에 따라 전통적 방법에 관한 용어들이 점차 사라져가고, 새로운 원조기술방법으로 사회복지실천론이란 용어가 사용되고 있다(장인협 외, 2001).

실제로 사회복지실천현장에서 이루어지는 각종 실천활동은 개별, 집단, 지역사회 중 어느 한 방법에 따라 이루어지기보다는 세 가지 방법이 서로 보완·복합적으로 사용되는 것이 현실이다. 따라서 통합방법론 속에 모든 사회복지실천방법을 포함시켜 함께 학습하는 것이 현실적으로 바람직하다. 한국사회복지교육협의회에서는 이러한 통합방법론 쪽으로의 변화를 인정하여 사회복지실천방법과 관련된 교과목을 '사회복지실천론'과 '사회복지실천기술론'으로 통합·구분했다. 실천론은 보다 이론중심적이고, 실천기술론은 보다 기술중심적이라는 면에서 상호 구분된다. 사회복지실천의 내용 속에는 예전의 개별사회사업과 집단사회사업의 요소가 통합되어 있고, 지역사회조직은 별도로 지역사회복지라는 부분으로 독립되었다(엄명용 외, 2000).

사회복지실천이라는 용어는 협의의 사회복지 또는 사회사업의 의미를 담고 있다. 미국사회복지사협회(NASW)에서는 사회복지실천을 "개인이나 집단 또는 지역사회의 사회적 기능(social functioning)을 향상시키거나 회복하도록 원조하고, 이들의 목적에 부응하도록 사회적 상황을 조성하는 전문적 활동"이라고 정의하고 있다(Barker, 1995). 핀쿠스와 미나한(Pincus & Minahan)은 사회복지실천의 목적을 ① 사람들의 문제해결 및 대처능력 향상, ② 사람들을 자원, 서비스, 기회를 제공해 주는 체계와 연결, ③ 이러한 체계들을 효과적이고 인간적인 운용이 가능하도록 증진, ④ 사회정책의 개발과 발전에 기여 등으로 제시하고 있다(Pincus & Minahan, 1990).

사회복지실천은 전문적 활동임을 강조하지만, 사회복지사만의 독단적이고 일방적인 활동에 의해 이루어지는 것은 아니다. 사회복지실천은 어디까지나 클라이언트의 주도적인 역할을 전제로 하며, 전문가인 사회복지사는 클라이언트가 문제해결능력을 강화시킬 수 있도록 돕고, 목표달성을 위해 정확하게 나아갈 수 있도록 지도한다. 특히 사회복지사는 적절한 자원을 연결시켜 주는 역할을 수행하기 위해 그가 가진 전문지식과 기술들을 구사해야 한다.

결국 사회복지실천이란 개인이 일상생활에서 직면하게 되는 욕구나 문제를 개인, 집단, 가족 및 지역사회 수준의 접근방법을 통하여 사회적 기능을 적절히 수행할 수 있도록 돕는 전문적인 활동이라고 할 수 있다.

제2절 사회복지실천의 발전과정

사회복지실천방법은 전통적으로 개별사회사업(social case work), 집단사회사업(social group work), 지역사회조직(community organization), 지역사회개발(community development) 등으로 사용해 왔다. 그러던 것이 사회복지실천현장에서 이러한 방법론들이 상황에 따라 종합적으로 사용되어야 한다는 필요성에 따라 방법론의 통합이 이루어져 왔다. 이러한 세계적인 추세에 따라 우리나라 사회복지대학들은 교수에 따라 새로운 교과목으로 바꾸어 가르치기도 하고 종전의 전통을 고수하기도 하는 등 혼란기를 거쳤다. 이에 한국사회복지(사회사업)대학협의회는 1998년 사회복지학 교과목 지침서를 내면서 사회복지실천론, 사회복지실천기술론, 지역사회복지론으로 용어를 통일하였다.

1. 개별사회사업의 출현배경

1) 크리스천 사회주의 운동(Christian Socialist Movement)

영국의 역사에서 1700년대는 산업혁명기에 해당한다. 산업혁명은 신흥 산업자본주의를 발전시켰지만 그 결과로 빈부격차를 유발시켜 절대빈곤의 양산을 낳게 되었다. 이런 시대적 배경을 틈타 사회주의 운동이 확산되었고, 1848년 2월 런던에서 마르크스와 엥겔스의 『공산당선언』이 출판되었다. 이것은 혁명적인 방법으로 사회를 개혁해 보자는 움직임이었다. 이에 비해 크리스천들의 사회개량적인 사회참여운동이 전개되었다. 모리스(Frederick Denison Maurice, 1805~1872)의 『그리스도 왕국』(*The Kingdom of Christ*, 1838), 찰스 디킨스(Charles Dickens, 1812~1870)의 『올리버 트위스트』(Oliver Twist, 1938)[1]를 비롯한 안데르센(Hans Christian Andersen, 1805~1875)의 『성냥팔이 소녀』(The Litle Match Girl, 1845),[2] 킹슬리(Charles Kingsley, 1819~1875)의 『*Water-Babies*』(1863),[3] 휴즈(Thomas Hughes, 1822~1896)의 『톰 브라운의 학창시절』(*Tom Brown's Schooldays*, 1857), 교황 레오 13세의 회칙 『새로운 사태』(*Rerum Novarum*, 1891)[4] 등은 19세기 후반부터 20세기에 걸쳐 크리스천 사회주의 운동의 사상적 바탕을 제공한 책들이다.[5] 1848년 4월 10일 크리스천 사회주의 운동가들의 chartism 회의가 런던에서 개최되었다.

마르크스와 엥겔스는 혁명적인 방법으로 사회개혁을 꿈꾸었지만 크리스천 사회주의 운동가들은 그리스도의 이웃 사랑의 가르침이 현세의 인간생활 안에서 이루어져야 한다는 관점에서 가난한 사람들의 생활에 관심을 갖기 시작했다. 에드워드 데니슨, 사무엘 바네트와 헨리에타 바네트, 옥타비아 힐, 아놀드 토인비[6] 등이 대표적인 인물이다. 이들은 교육을 통해 노동자들의 사회적 환경을 개선하고자 하는 운동을 펼쳤다.

1) 1834년 시행된 신구빈법에 대한 항의가 주된 내용이다. 당시 workhouse를 무대로 산업혁명기의 노동자들의 비참한 삶을 고발하는 사회비평 소설이다.

2) 덴마크 작가 안데르센의 단편소설이다. 19세기 초・중반 급속한 산업화 물결 속에 공장에서 쫓겨난 어린 소녀가 한 끼의 식사를 얻기 위해 거리를 헤매던 산재노동자들의 아픔이 녹아있는 이야기이다.

3) Charles Kingsley, "The Water Babies": 주인공 톰은 19세기 영국 사회에서 흔히 볼 수 있었던 가난한 아이이다. 날마다 주인아저씨에게 매 맞고 배고파 우는 꼬마 굴뚝청소부였다. 이런 보통 아이가 우연히 '물의 아이'가 되어 갖가지 모험을 하며 어른이 되어 가는 과정을 그린 판타지 소설이다.

4) 교황 레오 13세의 이 문헌은 가톨릭교회의 사회교리에 있어 하나의 이정표로서 존중되고 있다. 19세기 말에, 이 문헌은 교회 안팎에서 대단한 반향을 불러일으켰다.

5) 프랑스에서도 이때 빅토르 위고(Victor Hugo, 1802~1885)의 레미제라블(Les Miserables, 1862)이 발표되어 센세이션을 일으켰다. 위고의 이 소설은 우리나라에서 '장발장'이란 제목으로 어린이용으로 출판되어 인기를 끌었다. 최근에는 뮤지컬로 나와 대단한 선풍을 일으키기도 했다. 이 소설은 당시 프랑스 노동자들의 비참한 생활상을 그린 것이다.

6) 여기서의 토인비는 우리가 잘 아는 역사학자 토인비가 아닌, 경제학자 토인비를 말한다. 산업혁명이라는 말이 보급되기는 1884년 경제학자 아놀드 토인비(A. Toynbee, 1852~1883)의 유고집(遺稿集) 『18세기 영국 산업혁명 강의』(1884)가 출판된 뒤부터이다.

2) 자선조직협회(C.O.S; the Charity Organization Society, 1869)

18~19세기의 크리스천 사회주의 운동을 배경으로 수많은 자선단체가 생겨났고 무차별적인 자선행위가 남발하였다. 이러한 현상에 대해 여론은 자선사업기관들의 구호활동이 대중들을 거지로 유인한다는 비판을 가하였다. 이에 교회와 자선조직들의 무질서한 구호를 개선하고 서비스의 효과적인 제공을 촉진하기 위해 솔리(Henry Solly)에 의해 1868년 민간자선사업과 공공자선사업활동을 조정할 수 있는 기구의 설치가 제안되었고, 차머스(Thomas Chalmers), 데니슨(Edward Denison),[7)] 힐(Octavia HIll),[8)] 로크(Charles S. Loch) 등의 사회사상가들에 의해 1869년에 런던자선조직협회가 창설되었다.

자선조직협회는 자선사업의 조직적 조정과 구제의 적정화를 목적으로 하여 스스로 자조의 노력을 하는 "구제할 만한 가치가 있는 빈민"(The Deserving)만을 대상으로 하여 자립(self-supporting)을 전제로 하는 자선활동을 전개하였다(石田紀久惠 외, 1977: 57).

영국의 자선조직협회는 독일의 엘버펠트 제도(Elberfeld System)의 방법을 적용했다. 이 제도는 자선조직운동의 시초가 되는 것으로 1852년 독일 엘버펠트시에서 조직한 것이며, 시를 여러 개의 작은 구역으로 분할해서 각 구역마다 생활보호위원회를 두고 위원회 밑에 감독관이 있어서 구역 내의 클라이언트를 직접 방문하면서 그들의 실태

7) 에드워드 데니슨(Edward Denison, 1840~1870): 데니슨(성공회 신부)은 1869년, 실업구제회에서 자원봉사활동을 한 경험을 통해 가난한 사람들에게 단순한 물질적 원조는 효과가 없음을 깨닫고 사회적으로 혜택을 받지 못하는 사람들이 교육을 받을 수 있도록 새로운 접근방법을 시도했다. 그래서 런던 동쪽 지역에 있는 빈민가(Stepney)로 이사를 했다. 그는 긴급구조 외에는 물질적 원조는 하지 않았고 빈민들의 개인적 문제를 들어주는 상담에 치중하였다.

8) 옥타비아 힐(Octavia Hill, 1838~1912): 사회주의자였던 힐은 자신의 직업인 주택관리사업을 하면서 전문적인 주택관리 기법을 도입하였다. 힐은 저소득층의 주택 개선 및 쇠락한 주택의 관리의 필요성을 인식하고 일생의 대부분을 이 분야에 헌신하였다. 힐은 오늘날 주택관리협회(SHM; the Society of Housing Management, 1948)의 전신인 여성주택사업가조합(AWHW; the Association Women Housing Workers, 1916)의 설립을 주도하였다. 힐은 이 조직을 보지는 못하고 죽었지만, 주택사업을 하면서 빈민가의 세입자들이 무책임하고, 술에 취해 있고, 무기력하며, 불결한 생활환경에 안주하고 있다는 사실을 알게 되었다. 그래서 힐은 주택관리를 하면서 세입자들의 생활 전반에 개입함으로써 자신의 주택관리사업을 사회사업의 형태로 발전시켰다(Asa Briggs, 한국복지연구회, 1987: 51-53).

를 조사한 자료를 토대로 적당한 구호를 하도록 절차를 밟는 방문구제의 방법이었다. 이것은 조사방법과 개별화의 방법으로 발전하였다(김덕준 · 지윤 외, 1970: 89).

3) 인보관(Settlement House, 1884)

사무엘 바네트(Samuel Barnett)[9]와 그의 부인 헨리에타 바네트(Henrietta Barnett)와 함께 COS 운동에 참여하였던 옥스퍼드와 캠브리지 대학생들은 1884년 런던 동쪽 변두리 지역 화이트차펠(Whitechapel)에 인보관(Settlement House)을 건립하였다. 이것은 대학 인보관으로서 세계 최초의 지역사회복지관이었다. 이들은 그들과 함께 COS 운동에 참여하였다가 서른 살의 젊은 나이로 요절한 동료 아놀드 토인비(Arnold Toynbee, 1852~1883)를 기념하여 이 인보관을 '토인비 홀'(Toynbee Hall)이라고 이름을 붙였다.

토인비 홀이 추구한 세 가지 목표는 빈민을 위한 교육과 문화적 발전을 도모하고, 대학생들과 도시 일반 주민들에게 빈민의 상황과 사회개혁의 절박성을 알려 주는 것, 그리고 사회문제, 보건문제, 그리고 사회입법에 관한 대중의 관심을 일깨우는 것 등에 두었다(Friedland & Apte, 1980: 33).

이 인보관을 미국의 제인 아담스(Jane Addams, 1860~1935)가 1888년에 방문하였다. 그는 미국으로 돌아가 버팔로(뉴욕 주)에 처음으로 C.O.S(the Charity Organization Society)를 설립하고, 엘렌 스타(Ellen Gates Starr)와 함께 1889년 시카고에 미국 최초의 인보관인 '헐 하우스'[10]를 열었다(Zastrow, 1982: 40). 인보관의 기본적인 목적은 교육받은 사람들이 빈민과 접촉하여 상호 이익을 가져오도록 하는 것이었다. 이러한 인보관 운동은 지역사회조직(community organization)의 기초를 형성하였다.

9) 사무엘 바네트(Samuel Augustus Barnett, 1844~1913): 바네트(성공회 신부)의 첫 부임지는 성 유다교회(St. Jude's Church)였다. 이 교회는 런던의 빈민가 화이트차펠(Whitechapel)에 있었다. 그의 부인 헨리에타 바네트(Henrietta Rowland Barnett)는 결혼 전에 옥타비아 힐과 함께 빈민들을 위한 활동을 한 경험의 소유자였다. 이들은 옥스퍼드와 캠브리지 대학의 대학생 자원봉사자들과 함께 빈민들을 방문하고 그들과 함께 생활했다.

10) http://www.hullhouse.org/aboutus/history.html/ 헐 하우스(Hull House)에 관한 더 자세한 정보는 홈페이지를 참조.

2. 개별사회사업의 성립

1) 우애방문단계(1870~1890)

C.O.S(the Charity Organization Society, 1869) 운동은 런던을 여러 구역으로 구분하여 각 자선단체를 통해 관리하였다. 이것은 남구(濫救)와 누구(漏救)의 방지를 위해서였다. 그들은 빈곤자의 의욕과 능력을 북돋우는 우애방문(Friendship Visit) 활동을 실천함으로써 빈민들의 문제점을 파악하고 적절한 구호를 행하고자 하는 빈민원조에 과학적 방법을 모색하였다. 그리고 구제활동의 구체적 효율성・효과성을 위해 자선사업기관들의 상호 연락과 조정을 도모하였다.

2) 기초확립기(1890~1920)

이 단계는 빈민들의 생활환경에 관심을 보인 사회학적 단계이다. 이 단계에서는 문제를 가진 사람의 환경을 중심으로 문제해결을 시도하였다. 이 단계에서의 대표적 인물이 메리 리치몬드(Mary Richmond)였다.

리치몬드(Mary Ellen Richmond, 1861~1928) 여사는 미국 케이스워크에 대한 최초의 체계적 이론가로 19세기 후반부터 전개된 자선조직협회운동에 참가하였다. 리치몬드는 『사회진단』(Social Diagnosis, 1917)[11]이라는 책을 출판하였는데, 이 책은 당시 사회사업가 양성교육에서 이론과 방법론을 가르치는 최초의 교재로 사용되었다. 이 교재의 내용은 클라이언트 개인에 대해서 상담을 통해 정보를 수집하고, 문제점을 진단하고, 문제점을 해결하기 위해 어떤 도움을 줄 것인가에 대한 치료계획을 세우는 데 초점이 맞추어져 있다(Zastrow, 1982: 41). 사회진단의 내용은 클라이언트와 그 가족에 대한 사회적 증거자료를 수집하고 객관적 분석을 통한 의도적 원조를 시도하는 것이다. 즉,

11) Richmond, E. M.(1917). *Social Diagnosis*, New York: Russell Sage Foundation.

클라이언트들의 문제를 환경 조정을 통해 해결하고자 하는 것이다. 따라서 환경변화라는 측면에서 볼 때 이것은 사회개량주의적 방법이라고 할 수 있다. 그 후에 리치몬드는 케이스워크에 관한 입문서이며 동시에 사회사업의 전문성에 관한 내용을 담은 『*What is Social Casework?*』(1922)라는 책도 출판하였다.

리치몬드는 자기가 지도하던 우애방문자(friendly visitor)들을 대상으로 1898년 뉴욕에서 6주간 워크숍 형태의 교육을 실시했다. 이것이 사회사업 전문교육의 시초였다. 그 후 1904년에는 8개월 과정으로 교육을 실시하였고, 1909년에는 2년 정규과정의 School of Social Work, New York로 발전하였다(Compton, 1980: 384). 이것이 오늘날 뉴욕 콜롬비아 대학교 School of Social Work의 전신이다.[12)]

3) 발전기(1920~1950)

이 단계는 문제를 가진 사람, 개인을 중심으로 접근하던 심리학적 단계이다. 즉, 어떤 환경적 요인이 개인에게 영향을 미쳤는가를 살피는 사회환경론적 입장에서의 접근 방법이었다. 제1차 세계대전 후 프로이트(Sigmund Freud)의 인간행동과 성격(personality) 이론이 사회사업에 도입되었다. 이로 인해 클라이언트의 환경에 관심을 갖던 입장에서 클라이언트의 성격(personality)의 적응능력 강화로 치료의 전환이 이루어졌다(Zastrow, 1982: 41).

정신분석학적 개념들이 클라이언트의 행동에 대한 정신역동적 설명을 제공하였다. 이로 인해 리치몬드의 사회 - 환경적(Social-Environmental) 관점에서 클라이언트들을 파악하려는 방법은 약화되고 반대로 프로이트학파의 이론과 기술이 도입되었다. 따라서 사회사업가는 클라이언트들의 이야기를 들어주는 사람으로서의 역할만이 주요한 방법이 되었다.

12) Columbia University School of Social Work is the nation's oldest and most innovative. Its roots trace to 1898, when the New York Charity Organization Society's summer course was announced in The New York Times. Tuition was $10. The story of the Columbia University School of Social Work is the story of the social work profession itself.

진단주의적 접근에 기초한 이론가로는 해밀턴(Gordon Hamilton)을 들 수 있다. 해밀턴은 문제를 가진 개인을 '상황 속의 인간'(person-in-the situation)으로 보았다. 따라서 클라이언트 문제의 근원을 정확히 파악하는 것이 중요하였다.

기능주의적 접근에 기초한 이론의 창시자는 오토 랭크(Otto Rank)이다. 제시 태프트(Jessi Taft), 아프테커(Herbert Aptekar), 스몰리(Smally) 등은 이 이론을 더욱 발전시켰다. 기능주의 이론은 클라이언트를 문제를 가진 개인으로 치료의 대상이라고 보지 않고, Worker와 함께 공동작업(working together)을 하는 전문적인 관계로 파악한다.

4) 통합기(1950년 이후)

이 시기에 와서 심리학적 · 정신분석학적으로 치우친 데 대한 반성이 나타났다. 개인에 집착하던 심리학적 관점에서 사회학적 관점을 접목시킨 심리사회학적 관점으로 발전하게 되었다. 대표적 이론가로 홀리스(Florence Hollis)는 심리사회적 치료방법(Psycho-social Treatment Approach)을 개발하였다. 동시에 진단주의와 기능주의의 통합을 시도하였다.

1950년대에는 사회사업실천의 과학적 기초를 제공하는 자아심리학, 사회과학, 가족개념 등이 도입되었다. 이로 인해 과거의 정신분석학적 사고에서 탈피, 정신 내적인 문제를 지나치게 강조한 Casework의 문제점을 반성하고 사회체계와 체계 상호 관계에 대한 연구를 강화하고, 인간과 환경 간의 상호작용을 보다 구체적으로 파악하는 데 도움을 주었다. 즉, 클라이언트들에 대한 개입과정에서 가족 · 이웃 · 지역사회의 중요성이 강조되었다.

1950년대 이후에는 사회사업에서 새로운 접근방법이 급격히 증가하였다. 1960년대와 1970년대에는 일반체계이론(general system theory)이 도입되었고, 1971년에는 미국에서 전국임상사회사업연맹이 설립되면서 임상사회사업 분야로의 새로운 변화가 이루어지기도 했다(김기태 외, 2002: 71). NASW는 1987년에 와서 임상사회사업(Practice of Clinical Social Work)을 새로운 전문적 방법으로 인정하였다. 1980년대에 와서는 다양한 인접학문의 기술이 도입되었다.

3. 집단사회사업

집단사회사업은 급격한 산업화가 개인의 교육적 욕구와 사회화의 욕구에 미친 영향에 대한 관심을 반영한 것이었다. 이것은 만족스러운 사회적 배출구를 필요로 하는 개인에게 집단경험을 제공하고자 한 것으로 노동조합운동, Boy Scout, YMCA, YWCA 등을 통해 발전했다. 결국 이것은 Settlement Movement를 통해 사회복지에 도입된 것으로 이 당시의 사회문제는 빈부격차, 도시·농촌 간의 격차, 급격한 도시화로 인한 주택문제, 빈민가 문제, 범죄·비행의 증가, 여자·아동의 노동문제 등이었다.

1) 정의

빈터(Vinter, 1974)는 "집단사회사업은 내담자 사이에서 바람직한 변화를 유도해 내기 위하여 소규모의 대면집단 내에서 그리고 이 집단을 통하여 개인에게 서비스를 제공하는 실천방법"이라고 정의했다. 기세라 노프카(Gisela Knopka, 1983)는 집단사회사업을 "의도적인 집단 경험을 통해 개인의 사회적 기능을 향상시키고, 개인·집단·지역사회의 당면문제에 대해 보다 효과적으로 대처해 나갈 수 있도록 돕는 것"이라 했다(신성자 외, 2000: 131). 결국 집단사회사업은 "집단성원들이 역동적인 상호작용을 통해 서로 간의 사고방식이나 행동양식, 기타 자기인식이나 생활관까지 변화시킬 수 있도록 돕는 과정"이라고 할 수 있다.

2) 발전과정

YMCA(1844), YWCA(1855)는 초창기 도시의 노동청년들을 대상으로 하는 개신교 신앙운동으로 시작되었다. 그들은 클럽활동을 통해 기술을 지도하는 등 청소년들로 하여금 좌절과 갈등에서 벗어나 심신을 건전하게 성장·발전시키고자 했다. 이러한 운동방식을 사회사업에 도입하여 발전시킨 것이 집단사회사업방법론이다.

4. 지역사회(조직)복지사업

지역사회조직(community organization)이란 “개인 · 집단 · 이웃 등의 사회적 안녕을 목표로 하는 지역사회 단위의 활동”을 말한다. 지역사회복지란 “인간관계나 사회제도에 바람직한 변화를 가져오고자 하는 목적으로 수행하는 사회사업의 한 과정”이다.

1) 관련 용어의 정의

지역개발사업은 일정한 지역사회의 주민들이 공동의 노력을 통하여 그들의 공통적 문제와 욕구를 해결하거나 또는 충족시킴으로써 지역사회의 발전과 주민생활의 향상을 도모하고, 나아가서는 국가발전에 기여하는 과정을 말한다. 지역사회조직은 특정 지역 내에서 여러 다른 기관 간에 효과적인 조정과 사회정책의 공동계획을 수행하는 과정이다. 지역사회복지는 지역주민이 직면하고 있는 문제와 욕구를 그 지역사회 자체가 조직적으로 해결해 나갈 수 있도록 일정한 과정을 통해서 지역사회복지사(social worker)가 가진 지식과 자원을 활용하여 돕는 기술을 말한다.

2) 지역사회(Community)

로스(Murray G. Ross)는 지리적 지역사회란 외형적 · 지리적 · 영토적 경계선으로 한정하여 이해하였다. 그러나 오늘날에는 지리적 경계로서 구분짓는 것은 별 의미가 없고 오히려 교통의 편의성 등으로 구분지어야 할 것이다. 따라서 동일한 관심을 가진 “지역사회는 사회적 · 문화적 동질성과 동일성을 가진 공동체”로 이해하는 것이 타당하다.

5. 사례관리의 등장

1) 사례관리의 개념

사례관리(case management)란 복잡하고 다양한 문제나 욕구를 가진 클라이언트로 하여금 포괄적이고 체계적이며 지속적인 서비스를 제공하는 사회복지사업의 한 방법이다. 이렇게 함으로써 개별적인 기관이나 전문가 등 지역사회 내의 서비스 제공자들을 일일이 찾아다니지 아니하고, 필요한 서비스를 보다 용이하고 효과적으로 받아들일 수 있는 사회복지사업에 있어서의 소위, One Stop Service라 할 수 있다.

2) 사례관리의 기원

사례관리기법은 1970년대 후반부터 도입되기 시작했다. 1976년 '사회사업 개념 틀'에 관한 제1차 회의에서 로버트 모리스(Robert Morris)가 사례관리의 개념을 최초로 언급했다. 그 후 1979년 제2차 회의에서 8개 분야 중 3개 분야, 즉 세갈과 바우몰(Steve Segal & Jim Baumohl)은 지역사회 정신보건 분야에서, 앤 하르트만(Ann Hartman)은 사회사업과 가족과의 관련(아동복지)에서, 아브라함 몽크(Abraham Monk)는 노인복지 분야에서 사례관리가 필수적이라고 주장하였다. 1987년에는 NASW가 발행하는 『*Encyclopedia of Social Work*(18th ed.)』에서 사례관리기법을 새로운 항목으로 도입하였다.

3) 사례관리의 등장배경

사례관리는 서구에서 탈시설화로 인한 지역사회 내의 서비스 조정의 필요성과 복지비용의 절감 요구에 대한 대응 및 전통적인 사회사업방법(개별사회사업, 집단사회사업 등)으로는 복합적인 욕구와 문제를 지닌 클라이언트에 대해 효과적으로 대처하기 어려울 뿐만 아니라, 서비스 제공의 지속성을 유지하기 어려운 현실에서 1970년대 중반 이후 미국에서 발전되기 시작했다(이근홍, 1996).

4) 사례관리의 필요성

대인복지서비스 영역에서 사례관리방법이 필요하게 된 이유에 대해서 목슬리(Moxley)는 다음과 같이 6가지로 들고 있다. ① 탈시설화의 영향, ② 서비스 전달의 지방분권화, ③ 복합적인 욕구를 가지는 인구의 증가, ④ 기존 서비스의 단편성, ⑤ 사회적 자원체계와 지원망의 중요성에 대한 인식 증가, ⑥ 대인복지서비스 비용효과에 대한 인식 증가 등으로 설명하였다(김만두, 1993; Moxley, 1989).

사례관리는 장애인과 노인 등과 같이 장기보호가 필요한 대상에게 효과가 있으며, 대인서비스의 여러 분야에 걸쳐 다양한 서비스가 필요한 대상자들에게 효과적으로 서비스를 전달하는 주요 실천방법으로 인정받고 있다. 특히 가정에서 생활하는 대상자의 보호, 정신보건, 직업재활, 노인서비스 등의 분야에 널리 이용되고 있다(김만두, 1993; Moxley, 1989).

5) 우리나라의 현실

우리나라도 시설보호의 문제점과 재가복지에 대한 정부의 관심이 증가하면서 1990년대 이후 재가복지봉사센터를 전국적으로 설치하여 장애인, 노인, 저소득 가정을 위한 지역사회의 사례관리서비스를 제공하고 있다. 또한 동사무소의 사회복지 전담공무원이나 지역사회복지관, 정신보건센터에서도 사례관리 프로그램을 활발하게 도입하고 있다. 우리나라 「사회복지사업법」은 보호대상자별 보호계획의 수립(「사회복지사업법」 제33조의5)에 관한 규정을 두어 사례관리기법을 도입하였다.

제3절 사회복지실천의 영역

사회복지실천의 내용들은 클라이언트체계의 크기에 따라 미시수준(micro level), 중간수준(mezzo level), 거시수준(macro level)으로 구분해 볼 수 있다. 거시수준에서의 방법으로는 사회복지정책, 사회복지법제, 사회복지 공행정 분야 등이다. 중간수준의 방법으로는 지역사회복지, 법인·시설 등의 사회복지행정 등이다. 미시수준은 사회복지실천이론, 사회복지실천기술 등이다. 사회복지조사는 모든 차원의 사회복지실천현장에서 활용될 수 있다.

사회복지실천현장에서 클라이언트의 문제와 욕구를 정확하게 파악하는 데는 사회복지실천이론과 실천기술 등의 지식과 기술이 일차적으로 필요하겠지만, 클라이언트에게 적절한 도움을 주기 위해서는 사회복지실천이론과 실천기술 등의 지식·기술과 함께 인간행위와 사회환경, 사회복지조사, 사회복지행정, 사회복지법제의 지식들이 동시에 필요하다. 이 절에서는 사회복지실천의 영역을 개별실천, 집단실천, 가족치료, 사례관리로 구분하여 살펴보겠다.

1. 개별실천

개별실천은 개인적 또는 사회적 문제에 직면해 있는 개인을 일대일로 만나 문제해결을 원조하는 활동으로서, 클라이언트로 하여금 주변 환경에 적응하도록 도움을 제공하거나 개인에게 영향을 미치는 사회·경제적 결핍 상태를 완화시켜 주기 위한 활동이다. 우리나라에서는 읍·면·동사무소의 사회복지전문요원, 사회복지관의 사회복지사, 병원의 의료사회사업가, 정신병원이나 정신장애인 사회복귀시설의 정신보건사회복지사, 각종 사회복지단체 및 시설에서 근무하는 사회복지사들이 클라이언트에게 직접 서비스를 제공하는 형태로 이러한 개별실천이 실시되고 있다. 개별실천활동은 예를 들어, 기초생활보장업무, 저소득층의 자활과 관계된 업무, 재가복지업무, 독거노인과의 상담, 미혼모상담, 입양상담, 아동을 위한 위탁가정사업, 환자들의 의료비 문제 및 퇴원 후 생활에 대한 상담, 학교의 부적응 학생에 대한 상담, 지역사회정신건강센터에서 정신장애인들과의 상담 등을 들 수 있다.

2. 집단실천

집단실천은 집단사회사업과 집단치료로 구분해 볼 수 있다. 집단사회사업은 개인의 사회화 촉진, 정보교환, 문제대처방법의 교환, 비행 예방, 잘못된 행동·가치 등의 교정을 위해 실시된다. 집단사회사업의 내용 및 초점은 집단의 목적에 따라 다양하지만 일반적으로 미술, 춤, 게임, 음악, 간단한 운동, 정보교환, 다양한 주제에 대한 토론 및 여가활동 등으로 구성된다. 이러한 것들이 큰 범위에서 치료적 요소를 갖고 있기는 하지만, 집단치료나 개별실천에 비해 치료에 주요 목적이 있는 것은 아니다(Zastrow, 1999).

집단치료는 집단구성원 간의 상호작용 과정이나 집단 내의 역동성을 활용해 개인이 갖고 있는 문제의 해결 또는 경감을 위한 활동을 말한다. 집단치료의 참여자들은 대개 정서적인 문제, 행동상의 문제, 또는 대인관계상의 문제들을 갖고 있는 사람들이다. 이들은 대개 비슷한 문제들을 갖고 집단에 참여하며, 집단 내에서의 상호작용 가운데 상대방에게 도움을 주기도 하고 받기도 하면서 문제를 해결해 나간다. 집단치료는 주로 우울증 환자, 알코올 및 약물중독자, 심한 정신적 충격을 받은 사람 등을 대상으로 실시될 수 있다.

3. 가족치료

가족치료는 가족구성원들 간의 관계나 가족구성원 중 한 사람의 행동 또는 정서·심리상의 문제에 개입하여 문제를 해결 또는 경감시키기 위한 과정이다. 가족치료 모델들은 일반체계이론의 영향을 받아 가족을 하나의 역동적인 체계로 간주한다. 따라서 가족구성원 개인이 나타내는 문제의 원인을 개인적 요인에서 찾는 것이 아니라 가족구성원들 간의 상호작용 패턴, 즉 관계양상에서 찾고자 한다. 문제의 해결도 개인적 변화에 초점을 두기보다는 가족구성원들끼리 상호작용하는 방식의 변화에 초점을 둔다. 가족치료는 주로 부부갈등, 부모 - 자녀 간 문제, 아동문제, 다세대 간의 갈등 등을 해결하기 위해 사용된다.

4. 가족사례관리

가족사례관리는 복합적인 문제를 가지고 있는 클라이언트로 하여금 적절한 원조를 받을 수 있도록 서비스망 내에서 조정하고 협력하는 과정을 말한다. 가족사례관리는 클라이언트들로 하여금 그들이 필요로 하는 서비스를 빠짐없이, 중복 없이, 가장 시급한 서비스부터 차례로, 지지적 · 효과적 · 효율적인 방법으로 제공받도록 보장하기 위한 서비스망 내에서의 논리적 절차인 동시에 다양한 서비스 제공기관 간의 상호작용의 과정이다(Weil et al., 1985).

가족사례관리 실천방법의 핵심적 기능은 가족사례관리자가 지역사회 내 복지기관, 시설, 단체 및 비공식 복지지원체계 등의 단편화된 서비스 목록을 작성하고, 클라이언트를 대신하여 그 기관의 서비스 제공을 요청 · 조정하며, 전체적인 서비스의 지속적 제공 여부를 총 점검하는 책임서비스의 구현이다. 가족사례관리자는 갖가지 제약으로 인해 서비스 접근에 어려움을 겪고 있는 클라이언트가 다양한 서비스 체계와 협상하는 것을 도와줌으로써 클라이언트의 서비스 접근가능성을 향상시킨다. 또한 제공되는 서비스가 클라이언트의 욕구에 적합하고 적절한 방법으로 제공될 수 있도록 점검한다.

제4절 사회복지사와 클라이언트의 관계

사회복지실천에서 사회복지사와 클라이언트의 관계는 사회복지사와 클라이언트 간의 감정이나 태도의 역동적 상호작용을 말하며, 궁극적 목적은 클라이언트가 자신과 사회환경 간에 보다 효율적인 적응을 하도록 도와주는 데 있다. 이와 같이 사회복지실천관계는 클라이언트와 사회복지사 간의 정서적 교감을 기초로 이루어지는 관계로서, 전문성, 의도적인 목적성, 시간제한성, 권위성 등의 특징이 포함되기 때문에 일반적인 인간관계와는 차이가 있다. 따라서 기본적인 인간욕구와 문제를 원활히 해결하기 위한 7대 원칙을 비스테크(Biestek)는 다음의 순으로 제시하고 있다(Biestek, 1954).

1. 의도적인 감정표현(Purposeful Expression of Feelings)

클라이언트가 자신의 감정, 특히 부정적인 감정을 자유로이 표현하고자 하는 욕구를 가지고 있다는 사실을 인식하고 이를 존중하며, 그런 감정을 자유로이 표현할 수 있도록 해야 한다. 따라서 사회복지사는 이러한 감정표현을 경청해야 한다. 이를 방해하거나 비난하지 말아야 한다.

의도적인 감정표현은 사회복지사가 클라이언트를 치료하는 데 있어서 클라이언트를 압력이나 긴장에서 완화시켜 주고, 클라이언트의 문제나 그 사람 자체를 이해하는 데 도움이 되며, 문제에 대한 처리방법과 대책을 강구할 수 있게 함은 물론 그러한 감정표현을 경청하는 것만으로도 심리사회적 지지가 되기 때문에 사회복지사와 클라이언트의 관계를 더욱 돈독하게 하는 이점이 있다. 그러므로 치료상 필요하다고 판단될 때는 클라이언트가 자신의 감정을 적절히 표현할 수 있도록 적극적으로 격려하고 자극할 필요가 있다.

2. 통제된 정서적 관여(Controlled Emotional Involvement)

이것은 클라이언트에 대한 적절한 공감기술이라 할 수 있다. 사회복지사가 클라이언트의 감정에 민감하게 대처하고, 그 감정의 의미를 이해하며, 클라이언트의 감정에 의도적인 목적을 가지고 적절히 반응하는 것을 말한다. 사회복지 원조과정은 주로 정서적인 면에 관계되어 있기 때문에 사회복지사는 클라이언트에게 호응하기 위해 정서적으로 관여하게 된다. 그러나 이때 클라이언트의 감정 흐름에 휩쓸려서는 곤란하며, 그 사례의 전체적인 목적과 클라이언트의 욕구 변화, 그리고 사회복지사의 진단적 사고에 따라 방향을 설정하고 그에 맞춰 적절히 통제된 정서적 관여를 해야 한다.

이를 위해 사회복지사는 클라이언트가 나타내는 언어적·비언어적인 모든 차원에서 그 사람의 감정을 파악할 수 있는 민감성과, 클라이언트 및 그의 문제와 관련된 감정의 의미를 이해하는 능력, 그리고 클라이언트의 감정에 대해 적절하고 개별화된 반응을 할 수 있어야 한다.

3. 수용(Acceptance)

사회복지사가 클라이언트의 장점과 약점, 바람직한 성격과 그렇지 못한 성격, 긍정적인 감정과 부정적인 감정, 건설적인 행동과 태도 및 파괴적인 행동과 태도 등 그 사람의 있는 그대로를 이해하고 다루어 나가는 하나의 행동상의 원칙을 말한다. 수용은 클라이언트의 잘못된 태도나 행동을 옳은 것으로 시인하는 것이 아니라 하나의 실체로서 있는 그대로의 클라이언트 현실을 받아들이는 것이다. 수용의 대상은 '선한 것'이 아니라 있는 그대로의 '참된 것'이다.

적절한 수용은 클라이언트에게 안도감을 줌으로써 불필요하고 바람직하지 못한 방어를 하지 않도록 하여 치료의 효과를 증진시킨다. 사회복지사가 인간행동에 관한 충분한 지식을 가지고 있지 못하거나 편견 및 선입관에 사로잡혀 있을 때, 또 클라이언트를 존중하는 마음이 없을 때 반응적인 수용은 이루어질 수 없다. 따라서 클라이언트에 대한 관심과 따뜻한 마음, 정중한 태도, 경청하는 자세 등을 가지고 중립성을 유지하려는 의지가 요구된다.

4. 개별화(Individualization)

클라이언트 개개인의 독특한 자질을 알고 이해하는 일이며, 보다 나은 적응을 할 수 있도록 개개인을 도와줌에 있어서 각 클라이언트가 처해 있는 상황에 따라 상이한 원리나 방법을 활용하는 것이다. 개별화는 인간은 개별적인 존재이며 한 사람의 불특정한 인간으로서가 아니라 다른 사람들과 똑같지 않은 그 나름대로의 차이를 지닌 특정한 인간으로서 처우되어야 한다는 것을 중요한 원칙으로 하고 있다.

개별화를 위해서 사회복지사는 편견이나 선입관에서 벗어나야 하며, 인간행동에 관한 지식에 정통해야 한다. 또한 클라이언트가 하는 말을 귀담아 듣고 관찰할 수 있는 능력을 지녀야 하고, 인간의 감정을 꿰뚫어 볼 수 있는 직관력이 필요하다.

5. 비심판적 태도(Non-judgement Attitude)

클라이언트의 문제나 욕구 발생의 원인에 대해 클라이언트 자신이 책임이 있는가 없는가, 있다면 어느 정도인가 등을 지나치게 단정적으로 표현해서는 안 된다는 것이다. 왜냐하면 도움을 구하러 오는 클라이언트들은 대부분 심판을 받지나 않을까 하는 두려움을 가지고 있는 경우가 많기 때문에 비판에 극도로 민감하기 때문이다. 이처럼 민감한 상태에 있을 경우 대부분의 클라이언트들은 자기방어적인 태도를 취하는 수가 많다. 비판을 받을 위험을 느끼지 않을 때 클라이언트는 사회복지사에게 신뢰감과 자존심을 갖고 자기 자신을 있는 그대로 표현할 수 있으며, 진정한 자신의 욕구와 문제를 자유로이 토의할 수 있다.

6. 클라이언트의 자기결정(Client Self-determination)

사회복지실천과정에서 클라이언트는 스스로 선택하고 결정을 내릴 수 있는 자유로운 권리와 욕구를 가지고 있다는 점을 인식하는 것을 말한다. 이 원칙에 따르면, 사회복지사의 임무는 클라이언트가 가진 문제를 직접 해결해 주는 것이 아니라, 클라이언트가 지역사회 및 자신의 인성에서 활용 가능한 자원을 발견·활용할 수 있도록 도와주는 것이다. 이렇게 함으로써 자기가 나아갈 방향을 자기 스스로 결정하려는 클라이언트의 권리와 욕구를 존중하며, 이를 위해 클라이언트의 잠재력을 자극하고 활동하게 할 수 있도록 도와준다. 그러나 이 원리는 클라이언트의 능력, 법률, 도덕의 테두리, 또는 사회복지기관의 활동범위 등에 따라 제한을 받게 된다.

7. 비밀보장(Confidentiality)

비밀보장은 클라이언트의 기본적인 요구이므로 사회복지사는 자신을 믿고 도움을 구하는 클라이언트의 비밀을 지켜 줄 법적·윤리적 의무가 있다. 만일 비밀보장에 대한 믿음이 없다면 사회복지사와 클라이언트 사이에 신뢰관계가 형성될 수 없으며, 또한 효과적인 결과를 기대할 수도 없다. 이와 같은 클라이언트의 권리는 절대적인 것만은 아니다. 예컨대, 사례에 따라 Team Work을 수행할 경우나 사례에 대한 Supervision을 받을 경우에는 비밀보장의 의무를 어긴 것으로 보지 않는다. 다만, 비밀보장의 의무가 Team worker 또는 Supervisor에까지 확대·적용되는 것이다.

제5절 사회복지실천의 면접

1. 면접의 의미와 목적

면접(interview)이란 사람과 사람 간에 언어나 표정 또는 동작 등을 매개로 하여 이야기를 주고받는 행동으로서, 상호 간의 커뮤니케이션이 목적이다. 사회복지실천에서 원조나 개입전략들이 면접을 통해서 이루어지기 때문에 면접은 기본적인 수단이며 기법이 된다.

면접은 특정한 목표를 달성하기 위해 수행된다는 점에서 목표지향적이다. 사회복지실천에서 면접은 클라이언트에 대한 정보를 얻기 위한 목적에서 행해지거나 클라이언트가 문제를 해결하는 데 도움을 주기 위해 행해진다. 따라서 면접의 목적은 클라이언트가 안고 있는 욕구나 문제를 정확하게 파악하고, 문제 상황에 있는 사람과 그 상황을 이해함으로써 문제를 효과적으로 해결하는 데 있다.

2. 면접의 방법

면접의 방법은 사회복지사와 클라이언트 간의 부드럽고 자연스러운 상호 간 교류를 의미한다. 특히 면접방법은 많은 실제적 경험을 통해 습득된다. 따라서 면접자는 면접의 여러 가지 민감한 문제들에 접근하기 위해서 이론적 지식과 경험적 기술을 충분히 활용해야 한다. 이와 관련하여 면접의 방법을 몇 가지 제시하면 다음과 같다(장인협, 1981).

1) 관찰

관찰은 선입관을 버리고 실제 상황을 있는 그대로 보는 것이다. 면접자는 클라이언트가 언급하지 않은 부분에도 주목해야 한다. 예컨대 신체적인 긴장, 얼굴의 홍조, 흥분 또는 낙담하는 태도 등에 대해 세심히 관찰해야 한다.

2) 경청

경청은 면접의 기본적인 활동 중의 하나이다. 면접자는 클라이언트의 이야기를 충분히 경청하여 적절한 의견이나 질문을 함으로써 상대방의 본질적인 요점을 파악했다는 것을 나타내야 한다.

3) 질문

질문은 면접의 중심이 되는 기술이다. 면접자는 몇 마디의 질문으로 클라이언트에게 많은 이야기를 하도록 해야 한다. 특히 클라이언트의 보조에 맞춰서 질문을 해야 하고, 우회적이며 도움을 주기 위한 질문을 해야 한다.

4) 대화

대화는 상대방이 이해할 수 있는 언어로써 이루어져야 한다. 면접자는 클라이언트와 이야기할 때 그들이 사용하는 용어를 적절히 넣어서 대화내용이 이해가되도록 전개하는 것이 매우 중요하다.

5) 응답

응답은 상대방의 공적·사적 질문에 대한 대답이다. 면접자가 클라이언트로부터 난처한 사적 질문을 받을 때가 많은데, 이러한 질문에 대해 당황하지 말고 간단히 정직한 응답을 하는 것이 바람직하다.

6) 통솔

통솔은 면접자가 클라이언트로 하여금 의식적으로 자기 감정을 표현하도록 하는 데 사용한다. 면접자는 클라이언트의 이야기를 시종 경청하면서 표면에 나타나지 않게 면접을 지도하며 통솔해 나가야 한다.

7) 해석

해석은 면접자가 클라이언트의 현존 사태에 대해 이해하도록 인식시키는 데 있다. 면접자는 클라이언트가 직면한 문제상황에 대해 해석을 내리는 것이 중요하다. 이러한 해석은 클라이언트 자신에게 통찰력을 갖도록 해야 한다.

이 외에 면접장소를 조용하고 아늑하며 자유로운 분위기로 마련하고, 면접시간도 사전에 약속을 해두어야 하며, 면접 횟수도 주 1회 1시간 이내가 가장 적당하므로 이러한 구조적 준비도 고려해야 한다.

제6절 사회복지실천의 과정

사회복지실천의 과정은 제한된 시간에 계획된 과정을 통해 클라이언트에게 변화를 야기하기 위한 문제해결과정이다. 문제해결과정은 학자에 따라 다양한 단계로 나뉜다. 일반적으로 사회복지사의 전문 원조과정은 ① 초기단계(탐색과 사정, 계획), ② 중간단계(실행과 목적달성), ③ 종결단계(종결과 평가)라는 세 단계로 이루어진다. 단계에 따라 사회복지사의 활동과 기술이 분명하게 구분되는 것은 아니지만, 빈도와 강도에서는 차이가 있을 수 있다.

〈표 8-1〉은 원조과정의 세 단계와 각 단계의 활동과 과정이다(Hepworth, Rooney, & Larsen, 1997; 김상균 외, 2001 재인용).

〈표 8-1〉 원조과정의 단계와 단계에 따른 활동과 과정

단계	활동과 과정
초기단계: 탐색, 사정, 계획	• 클라이언트와의 라포(rapport, 친밀감) 형성 • 클라이언트가 있는 곳에서 시작 • 클라이언트의 문제와 생태학적 맥락에 대한 탐색 • 클라이언트의 정서에 대한 반응 • 문제가 기관의 기능에 부합하는지 결정 • 필요한 경우 의뢰 • 클라이언트의 기대에 대한 탐색 • 부족한 동기의 증진 • 다차원적 사정 • 목적 협의와 목적의 우선순위 설정 • 역할 정의 • 계약
중간단계: 실행, 목적달성	• 목적을 세부 목적과 과제로 세분화 • 개입의 선택과 실행 • 과제 실행에 대한 계획 • 자기효능감의 증진 • 회기 내 초점 유지 • 회기 간 연속성 유지 • 진보에 대한 모니터링 • 변화에 대한 장애 해소 • 변화 촉진을 위한 자기노출과 주장
종결단계: 종결, 평가	• 종결 준비 정도에 대한 평가 • 종결에 대한 상호 계획 • 관계의 긍정적 종결 • 변화와 지속적인 성장을 유지하기 위한 전략 계획 • 결과 평가 • 사후관리 평가

1. 초기단계(탐색과 사정, 계획)

실천과정의 초기단계에서 무엇보다 중요한 것은 관계 혹은 라포(rapport)를 형성하는 것이다. 관계가 형성되어야 클라이언트는 사회복지사의 선의와 원조의사를 신뢰하고, 개인적 혹은 고통스러운 감정과 정보를 노출할 수 있게 된다. 이러한 전문관계는 원조의 효과에 중대한 영향을 미친다.

초기단계에서 사회복지사는 문제에 대해 탐색하고 사정하며 실행을 계획한다. 먼저 접수(intake)단계에서는 도움을 구하려는 사람의 욕구가 기관의 목적과 서비스 내용에 적합한지를 판단한다. 다음으로 사정(assessment)은 클라이언트의 문제와 환경요인들에 대해 다차원적으로 이루어지며, 특히 클라이언트의 강점과 강화하거나 개발해야 할 환경체계를 규명하는 것이 중요하다. 환경체계는 가족, 친척, 친구, 이웃, 직장 동료, 동년배 집단, 아동보육체계, 의료체계, 고용체계 등의 사회적 환경과 거주지와 같은 물리적 환경을 포함한다.

계획단계에서 사회복지사는 클라이언트와 함께 문제에 대해 우선순위를 결정하고, 이에 근거하여 문제해결을 위한 목표설정을 하게 된다. 목표는 클라이언트의 능력을 고려하여 현실적이고 구체적인 것이 되어야 한다.

2. 중간단계(실행과 목적달성)

중간단계에서는 계획을 실행하고 목적을 달성하기 위한 활동을 수행한다. 이 과정에서 명심해야 할 것은 문제해결을 위해 요구되는 과업의 상당 부분이 클라이언트의 몫이라는 사실이다. 그러므로 클라이언트의 능력으로 충분히 수행할 수 있을 만한 과업에 대해서는 클라이언트 스스로 책임지도록 해야 하며, 그 능력을 넘어서는 과업에 대해서는 사회복지사가 도움을 줄 수 있다. 이것은 클라이언트가 무엇이든 사회복지사가 해결해 주리라고 믿는 의존심을 갖게 되는 것을 방지하고, 또한 과업의 성취를 통해 클라이언트의 개인적 성장을 도모할 수 있기 때문이다.

사회복지사는 클라이언트가 활동하도록 하기 위해서 개입과정을 통해 클라이언트를 지도・자극・지지하며, 문제해결을 위한 클라이언트의 노력에 대해 정기적으로 피드백을 제공한다. 또한 진행과정과 결과를 정기적으로 모니터하고, 진보에 방해가 되는 장애를 해소하기 위한 작업에 주력하며, 목표나 방법 등이 적절하지 못하다고 판단될 경우에는 이를 수정할 수 있다(박경일, 2003).

3. 종결단계(종결과 평가)

종결은 원조관계의 해체를 위한 체계적 절차를 말한다. 종결이 어떤 이유에서 이루어져야 하는지, 또는 계획된 것인지 계획되지 않은 것인지에 따라 클라이언트와 사회복지사의 종결 반응은 달라지게 되므로 상호 계획된 종결을 하는 것이 중요하다. 클라이언트는 종결에 대한 다양한 반응을 보일 수 있는데, 억압된 감정의 행동화(acting out), 문제의 재발 혹은 새로운 문제의 제기, 부인(denial), 회피(avoidance), 배신감 등을 포함한다.

사회복지사는 종결과 관련하여 클라이언트가 어떤 감정을 가지고, 어떤 반응을 나타내고 있는지를 주의 깊게 파악하여, 클라이언트로 하여금 이러한 감정들을 표현하고 처리할 수 있도록 돕는다. 또 종결에 대한 사회복지사 자신의 감정에 대해서도 검토해 보는 것이 중요하다. 또한 실천과정에서 변화와 성장을 유지하기 위한 전략을 계획하고 결과에 대해 평가하며 필요한 경우 사후관리 기회를 갖는다.

09

사회복지실천기술

Introduction to Social Welfare | chapter 09

사회복지실천기술

제1절 사회복지실천기술의 이해

1. 사회복지실천기술의 개념

사회복지현장에서 개인이나 집단, 가족, 조직, 지역사회와 함께 일하는 사회복지사는 개입 목적을 달성하기 위해 사회복지 전문가로서의 기본적인 역할을 이해하고 기본 지식과 기술을 갖추는 것이 필요하다. 그리하여 주어진 상황에 알맞은 다양한 개입 역할을 선택하고, 각각의 역할수행에 필요한 전문지식과 기술을 적용할 수 있어야 한다.

일반적인 기술(skill)의 의미는 솜씨나 지식, 재능, 성격 또는 자원을 능숙하게 활용하는 것이다. 바커(Barker, 1991)는 사회복지사의 기술을 대화나 클라이언트의 문제, 욕구, 능력 등에 대한 사정, 자원개발과 사회구조를 변화시키는 데 있어서의 숙련성이라고 정의하고 있다. 즉, 사회복지실천기술은 사회복지의 지식과 가치를 가지고 이들을 행동으로 전환시켜 주는 실천적 요소를 말하는데, 여기서의 행동이란 클라이언트의 관심사와 욕구에 대처하는 것을 말한다(Johnson & Yanca, 2001: 52).

2. 사회복지실천기술의 중요성

사회복지사가 지녀야 할 많은 전문적 요소를 구분하면 세 가지로 요약할 수 있다.

첫째는 가치(values)이다. 이것은 사회 내에서의 일반적인 문화적 · 사회적 가치뿐만 아니라 클라이언트와 사회복지사 및 전문직에 대한 가치 모두가 해당된다. 우리가 흔히 이야기하는 일종의 복지철학 혹은 복지 마인드를 말한다.

둘째는 지식(knowledge)이다. 사회복지는 개인 · 가족 · 집단 · 지역사회의 욕구와 문제점을 파악하여 이를 적절히 돕는 과정이다. 이때 도움을 주는 입장에서가 아니라 도움을 받는 사람의 입장에서 도와야 하는 것이 원칙이다. 따라서 사회복지사는 도움을 필요로 하는 노인 · 장애인 등 사회적 약자들을 잘 이해할 수 있는 전문적인 지식이 필요하다. 이러한 지식은 심리학이나 사회학을 비롯한 인접학문의 다양한 지식을 응용하여 사회복지학의 고유한 영역의 이론으로 정립한 지식들이다.

셋째는 기술(skill)이다. 기술은 문제해결을 위한 업무수행에 있어 지식을 효과적으로 손쉽게 사용하는 능력이며, 기법의 숙련성으로 이해할 수 있다. 즉, 사회복지실천기술은 가치와 지식을 기반으로 클라이언트의 욕구를 충족시켜 주기 위한 구체적 실행기술을 말하는 것으로 사회복지실천의 꽃이라 할 수 있을 것이다.

인간에게 직접 봉사하는 전문직이라면 인간존중정신이라는 확실한 가치관과 대상인간을 올바로 이해할 수 있는 지식과 도움을 위한 구체적 기술이 필요한 직업을 말한다. 전통적인 관점에서 직업 중 사업(business)이라 하면 이익창출이 목적이지만, 전문직(profession)은 봉사가 일차적인 목적이어야 한다. 전통적인 전문직이라 하면 종교의 직에 종사하는 성직자, 인간성숙에 봉사하는 교육자, 정의를 구현하는 법률가를 전문직 또는 성직(聖職)이라 했다. 이런 직업에는 실수가 용납되지 않는다. 따라서 오랜 교육기간과 충분한 실습을 위한 인턴(intern)과정을 가진다. 미국의 경우 대부분의 사회복지학과 또는 School of Social Work에서는 일주일에 2일은 사회복지현장에서 일반 직원과 똑같이 출근해서 실습을 하고 3일은 학교에서 강의를 듣는다. 이런 점에 비해 우리나라의 사회복지사 양성과정은 대단히 허술하다고 할 수 있다. 더구나 최근에서 개설된 필수과목 수도 줄어들고 전공 이수 학점 수도 줄이는 경향이다.

사회복지 실천현장에서의 가치 · 지식 · 기술은 개별적으로 작용하는 것이 아니라 통합적으로 작용한다. 이런 전문적 요소들은 꾸준한 노력과 오랜 경험을 통해 익숙해지도록 습관화해야 한다. 지식으로 이해하고 암기하는 것으로는 불가능하다.

제2절 의사소통기술

1. 언어적 및 비언어적 의사소통기술

1) 언어적 의사소통

의사소통 형태는 크게 언어적 의사소통과 비언어적 의사소통으로 나누어 볼 수 있다. 언어적 의사소통은 사회복지실천에서 핵심적인 것이다. 훌륭한 의사소통을 하기 위해서는 먼저 모든 인간은 독특하므로 누구나 독특한 방법으로 사건을 인식하고, 경험하고, 상호 교환한다는 것을 이해해야 한다. 메시지를 전달할 때 필요한 규칙은 다음과 같다(Sheafor et al., 김혜란 감수, 1998: 188).

① 명확하고 단순한 용어를 사용한다. 분명하고 너무 빠르지 않게 말한다.

② 전달하고자 하는 메시지 내용과 몸짓이 일치해야 한다. 적절한 시선접촉과 몸짓을 사용한다.

③ 너무 많은 정보로 수신자를 압도하지 않는다. 길고 복잡한 메시지는 짧은 문장으로 나누어 보다 쉽게 이해될 수 있도록 한다.

④ 수신자가 잘 이해했는가를 확인하기 위해 질문이나 코멘트 등 피드백을 요구한다.

2) 비언어적 의사소통

대면적인 의사소통의 약 90%는 비언어적이다. 사회복지실천기술에서 비언어적 의사소통기술이 차지하는 비중은 [그림 9-1]과 같이 매우 중요하다. 어떤 연구자는 모든 메시지의 약 50%가 얼굴표정, 특히 눈을 통해서 전달되며, 약 30%는 목소리의 어조나 음조 등을 통해 표현된다고 한다(Sheafor et al., 김혜란 감수, 1998: 211).

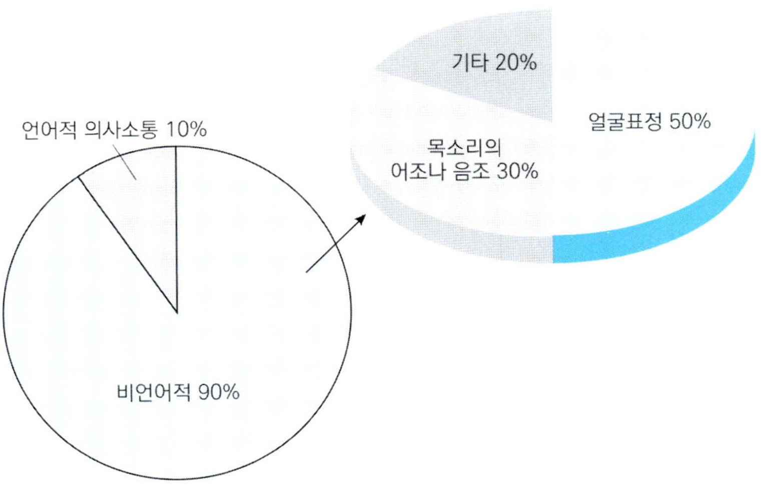

[그림 9-1] **비언어적 의사소통의 중요성**

비언어적 의사소통은 언어적 의사소통을 보다 더 정확하게 표현해 주는 보완적 의사소통이 되기도 하며, 말로는 표현할 수 없는 클라이언트의 감정을 보다 솔직하게 표현해 주는 수단이 되기도 한다. 따라서 비언어적 의사소통의 관찰을 통해 사회복지사는 클라이언트가 말하는 것이 그의 사고나 감정과 일치하는지를 확인할 수 있으며, 또한 사회복지사 자신이 클라이언트에게 어떻게 인식되고 있는지를 알 수도 있다.

비언어적 의사소통 중 시선접촉은 의사소통에의 참여의사 및 민감성과 이해를 나타내므로 시선접촉이 없는 것은 진실성이나 흥미가 없는 것으로 해석된다. 목소리의 어조는 감정을 나타내며, 얼굴표정은 중요한 메시지를 전달하는 것으로, 사회복지사는 얼굴표정에서 심판적인 태도 등을 나타낼 수 있으므로 주의해야 한다. 팔과 손의 동작은 심리적 긴장·분노·불안 등을 나타내며, 몸의 자세도 중요한 의사소통을 나타내는데, 클라이언트를 90도의 각도로 대하는 것이 안전성과 개방성의 측면에서 도움이 되며, 클라이언트 쪽으로 약간 기울이는 것도 관심과 수용을 나타내므로 도움이 된다. 이 외에 옷차림과 외모 등도 중요하므로 클라이언트 및 해당 기관의 분위기에 맞는 옷차림과 머리모양으로 신경을 써야 한다.

2. 질문하기와 경청하기

1) 질문기술

사회복지사는 필요한 정보를 얻기 위해 혹은 클라이언트로 하여금 생각과 느낌을 표현하도록 돕기 위해 많은 질문을 사용한다. 질문의 유형에는 개방적 질문과 폐쇄적 질문이 있다.

개방적 질문은 클라이언트가 말하고 싶을 때 자신의 생각과 감정을 표현할 수 있는 선택의 자유를 허용하는 질문 형태이다. 클라이언트가 어떤 관심사를 선택할 수도 있고 무시할 수도 있다. 그러므로 탐색하기 위한 충분한 시간을 가지는 것이 무엇보다 중요하다(Trevithick, 2000: 87). 개방적 질문은 클라이언트의 욕구에 중심을 두는 것으로 클라이언트의 감정과 관심사를 파악하는 데 좋은 점이 있지만, 자신의 생각이나 감정을 개방하여 공식화하는 데 익숙하지 않은 클라이언트에게는 부담스러울 수도 있다. 개방적 질문의 예로는 "당신 가족에 대해 말씀해 주시겠습니까?", "당신 직업에 대해 이야기해 주십시오." 등이 해당된다.

폐쇄적 질문은 클라이언트에게 선택할 자유를 주지 않고 제한을 두는 것으로, 구체적인 상황에 초점을 둠으로써 클라이언트가 대답할 수 있는 범위를 제한하는 질문 형태이다. 폐쇄적 질문은 클라이언트의 욕구에 잘 반응할 수 있는 질문방식은 아니지만, 사회복지사가 특정의 구체적 정보가 필요할 때 혹은 클라이언트가 너무 당황하여 혼란스러워할 때 방향과 초점을 유지하기 위해서는 필요하다. 폐쇄적 질문의 예로는 "당신 가족은 몇 명입니까?", "당신 직업은 무엇입니까?" 등이 해당된다.

사회복지사가 피해야 할 질문 형태로는 유도하는 질문, 모호하거나 다중적인 질문, "왜"라는 질문 등이다.

2) 경청기술

사회복지사에게는 클라이언트의 말을 들어주는 자세가 중요하다. 적극적인 경청을 위해서 사회복지사는 클라이언트의 언어적 · 비언어적 메시지에 모두 주의를 기울인다. 또한 클라이언트가 자신의 메시지가 정확히 전달되었는지 알 수 있도록 사회복지사는 자신이 들은 것을 반영해 줄 필요가 있다.

적극적 경청의 구체적인 기술로는 명확화(clarification), 바꿔 말하기(paraphrase), 반영(reflection), 요약(summarization), 침묵의 탐색(exploring silence) 등이 있다.

3. 공감과 자기노출

1) 공감기술

공감(empathy)은 클라이언트의 입장에서 그의 감정과 생각, 표현을 존중하고 이해하며 인정하는 것을 의미한다. 즉, 클라이언트의 느낌과 감정 등을 사회복지사도 함께 느껴 보고 그것을 클라이언트에게 표현해 주는 것을 말한다.

사회복지사가 공감적으로 의사소통을 할 때 클라이언트는 자신이 이해와 존경을 받고 있으며 수용되고 있음을 느낄 수 있다. 사회복지사의 공감적 반영은 클라이언트가 자신들에게 의미 있는 생각과 감정, 경험을 지속적으로 탐색하도록 도와줄 수 있다. 사회복지사가 클라이언트와 라포를 형성하여 지지를 할 때 그들이 더욱 가치 있는 존재로 느끼고 긍정적인 자아상을 개발할 수 있다(Brown, 1991: 59).

2) 자기노출

자기노출(self disclose)은 사회복지사가 자신의 생각이나 감정, 삶의 경험을 밝히는 것을 말한다. 사회복지사가 자신의 감정과 경험을 적절하게 노출할 때 클라이언트들은 사회복지사를 진실하고 진솔한 인간으로 인식할 것이며, 신뢰감과 상호 이해를 증진시킬 수 있다(Hammond, Hepworth, & Smith, 1977). 그러나 지나친 자기노출은 관심의 초점을 클라이언트에게 유지하는 것을 어렵게 만들 수 있으므로 클라이언트에게 도움이 될 경우에만 적절하게 자기노출을 사용하도록 해야 한다.

4. 나-전달법(I-Message)

나-전달법은 효과적인 의사소통을 하는 메시지 구조의 한 유형이다. 부모역할훈련에서 많이 사용해 온 이 방법은 분명하고 직접적인 메시지를 보낼 수 있고 메시지를 받는 사람이 방어적이지 않도록 함으로써 의사소통에 도움이 된다.

나 - 전달법은 다음과 같은 세 부분으로 구성된다.

① 특정 행동에 대한 간결하지만 분명한 묘사
② 그 행동으로 인해 경험된 사회복지사의 감정/느낌
③ 그 행동으로 인한 영향의 묘사

즉, 문제행동을 수정할 책임은 당사자에게 남겨둔 채 그 행동으로 인한 사회복지사의 느낌과 영향을 있는 그대로 표현하는 방식이다. 나 - 전달법의 예로는, 아동복지시설에서 자신의 방을 정리하지 않는 아동에게 "네가 오늘처럼 방을 어지럽혀 놓은 채 정리하지 않을 때(구체적 행동묘사) 나는 당황스럽고 막막한 느낌이 들었다(감정). 네 방 청소로 인해 바쁜 다른 일을 할 수가 없었거든(영향)."과 같이 표현하는 것이다.

제3절 대상별 사회복지실천기술

1. 개인대상의 실천기술

개인을 대상으로 사회복지사와 클라이언트가 1:1의 관계로 원조할 때 사용되는 기술을 원조과정의 단계에 따라 살펴보도록 하자.

1) 초기단계

클라이언트와의 첫 만남으로부터 시작되는 개인대상의 초기단계에서는 클라이언트의 긴장이나 불안을 경감시키고, 신뢰감과 희망을 높이고, 클라이언트가 그 문제를 상황적 · 정서적 측면에서 생각하고 표현하도록 돕고, 클라이언트가 추구하는 목적과 기관의 서비스와 관련하여 클라이언트의 여러 가지 욕구에 초점을 맞추도록 돕는 기술들이 필요하다.

클라이언트의 기대가 확인되고, 기관의 정책이나 규정, 윤리적 원칙들에 대한 검토가 이루어짐으로써 클라이언트는 서비스가 제공되는 맥락을 이해하고 참여할 수 있다. 이때 클라이언트의 피드백이 중요한데, 클라이언트가 혼란스럽거나 복잡하게 느끼는 내용들을 명확히 밝혀 주는 것이 필요하다.

접수(intake) 및 조사탐색 단계에서 사용하는 구체적인 기술로는 이해와 공감, 세심한 배려와 존경, 탐색, 명확화, 반영 등이 있다.

2) 중간단계

(1) 사정단계

사정단계는 수집된 자료를 통해 클라이언트와 그가 직면하고 있는 문제상황을 분석하고 문제해결을 위한 계획을 수립하는 과정이다.

사정단계에서 필요한 기본기술은 첫째, 기술적 정보를 정리하는 것으로서, 클라이언트의 상황을 명확히 이해하고 실천과정에 대한 개입의 초점과 방향을 구체화함으로써 클라이언트에 관해 수집된 자료에 대한 체계적인 이해가 가능하도록 하는 기술이다. 둘째, 임시적인 사정틀을 구성하는 것이다. 사정을 통해 사회복지사와 클라이언트는 문제상황에 영향을 주는 요소들에 대해 이해하게 된다. 문제를 정의하고, 주요 클라이언트체계를 결정하고, 개입과정에 참여하게 되는 체계들을 명확히 하고, 변화목표를 설정하고, 변화결과를 예측하기도 한다. 또한 변화과정에 발생할 수 있는 위험요소나 장애요소, 자원이나 강점을 찾아보고, 문제해결에 활용될 수 있는 전략을 살펴볼 수 있다. 셋째, 계획수립 시에는 목표를 설정하고 효과적인 접근방법을 개발하며, 단계적 행동방법을 구상하고 평가계획을 세우는 실천기술을 필요로 한다(김혜란 외, 2001: 151-152).

(2) 개입단계

개입단계의 기술이란 문제해결을 위한 접근이 필요한 실천과정의 기술을 말한다. 여기에는 문제해결이나 적응, 성장발달을 위한 클라이언트의 능력을 향상시키고 회복시키는 기술, 사회적 기능을 향상시킬 수 있는 자원·서비스·기회 등을 제공할 수 있는 지역사회체계로 사람들을 연결시키는 기술, 소외된 약자들이 기회를 얻고 되찾을 수 있도록 그들과 함께 효과적 개입을 하는 기술, 자원과 서비스·기회 등을 제공할 수 있는 지역사회체계의 효과적인 기능을 향상시키는 기술 등이 포함된다.

개입단계에서 사용되는 기술은 크게 직접치료와 간접치료의 기술로 구분되는데, 개인대상의 실천에서는 특히 환경치료와 같은 간접치료보다는 개인에 대한 직접적이고 지시적인 표현기술을 많이 활용한다. 구체적 개입기술로는 모델링, 인지적 재구조화(cognitive restructuring), 연습(rehearsal) 등의 상담기술이나 조언, 교육 등의 기술이 포함된다(Cormier & Cormier, 1985). 이러한 개입기술에는 전문가로서의 지식과 신념, 경험 등이 필요하며, 특정한 개입방법을 선택하는 데 따르는 명확한 근거와 전문가적인 판단이 중요하다.

3) 종결단계

평가단계를 거쳐 종결단계에 이르게 되는데, 종결단계는 목표달성에 따라 혹은 목표달성의 여부와 상관없이 계약기간이 만료됨에 따라 사회복지사와 클라이언트의 전문적 원조관계를 끝내는 과정을 말한다. 이 단계에서는 종결에 따른 클라이언트와 사회복지사의 감정처리기술이 필요하다. 즉, 종결시점에서 클라이언트와 사회복지사는 원조관계의 종결을 바라지 않는 방법으로 상호작용할 수도 있으므로(Reid & Epstein, 1972: 193) 이 점에 대한 세심한 배려가 필요하다.

종결 시 클라이언트의 감정으로는 장래에 대한 두려움, 자신이 획득한 성과에 대한 의문 등이 있을 수 있는데, 이 경우 상실감을 극복하고 새로운 생활상황을 부딪치게 하는 것은 클라이언트에게 중요한 학습경험을 제공하는 것이다. 따라서 종결단계에서는 최종평가와 함께 원조관계를 끝내는 데 대한 클라이언트의 종결소감을 함께 나누면서 다루는 기술이 중요하다.

2. 집단대상의 실천기술

사회복지현장에서는 클라이언트들과의 개별면접을 통한 원조도 많지만, 유사한 욕구를 가진 개인들을 소집단으로 구성하여 이들 집단을 대상으로 원조하는 경우도 많다. 집단사회복지사의 기술은 개인을 대상으로 하는 사회복지실천에서 사용하는 기술과는 다른 측면을 가지고 있다. 토스랜드와 리바스(Toseland & Rivas, 1995)는 집단사회복지사가 실무에서 활용할 수 있는 기술을 집단과정촉진기술, 자료수집 및 사정기술 그리고 행동기술로 구분하여 각 범주에 해당하는 기술들을 제시하고 있다(〈표 9-1〉 참조).

〈표 9-1〉 집단사회복지사의 활용기술

구분(범주)	기술	설명
집단과정 촉진기술	집단성원 참여 촉진	소외되거나 침묵하고 있는 성원들을 토론에 참여시켜 자신의 생활경험을 나누고 문제해결방법을 찾도록 원조하는 기술이다.
	주의집중	사회복지사가 각 성원의 말이나 행동을 듣고 이를 이해하고 있다는 것을 나타내는 기술로, 성원의 말 반복, 감정이입적 반응, 눈맞춤 등이 있다.
	표현기술	성원들이 주요한 문제나 과업 등에 대해 느끼고 생각하는 바를 자유롭게 표현하도록 원조하는 기술로서 자기노출 등의 방법이 사용되기도 한다.
	반응기술	특정 집단과정에 선별적으로 반응하여 집단성원이나 전체 집단이 적절한 방향으로 나가도록 한다.
	집단의사소통의 초점 유지	집단과정의 특정 영역에 초점을 둠으로써 문제에 대해 심도 있는 탐색을 할 수 있게 하는 기술로, 명확화, 토론 범위의 제한 등이 있다.
	집단과정의 명료화	성원으로 하여금 그들이 어떻게 상호작용하고 있는가를 인식하도록 도와주는 기술이다.
	내용의 명료화	성원의 의사소통을 원활히 하기 위해 성원이 자신을 분명히 표현하도록 원조한다.

구분 (범주)	기술	설명
	집단 상호작용의 지도	집단의 상호작용을 특정 방향으로 인도할 수 있는 기술이다.
자료수집 및 사정기술	확인 및 묘사기술	성원이 문제의 속성을 가능한 정확하고 구체적으로 표현하도록 원조해야 하는데, 성원이 상황을 여러 각도에서 볼 수 있도록 다양한 준거틀을 제시한다.
	정보 요청, 질문 및 탐색기술	상황을 확인하고 묘사하기 위해서는 정보 제공을 요청하고 질문하고 탐색하는 기술이 필요하다. 질문은 명확하고 답변가능한 질문을 해야 한다.
	요약 및 세분화 기술	집단이 직면하고 있는 문제나 관심사에 대해서 토론할 때 사용한다.
	통합기술	언어적·비언어적 의사소통을 통합하는 기술이다.
	분석기술	자료의 유형, 자료 간의 차이를 파악하는 기술 등이다.
행동기술	지지	의견과 감정을 표현하도록 격려, 장점 지적 등이다.
	재구조화 및 재정의	집단이 직면한 관심사와 이슈를 다양하고 보다 긍정적으로 볼 수 있도록 원조하는 기술이다.
	성원 간 의사소통의 연계	성원들이 서로 돕도록 촉구하고, 성원의 말이나 행동에 대한 타 성원들의 생각을 표현토록 제안하는 등의 기술이다.
	지시	집단의 목적을 명확히 하고 토론을 이끌고 특정 문제를 평가할 때 사회복지사는 집단의 활동을 지시한다.
	조언, 제안, 교육	사회복지사뿐만 아니라 성원들 상호 간에도 사용할 수 있는 기술이다.
	자원 제공	집단 내, 외부 자원을 성원에게 알려주고 연결시켜 주는 기술이다.
	모델링, 역할연습, 예행연습 및 지도	사회복지사나 성원이 특정 상황에서의 행동에 대해 시범을 보임으로써 다른 성원들이 모방할 수 있게 한다.
	직면기술	저항을 극복하고 성원을 동기화시킬 수 있는 행동기술이다.
	갈등해결	집단 내 갈등을 방지하기 위해 집단의 규칙을 개발하고 유지하도록 원조해야 한다. 조정, 협상, 중재기술의 사용이 있다.

집단대상 원조관계에서 효과적으로 사용할 수 있는 실천기술을 집단과정의 단계에 따라 살펴보도록 하자.

1) 준비 및 초기단계

집단을 대상으로 하는 사회복지실천은 준비단계에서 집단형성을 위한 세심한 계획과 결정 없이는 성공하기 힘든 경우가 많다. 준비단계에서는 집단 계획과 집단 구성, 지속기간, 물리적 환경 배려 및 기관의 승인 등을 고려해야 한다. 집단 구성에 있어서는 개인면접을 활용할 수 있으며 개개인의 사회정서적 능력과 성별 구성 등을 고려해야 하는데, 사회복지사는 다양성과 공통성 사이에 균형을 이루도록 해야 한다. 즉, 집단은 성원들이 편하게 느끼고 서로를 이해할 수 있을 정도로 동질적이어야 하는 동시에 성원들 간에 흥미를 유발할 수 있을 정도로 이질적이어야 한다. 이를 위한 두 가지 유용한 방법이 호저(豪豬)의 원칙(porcupine principle)[1]과 방주의 원칙(Noah's ark principle)[2]이다.

초기단계에는 집단성원의 소개, 집단의 목적에 대한 설명과 피드백, 성원들의 목표설정, 집단계약 등의 과업을 실행해야 하는데, 이러한 초기단계에는 성원들 간에 어색하고 관계형성이 힘들므로 구성원들이 공통적 특징을 발견하도록 사회복지사가 도와주는 것이 필요하다. 즉, 성원들 간의 유사성을 강조하는 것이 도움이 된다. 계약하기는 집단의 목적을 명료화하고, 지도자의 역할과 성원들의 역할을 명료화하고, 이러한 일에 대한 피드백을 클라이언트에게 요청하는 것이다. 목표설정에서는 실행 가능한 목표들을 발달시키는 것이 중요하다.

---

1) 호저(豪豬; porcupine)는 동물의 이름이다. 쥐 목(目)에 속하는 동물 '호저(豪猪, 산 미치광이)'는 '고슴도치'처럼 온몸을 덮고 있는 가시 때문에 서로에게 상처를 주지 않으면서도 몸을 따뜻하게 할 수 있는 일정한 거리를 찾아내 겨울을 난다. 사람과 사람 사이도 마찬가지다. 너무 가까워지면 상처를 주고, 너무 멀어지면 외롭다. 즉, 타인과 적절한 거리를 유지해야 하는데 이것을 호저의 딜레마라고 한다. 사회복지실천현장에서 집단구성 방법에 있어서의 '호저의 원칙'이란, 예컨대 갈등부부끼리 한 집단으로 구성하는 방법 같은 경우를 말한다.

2) '노아의 방주'는 성경의 창세기 6장에 나오는 이야기이다. 하느님께서 노아에게 이르시기를 "너는 전나무로 방주 한 척을 만들어라."(14) "온갖 생물 가운데에서, 온갖 살덩어리 가운데에서 한 쌍씩 방주에 데리고 들어가, 너와 함께 살아남게 하여라. 그것들은 수컷과 암컷이어야 한다. 새도 제 종류대로, 짐승도 제 종류대로, 땅바닥을 기어 다니는 것들도 제 종류대로, 한 쌍씩 너에게로 와서 살아남게 하여라."(19-20) 여기서 말하는 '방주'에는 다양한 종류의 생물체가 다 들어가 있다. 따라서 사회복지실천현장에서 집단구성 방법에 있어서의 '방주의 원칙'이란 다양한 성향의 클라이언트들을 섞어서 집단을 구성하는 방법을 말한다.

2) 중간단계

집단발달의 중간단계는 성원 간에 친밀감과 상호 공유가 증가하고 집단응집력이 증가하는 시기이다. 이 단계에서 사회복지사는 집단과 성원이 목표를 잘 달성할 수 있도록 격려하고, 목표달성에 필요한 집단의 문화와 규범을 발전시키고 유지하며, 목표달성에 방해가 되는 장애를 극복할 수 있도록 원조해야 한다. 중간단계에서의 주요 과업은 집단의 형태와 지도력 유형에 따라 다르지만 공통적으로 집단회합의 준비, 집단의 구조화, 성원의 참여와 권한부여, 성원의 목적성취 원조, 갈등처리, 저항적인 성원의 독려, 모니터링 등의 과업을 수행해야 한다(Toseland & Rivas, 1995).

3) 종결단계

집단의 종결단계는 매우 중요한데, 이 단계에서 성원들은 반드시 그들의 학습을 강화해야 한다. 종결은 성원들이 그들의 공동체가 해체되는 것을 지각하고 있고 상실감으로 슬퍼하고 있기 때문에 어려운 시기이다. 참여자들은 새로운 일을 탐색하기 싫어하므로 마지막 섹션(section)에서는 강도 높은 활동은 되도록 하지 않아야 한다. 오히려 성원들의 상실감에 초점을 두면서, 비록 그들의 상실감을 줄이지는 못하더라도 그러한 감정은 확인되고 탐색되어야 한다. 성원들은 종결의 현실에 반드시 직면해야 되고 어떻게 작별하는가를 배워야 한다.

3. 가족대상의 실천기술

가족을 대상으로 실천하는 사회복지사는 시・공간적 관점으로 가족을 이해할 필요가 있다. 즉, 가족은 하나의 사회체계이면서 생애주기에 따라 계속 변화되어 세대 간 전승된다는 점이다. 클라이언트를 비롯한 모든 개인과 집단은 가족을 가지지만, 가족

자체를 하나의 개입단위 혹은 변화의 주체로 본다는 점에서 가족대상의 실천은 개인 및 집단실천과 차이가 있다. 이러한 가족대상의 실천기술을 과정론적 관점으로 보아 단계별로 간단히 살펴보기로 한다.

1) 초기단계

초기단계에서는 가족에 대해 체계적으로 사정하고 개입계획을 수립한다. 본 단계에서 필요한 기술은 가족과의 관계 형성을 위한 합류하기, 불안 완화 등의 기술, 가족사정기술, 생태도와 가계도 작성・분석, 생애주기에 따른 가족의 욕구와 문제를 분석하는 기술 등이 있다.

(1) 관계형성

가족개입을 하기 위해서는 가족성원들이 오랜 기간에 걸쳐 관계 유형을 발전시켜온 그 가정에 사회복지사가 '합류'할 필요가 있다. 가족과 합류하기 위해서는 무엇보다 가족성원들의 이야기를 경청하는 것이 중요하다. 사회복지사의 합류하기에서 가족은 낯선 개인이 가족과 함께 있다는 자체로 불안감을 가질 수 있다. 그러므로 불안완화를 위한 기술이 필요하다.

(2) 가족사정

가족사정은 네 가지 차원에서 이루어지는데, 가족이 제시하는 문제, 생태학적 사정, 세대 간 사정, 가족 내부에 대한 사정이다(Hartman & Laird, 1983). 첫째, 가족이 제시하는 문제의 사정은 가족이 문제로 보는 것은 무엇인지, 가족성원들 간에 가족문제의 규정에 있어 차이는 무엇인지 등에 대해 탐색한다. 둘째, 생태학적 사정은 가족의 기본적 욕구가 충족되고 있는지, 환경체계와의 관계는 어떠한지, 기관과의 관계는 어떠한지 등을 사정한다. 셋째, 세대 간 사정은 확대가족과의 관계가 어떠한지, 세대를 통해 반복되는 가족문제는 있는지 등을 사정한다. 넷째, 가족 내부에 대한 사정은 가족의 구조와 의사소통, 권력구조, 가족신화 등 가족 내 역동에 대한 사정이다.

(3) 생태도 · 가계도의 작성과 분석

생태도(eco-map)와 가계도(genogram)는 인터뷰를 통해 클라이언트와 그 가족의 상태나 문제를 그림으로 보여주는 주요한 가족사정의 방법이다. 생태도는 [그림 9-2]와 같이 가족과 그 가족의 생활공간 내에 있는 사람 및 기관 간의 연계를 그림을 그려 나타내는 것이다. 즉, 생태도에는 클라이언트를 둘러싼 각 체계와 가족 간의 관계의 성격뿐만 아니라 환경에서 가족에로의 자원의 흐름이 표시된다. 따라서 생태도는 클라이언트 가족에게 유용한 자원이나 환경이 무엇인지, 가족체계에 스트레스를 주는 요인은 무엇인지, 체계들 간의 관계가 유지되는 방식 등에 관한 많은 유익한 정보를 확인할 수 있다.

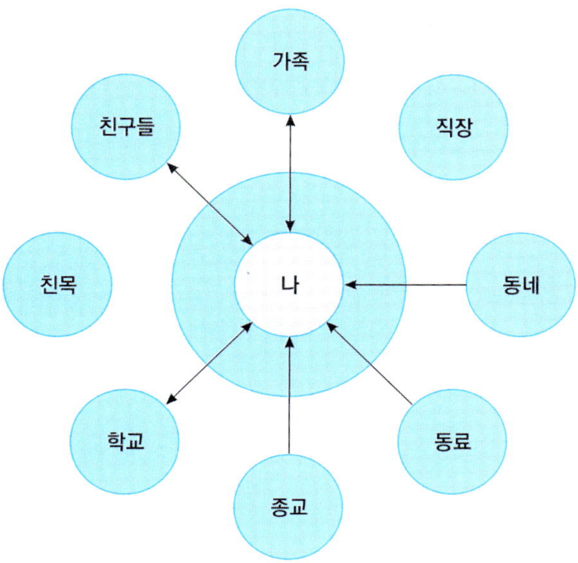

[그림 9-2] 생태도 예시

가계도는 [그림 9-3]과 같이 세대를 거쳐 클라이언트 가족의 역사와 과정 속에서의 주된 사건과 특성을 한눈에 볼 수 있도록 그리는 사정도구이다. 즉, 생태도가 공간 속의 가족을 나타내는 그림이라면, 가계도는 시간 속의 가족을 나타내어 주는 그림이라고 할 수 있다.

가계도는 가족 계보를 중심으로 그 가족의 3세대 이상에 대한 정보를 보여주는 것으로서, 가계도를 통해 그 가족의 가족문제에 기여하는 중요 요인과 가족 패턴을 알 수 있다.

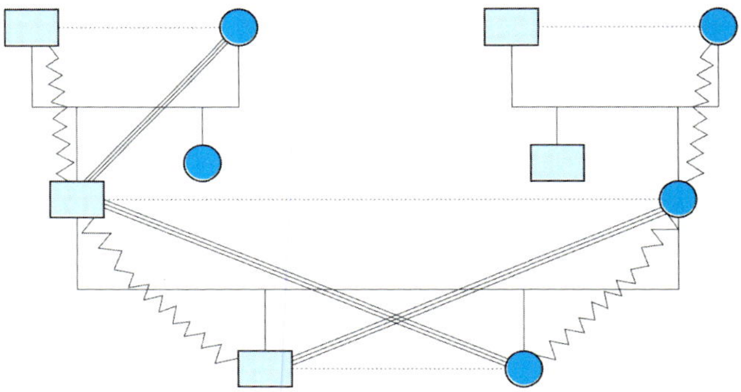

[그림 9-3] 가계도 예시

2) 개입단계

가족사회복지사는 클라이언트 가족이 새로운 인식을 갖고 궁극적으로는 새로운 행동을 연습하는 데 도움이 될 수 있도록 다양한 기술을 사용한다. 이러한 기술에는 예를 사용하기, 직면, 재구조화, 시연, 은유 사용하기 등이 있다(이화여대 사회복지연구회 역, 2001: 245-253).

(1) 예를 사용하기

예를 사용하는 것은 가족사회복지사가 대상가족에게 설명하고, 기술하고, 개념을 가르치는 데 도움이 된다. 즉, 예를 들어 설명하는 것은 자신의 가족뿐만 아니라 다른 가족들도 역시 같은 시도를 했다는 것을 알게 됨으로써 보다 쉽게 느끼고 안심하도록 도와준다.

(2) 직면

직면의 목적은 정보를 보여주어 클라이언트가 실패한 부분에 대해 확인함으로써 인식할 수 있게 하는 것이다. 효과적인 직면은 사회복지사가 클라이언트의 말과 행동 사이의 모순이나 불일치를 지적하는 것이다.

(3) 재구조화

재구조화는 과거의 관계상황과 장소에서 새로운 관계상황으로 어떤 상황을 옮기는 것이다. 예를 들면, 과잉행동 아동은 도전적이고 적극적인 아동으로 재구조화될 수 있다. 따라서 약물에 의존하기보다 과도한 에너지를 소진시킬 수 있는 신체적 활동으로 치료계획을 세워 볼 수 있다.

(4) 시연

시연은 가족의 갈등을 외부에서가 아니라 '지금 - 여기'(here and now)로 가져오는 것이다.

(5) 은유 사용하기

은유는 추상적인 개념을 이해하기 위해 보다 수용할 수 있는 쉬운 정보로 표현해주는 것이다. 예를 들면, 사회복지사는 모빌이 균형을 잡는 모습과 비교하면서, 어떻게 위기가 가족체계 내에서 안정화되는지를 이해시킬 수 있다.

(6) 심리극(Psychodrama)

심리극은 미국인 심리치료사 제이콥 모레노(Jacob Moreno, 1889~1974)가 창안한 심리요법으로 연극의 기법을 이용하여 클라이언트 스스로 문제상황에 직면하여 자신의 문제상황을 인식할 수 있게 도와준다.

사이코드라마에서는 일정한 대본이 없고 등장인물인 클라이언트에게 어떤 역과 상황을 주어 그가 생각나는 대로 연기를 하게 하고 그의 억압된 감정과 갈등을 표출하게 하여 적응장애(適應障碍)를 고치는 방법이다. 이 경우 자신이 상대역을 하고 상대방이 자신의 역할을 하는 식으로 역할을 교환하면 타인이 자기를 보는 것처럼, 객관적으로 자신을 볼 수 있으며 통찰하기도 쉽다. 이것을 역할연기(role-playing)라고 한다.

이상의 기술 이외에도 탈삼각화, 가족조각, 경계 만들기, 균형 깨뜨리기, 역설적 지시, 순환적 질문하기, 기적 질문과 예외 질문하기 등이 있다.

3) 종결단계

가족개입 종결단계에서는 개입을 통한 가족 혹은 성원들의 변화를 확인하고, 가족이 변화를 유지할 수 있도록 지원하며, 필요한 경우 추수면접(追隨面接)을 계획한다.

제4절 기록 및 평가기술

1. 사회복지기록

기록은 효과적이고 책임성 있는 사회복지실천활동을 위한 과정이다. 기록은 서비스 중심적으로 수행되어야 하기 때문에 시간의 경과에 따라 지속적으로 문서화되어야 한다. 이에 따라 기록내용은 ① 서비스 탐색단계에서는 기록내용의 요소로서 내담자 특성, 서비스를 개시하는 이유, 현재와 과거의 내담자 - 상황에 대한 서술(사회력), 자원과 제약이 포함된다. ② 서비스 형성단계에서는 서비스에 영향을 미치는 결정, 서비스 목적, 서비스 계획, 서비스 특성이 포함된다. ③ 서비스 실행단계에는 중간 노트, 서비스 재검토가 포함된다. ④ 서비스 종결단계에는 서비스 종결의 방법과 사유, 서비스 활동과 결과에 대한 요약, 추가지도가 포함된다.

기록의 형태를 분류하여 간단히 요약하면 다음과 같다.

1) 과정기록(Process recording)

과정기록은 클라이언트와의 면담에서 일어난 것, 사회복지사가 관찰한 것들을 마치 연극대본과 같이 직접 인용으로 기록한다. 이렇게 상세하게 쓰는 목적은 원조과정이나 클라이언트 - 사회복지사의 상호작용 과정을 상세하게 연구하기 위해서이다.

과정기록은 시간이 너무 많이 걸리고, 기록 분량이 많은 점, 그리고 면접세션 동안 일어난 일을 완벽하게 재현하지는 못한다는 점 등에서 기관에서 사용하는 데는 한계를 가지고 있으나, 면담기법과 개입방법에 대한 교육훈련을 위한 도구로서는 매우 훌륭하다.

2) 이야기체기록(Narrative recording)

이야기체기록은 사회복지사가 클라이언트 및 그 상황이나 서비스에 대해 이야기를 풀어가듯이 서술체로 기록하는 방법이다. 과정기록과는 달리 면담의 대화내용을 있는 그대로 재현하는 것이 아니라, 면담의 내용이 요약되어 서술되므로 사회복지기관에서 가장 많이 사용하고 있는 임상기록이다. 즉, 간결하며 초점이 분명한 이야기체 보고서는 특히 사회력이나 사정과 같은 특정 내용요소들을 문서화하는 데 효과적이다.

3) 문제중심기록(Problem-oriented recording)

문제중심기록은 현재 제시되고 있는 문제를 중심으로 구성되며, 문제영역을 규명하고, 사정하고, 각 문제에 대해 무엇을 할 것인지에 대한 계획을 기록하는 것이다. 이 방식은 특히 하나의 사례에 대해 여러 다른 전문직이 함께 일하는 현장에서 효과적이다.

문제중심기록은 데이터베이스, 문제목록, 초기 계획, 진행노트의 4부분으로 이루어진다. 데이터베이스는 클라이언트가 제시하는 문제, 클라이언트의 일상에 대한 서술, 사회심리적 정보, 현재 질병 및 과거력, 주변 환경에 대한 검토 등이 포함된다. 문제목록은 각 문제마다 번호가 붙여지고, 나중에 새로운 문제가 규명되면 문제목록에 추가된다. 목록은 사례계획과 개입의 초점을 제공하고 서비스 종결 시 서비스 효과를 검토하기 위한 근거가 된다. 초기 계획은 서비스 제공자들은 독립적으로 혹은 개별적으로 문제목록의 각 문제에 대해서 계획을 세우는 것을 말한다. 진행노트는 계획이 실행된 이후에 문제 각각에 대해 문제번호에 따라 기록된다.

진행노트는 SOAP 방식으로 기록된다.

① S(Subjective information): 클라이언트가 자신의 상황과 문제에 대해 스스로 생각하고 느끼고 있는 주관적 정보를 말한다.

② O(Objective information): 클라이언트의 행동과 외모에 대한 사회복지사의 관찰 및 사실적 자료와 같은 객관적 정보를 말한다.

③ A(Assessment): 주관적 정보와 객관적 정보에 기반하여 사정・견해・해석・분석하는 기술을 말한다.

④ P(Plan): 주관적・객관적 정보 및 사정을 기반으로 하여 확인된 문제에 대해 무엇을 할 것인지에 대한 계획을 기술한다.

2. 사회복지평가

사회복지실천에 있어 평가란 사회적 책임성과 전문성이라는 점에서 매우 중요시되고 있다. 사회복지에서 평가란 사회복지프로그램 혹은 기관의 계획·수행·활용 등 포괄적인 활동들을 체계적으로 판단하는 것을 의미한다. 그러나 사회복지실천에서 평가는 개인·가족·집단에 대한 사회복지사 개입활동의 평가에 초점이 맞추어져 있다.

사회복지실천에서의 평가는 자료의 속성, 평가시기 및 방법, 개입대상에 따라 다양하게 분류된다. 첫째, 평가되는 자료의 속성에 따라 양적 평가와 질적 평가로 분류된다. 둘째, 평가의 시점에 따라 형성적 평가와 총괄적 평가로 분류된다(Compton & Galaway, 1986). 형성적 평가는 사회복지사의 개입과정을 사정하는 것이고, 총괄적 평가는 개입방법의 성과나 효과를 연구하는 것이다. 셋째, 총괄평가의 방법에 따라 결과평가와 과정평가로도 분류된다. 결과평가는 의도된 결과의 성취 정도를 밝히는 것이며, 과정평가는 사회복지사의 개입으로 결과가 성취된 것인가의 여부를 밝히기 위해 개입과 결과의 인과적 관계를 파악하고자 한다. 넷째, 개입대상에 따라 개인·가족·집단을 대상으로 하는 실천평가와 지역사회를 단위로 하는 프로그램 평가로 분류된다. 실천평가는 사회복지사의 개입노력을 사정하고, 프로그램 평가는 프로그램의 효과성과 효율성을 평가하는 것이다.

사회복지실천에서 평가를 위한 설계는 크게 집단설계(group design)와 단일사례설계(single subject design)로 나누어 볼 수 있다. 집단설계는 개입기법과 프로그램의 효과를 평가하는 데 적합한 방법으로, 실험집단설계와 유사실험집단설계가 주로 사용된다. 단일사례연구설계란 독립변수와 종속변수 사이의 인과관계를 설정하기 위해서, 통제된 환경 하에서 하나의 유기체에 대해 개입하기 전과 후의 변화를 반복해서 측정하는 평가연구방법이다(김통원, 1998).

사회복지실천에서 평가를 통해 인과적 추론과 효과적 실천을 위한 지식을 발전시킬 때 연구대상이 되는 클라이언트의 보호를 위한 윤리적 문제를 생각해야 할 것이다.

10

전문직으로서의 사회복지

10 전문직으로서의 사회복지

제1절 전문직의 개념

1. 전문직의 조건

전문적인 지식이나 기술이 필요한 직업을 전문직이라 한다. 전문직에 있어서 가장 중요한 요소가 전문지식과 기술이라고 한다면,[1] 사회사업가(social worker)는 사회복지에 대한 고도의 지식과 기술을 겸비한 사회복지 전문가이다. 이에 대해 현재 우리 나라 「사회복지사업법」은 사회복지전문가를 사회복지사로 칭하고, 그 자격 등급에 따라 1급 · 2급으로 구분하고 있다. 여기서 문제가 되는 것은 과연 사회사업이 하나의

1) Specht, H.(1986). *The Professionalization of Social Work*, 사회복지학회지, 제8호, p.196.

“전문직” 이냐 하는 문제와 「사회복지사업법」이 말하는 사회복지사가 전문가라고 할 만큼 과연 전문지식과 기술을 현실적으로 가지고 있느냐 하는 문제이다.

우리나라의 사회사업이 어느 정도의 전문성을 인정받을 수 있을 것인가를 알아보기 위해서 프리들랜드(Friedland)[2]가 제시하는 전문직의 조건을 들어 보면 다음과 같다. 즉, ① 특별한 능력(srecial competence), ② 독특한 기술(distinct techniques), ③ 전문가 집단과의 유대 속에 보다 높은 수준으로 향상하기 위해 노력하는 실천가(practitioner), ④ 논리, 전문화된 교육기관, 사람들을 도울 수 있는 전문지식과 기술, ⑤ 전문가로서의 개인적 책임성 등을 들 수 있다. 이런 점에 비추어 볼 때 복지선진국의 수준에서는 사회사업이 하나의 훌륭한 전문직으로 인정되고 있으며, 우리나라에서도 외형적으로는 전문직으로 인정받고 있다. 그것은 4년제 대학수준의 사회복지학과 개설의 역사나 졸업생 및 재학생 숫자로 보아서, 또는 전문가들의 협회 또는 학회를 통한 연구, 지식습득, 기술개발 및 훈련, 또 전문학술지의 발간 등이 비교적 활발하기 때문이다. 이러한 점이 일반에게 인정받아 법제도에 전문직으로 등장하게 되었다고 보는 것이다.

2. 사회복지직에 대한 전문성 평가

역사적으로 볼 때 플렉스너(Flexner, 1915)는 사회사업은 전문직이 아니라고 했다. 더구나 최근까지지도, 예컨대 엡스타민과 콘러드(Epstein & Conrad, 1981)나 코헨과 바그너(Cohen & Wagner, 1982) 같은 사람은 사회사업이 진짜 전문적이냐에 대해서 계속해서 의문을 가졌다. 또 에치오니(Etzioni, 1969)는 사회사업을 유사전문직(quasi profession) 혹은 반전문직(semi profession)이라고 보았다. 글레이저(Glazer, 1974)는 단지 의료와 법률분야만 정전문직(major profession)일 뿐, 사회사업을 포함한 기타 다른 분야는 모두 준전문직(minor profession)일 뿐이라고 했다.[3] 이러한 현상은 우리나라 국민의식 가운데도 있어

2) W.A. Friedland & R.Z. Apte, op.cit., pp.485-486.

3) *Encyclopedia of Social Work*, 18th(NASW, 1987), Vol. 2, p.683.

한때는 사회복지사업을 자선 및 박애사업, 그리고 시설보호사업으로 봄으로써 구제와 보호적 영역에 국한하는 경향이 짙어 일반국민들은 사회복지분야를 전문적 영역으로 간주하지 않는 경향이 있었다.[4]

이와 같은 주장들은 사회사업이 전통적인 전문직(의사 · 변호사 · 성직자)에 비해 전문교육기간이 짧고, 생명이나 인권에 대한 관련성이 약하고, 자율성 이 낮으며, 비밀보장이 엄밀하지 못하다는 이유들 때문이다.[5] 그러나 오늘 날 미국의 경우에는 인간상호 간의 문제를 해결하고 문제를 가진 개인들을 도와주기 위해 다양한 사회사업의 방법과 기술들이 개발되어 있다. 그리고 이러한 지식과 기술을 계속 개발하고 모든 사회사업가들에게 전달할 수 있도록 다양한 종류의 전문지가 간행되고 있다.[6] 또 미국 사회사업가 윤리강령에는 인간에 대한 봉사 · 자율성 · 전문성 · 비밀보장 등에 대한 내용들이 충분히 강조되어 있다.[7] 그래서 사회사업이 오늘날에 와서는 하나의 전문직으로서 인정받고 있다.

제2절 사회복지사의 기능과 전문성

1. 사회복지의 실천체계: 가치 · 지식 · 기술

사회복지의 목표는 모든 사람의 인간다운 삶에 있다. 따라서 사회복지는 결국 복지사회를 달성하고자 하는 방법론이라 할 수 있다. 사회는 개별 인간의 집합체이므로 사회복지의 방법론은 사회도 보아야 하고 사회구성원인 개별 인간도 보아야 한다. 사회 전체를 보는 것은 거시적 관점이다. 이것은 윌렌스키(Wilensky & Lebeaux, 1965: 138)

4) 문인숙(1984). 사회복지에 대한 국민의식의 문제점 고찰. 사회복지학회지, 제6호, p.53.
5) 대구대학교 사회복지연구소, 앞의 책, p.22.
6) NASW, op.cit, p.687.
7) *Ibid*, p.956.

가 말하는 제도적 또는 정책적 접근으로 가능하다. 이것은 정책론적 방법론이다. 또 하나는 잔여적 접근으로 가능한 기술론적 방법론이다. 스스로 시장경쟁체제에서 살아남을 수 없는 사람들(clients)로 하여금 자신의 인간다운 삶을 스스로 책임질 수 있도록 돕는 방법론인 것이다.

모든 사람이 인간다운 삶을 살 수 있는 사회를 이룩하기 위해서는 사회복지의 가치체계, 지식체계, 기술체계가 확립되어야 한다(Piccard, 1975: 4). 사회복지의 가치체계는 인간존중정신과 인간애가 바탕이 되어야 한다는 뜻이다. 사회복지의 지식체계란 사회학, 심리학, 정신의학, 정치학, 경제학, 행정학, 법률학, 문화인류학 등 다양한 학문영역의 이론들을 도입하여 노인, 아동, 장애인, 가족, 저소득층 등 다양한 사회복지의 대상(clients)들이 가지고 있는 문제와 욕구들을 파악하는 것이다. 이렇게 파악된 지식을 토대로 사회복지의 고유한 이론들을 정립하고 적절한 제도와 서비스 프로그램들을 개발한다. 이런 점에서 사회복지학을 종합학문이요 응용과학이라고 한다. 사회복지의 기술체계는 사회복지의 가치관과 지식을 가지고 사회복지실천현장에서 도움을 주는 구체적인 기술을 말한다.

이와 같이 사회복지는 가치체계와 지식체계, 그리고 기술체계를 가지고 완성시키는 것이다. 이때 사회복지가 완성되기 위해서 가치체계가 가장 중요하다. 극단적으로, 지식과 기술이 없다 하더라도 확고한 가치관을 가지고 사회복지에 임한다면 웬만한 정도의 사회복지는 달성할 수 있다는 사실을 사회복지현장에서는 경험으로 알고 있다. 가치체계와 함께 지식체계를 어느 정도 갖추고 있다면 사회복지의 대부분을 이미 달성한 것이다.[8] 기술체계는 사회복지의 극히 미소한 정도에 지나지 않는다. 이것은 사회복지대상의 양적인 면과 사회복지의 문제영역에서의 질적인 면을 동시에 포함해서 말할 수 있다.

8) 여기서 가치 70%, 지식 20%, 기술 10%라고 중요성의 정도를 표현하는 사람도 있다. 그것은 순전히 경험적 근거를 가지고 하는 말이다. 동시에 클라이언트의 문제대상이 주로 이와 비슷한 비례가 된다는 뜻이다. 즉, 전문기술이 동원되어야 할 대상인원은 상대적으로 적다는 뜻이다. 대부분의 클라이언트는 인간애로 접근하면 전문지식이나 기술이 없어도 문제를 해결할 수 있다는 의미이다.

사회복지의 가치체계는 사회복지철학과 인간학이 포함된다. 사회복지의 지식체계는 노인, 장애인, 아동, 가족, 저소득층, 환경문제, 정보의 공유문제 등에 대한 지식을 말한다. 동시에 사회복지의 정책, 행정, 조사방법론 등에 관한 지식도 포함된다. 기술체계는 사회복지실천이론, 사회복지실천기술 등이 포함된다. 사회복지실천현장에서는 이러한 사회복지의 가치체계, 지식체계와 기술체계에 관한 지식과 기술이 동시에 동원되어야 하는 것이다.

2. 사회복지사제도의 의의

「사회복지사업법」이 사회복지사제도를 규정한 것은 사회복지사업이 오늘날 하나의 전문 직업분야로 그 자리를 확립해 가고 있음을 뜻한다. 또한 현실적으로 이러한 전문인이 충분히 양성되어 있음을 법제도로서 인정한 것이다. 이로써 우리나라 사회복지의 발전과 복지국가 건설에 매우 중요한 전기를 마련했다고 볼 수 있다.

사회복지사업은 고도의 개인적 책임을 수반하는 지적 활동인 것이다. 사회복지사업은 심리학, 사회학 등을 비롯해서 의학, 생물학, 철학, 정치학, 법학, 경제학, 정신분석학 등 여러 인접학문의 지식을 바탕으로 해서 개인, 집단, 지역사회를 실제로 다룰 수 있는 고유한 이론과 기술을 가지고 있다.

이러한 업무를 수행하는 사회복지사는 구체적으로 서비스를 제공함에 있어서 최선을 다해야 하고, 클라이언트(clients)에 대한 직무수행상의 책임을 지는 것이다. 또 사회복지사업은 연구기관이나 협회 등을 통해 새로운 이론과 기술을 개발하고 상호 경험을 나눔으로써 이를 발전시켜 나갈 뿐만 아니라 교육기관이나 훈련기관을 통해 새로운 전문가를 양성해 내고 전문인으로서의 자격과 책임, 활동내용 등을 명확히 해 가고 있다.

사회복지사업의 대상이 되는 불우계층의 사람들이 가지고 있는 여러 가지 사회적·심리적 문제는 단순한 선의나 동정심만으로는 접근해서 정확하게 사정하고 대응책을 모색할 수 없는 영역이 너무나 많다. 이러한 점을 고려할 때 사회복지사업을 전문직으로 인정하는 것은 매우 큰 의의가 있다고 하겠다.

사회복지의 문제는 전문가에 의해서 계획하고 집행해야 한다는 것이 오늘날의 시대적인 요청이다. 이러한 시대적 요청에 따라 「사회복지사업법」은 〈표 10-1〉과 같이 종전의 '사회복지사업종사자'를 '사회복지사'로 격상하고 그 자격요건을 강화했을 뿐만 아니라 사회복지사 1급은 국가시험을 거치도록 하여 그 전문성을 더욱 강화하였다. 그리고 사회복지법인 및 사회복지시설을 설치 운영하는 자는 그 직무상 전문성을 요구하는 직책에는 사회복지사를 의무적으로 채용하도록 했다.

〈표 10-1〉 **사회복지사제도의 변천과정**

연도	제도의 내용
1970.04.	사회복지종사자 자격제도 신설
1983.05.	사회복지사로 명칭 변경
1999.04.	2003년부터 사회복지사 1급은 국가시험으로 전환 ※ 자격요건을 '사회복지학과 졸업'에서 '이수과목(필수 10, 선택 4) 기준'으로 변경
2003.04.27.	제1회 사회복지사 1급 국가시험 시행
2011.03.	사회복지사 등의 처우 및 지위향상을 위한 법률 공포
2012.03.	한국사회복지공제회 설립
2017.10.24.	사회복지사 등급을 1급·2급으로 조정

3. 사회복지사의 자격

1) 사회복지사의 등급별 자격기준

보건복지부장관은 사회복지에 관한 전문지식과 기술을 가진 사람에게 사회복지사의 자격증을 발급할 수 있다(「사회복지사업법」 제11조 제1항). 또한 사회복지사의 등급은 1·2급으로 구분하고 사회복지사 1급 자격증을 받으려는 사람은 국가시험에 합격하여야 한다(「동법」 제11조 제3항). 원격대학·학점은행제, 사회복지사양성과정 등 평생학습과정의 이수자에게도 사회복지사 자격을 부여할 수 있다.[9] 각 등급별 자격기준은 〈표 10-2〉와 같다.

〈표 10-2〉 사회복지사의 등급별 자격기준

등급	자격기준
사회복지사 1급	국가시험에 합격한 자
사회복지사 2급	① 대학원에서 사회복지학 또는 사회사업학을 전공하고 석사학위 또는 박사학위를 취득한 자. 다만, 대학에서 사회복지학 또는 사회사업학을 전공하지 아니하고 동 석사학위를 취득한 자는 보건복지부령이 정하는 사회복지학 전공교과목과 사회복지 관련 교과목 중 사회복지현장실습을 포함한 필수과목 6과목 이상(대학에서 이수한 교과목을 포함하되, 대학원에서 4과목 이상을 이수), 선택과목 2과목 이상을 각각 이수한 경우에 한하여 사회복지사 자격을 인정한다. ② 대학에서 사회복지학 전공교과목과 사회복지 관련 교과목을 이수하고 학사학위를 취득한 자 ③ 대학을 졸업한 자와 동등 이상의 학력이 있다고 인정하는 자로서 사회복지학 전공과목과 사회복지 관련 교과목을 이수한 자 ④ 전문대학에서 사회복지학 전공교과목과 사회복지 관련 교과목을 이수하고 졸업한 자 ⑤ 전문대학을 졸업한 자와 동등 이상의 학력이 있다고 인정하는 자로서 사회복지학 전공교과목과 사회복지 관련 교과목을 이수한 자 ⑥ 대학을 졸업하거나 이와 동등 이상의 학력이 있는 자로서 교육훈련기관[10]에서 12주 이상 사회복지사업에 관한 교육훈련을 이수한 자 ⑦ 종전의 「사회복지사업법」에 따라 사회복지사 3급 자격증을 취득한 후 3년 이상 사회복지사업의 실무경험이 있는 자

※ 비고: 외국의 대학 또는 대학원에서 사회복지학 또는 사회사업학을 전공하고 학사학위 이상의 학위를 취득한 자로서 등급별 자격기준과 동등한 학력이 있다고 보건복지부장관이 인정하는 경우에는 당해 등급의 사회복지사 자격증을 교부할 수 있다.

2) 정신건강 · 의료 · 학교사회복지사의 자격

사회복지사의 등급은 1급 · 2급으로 하되, 정신건강 · 의료 · 학교 영역에 대해서는 영역별로 정신건강사회복지사 · 의료사회복지사 · 학교사회복지사의 자격을 부여할 수 있다(「동법」 제11조 제2항). 사회복지사 1급 자격은 국가시험에 합격한 사람에게 부

9) 사회복지사자격 취득방법은 다음과 같이 다양하다.
① 전문대, 대학(필수 10, 선택 4), 대학원(필수 6, 선택 2)
② 학점은행제(대졸자는 필수 10, 선택 4의 14과목 이수)
③ 사이버대학(사회복지과목 이수)
④ 사회복지사 양성 과정(시설종사자 12주, 24주 과정; 공무원 과정(8급, 3년 이상, 4주)

10) 보건복지부는 2008.3.7자로 사회복지사 양성 공무원 6주과정, 종사자 12주과정, 24주과정 교육훈련기관으로 명지대학교와 경남정보대학을 지정하였다(보건복지부 고시 제2008-02호).

여하고, 정신건강사회복지사・의료사회복지사・학교사회복지사의 자격은 1급 사회복지사의 자격이 있는 사람 중에서 보건복지부령으로 정하는 수련기관에서 수련을 받은 사람에게 부여한다(「동법」 제11조 제3항).

3) 국가시험 과목

사회복지사 1급의 국가시험 과목은 〈표 10-3〉과 같다.

〈표 10-3〉 사회복지사 1급의 국가시험 과목

사회복지기초	사회복지실천	사회복지정책과 제도
인간행동과 사회환경 사회복지조사론	사회복지실천론 사회복지실천기술론 지역사회복지론	사회복지정책론 사회복지행정론 사회복지법제론

4) 국가시험 응시자격

국가시험에 응시할 수 있는 자격은 다음과 같다.

① 대학원에서 사회복지학 또는 사회사업학을 전공하고 석사학위 또는 박사학위를 취득한 자. 다만, 대학에서 사회복지학 또는 사회사업학을 전공하지 아니하고 동 석사학위를 취득한 자는 보건복지부령이 정하는 사회복지학 전공교과목과 사회복지 관련 교과목 중 필수과목 6과목 이상(대학에서 이수한 교과목을 포함하되, 대학원에서 4과목 이상을 이수), 선택과목 2과목 이상을 각각 이수하여야 한다.

② 대학에서 보건복지부령이 정하는 사회복지학 전공교과목과 사회복지 관련 교과목을 이수하고 학사학위를 취득한 자

③ 대학과 동등 이상의 학력이 있다고 교육부장관이 인정하는 학교에서 보건복지부령이 정하는 사회복지학 전공교과목과 사회복지 관련 교과목을 이수하고 졸업한 자

④ 외국의 대학 또는 대학원에서 사회복지학 또는 사회사업학을 전공하고 학사학위 이상을 취득한 자로서 제1호 및 제2호의 자격과 동등하다고 보건복지부장관이 인정하는 자

⑤ 〈표 10-2〉 등급별 자격기준의 사회복지사 2급란의 ④ 내지 ⑥에 해당하는 자로서 시험일 현재 1년 이상 사회복지사업의 실무경험이 있는 자

5) 사회복지학 전공교과목과 사회복지 관련 교과목

사회복지학 전공교과목과 사회복지 관련 교과목은 〈표 10-4〉, 〈표 10-5〉와 같다. 따라서 요즈음 같이 다양한 복수전공이 가능한 상황에서는 대학에서 어떤 학과를 졸업했느냐가 중요한 것이 아니라 어떤 과목을 이수했느냐가 중요하다. 이런 시대적 상황에서 많은 대학이 이름만 사회복지학과 또는 유사한 학과로 명칭을 변경하고 교과목을 사회복지 관련 교과목으로 바꾸어 강의하고 있다. 그러나 강의의 실제 내용이나 그 질적 평가를 할 수 없어 양성되는 사회복지사의 전문성에 심각한 문제로 대두되고 있는 실정이다.

〈표 10-4〉 **사회복지 관련 교과목**

필수과목 (10)	사회복지개론, 인간행동과 사회환경, 사회복지정책론, 사회복지법제, 사회복지실천론, 사회복지실천기술론, 사회복지조사론, 사회복지행정론, 지역사회복지론, 사회복지현장실습
선택과목 (4)	아동복지론, 청소년복지론, 노인복지론, 장애인복지론, 여성복지론, 가족복지론, 산업복지론, 의료사회사업론, 학교사회사업론, 정신건강론, 교정복지론, 사회보장론, 사회문제론, 자원봉사론, 정신보건사회복지론, 사회복지지도감독론, 사회복지자료분석론, 프로그램개발과 평가, 사회복지발달사, 사회복지윤리와 철학 중 4과목 이상

* 비고: 과목명의 명칭이 동일하지 아니하더라도 교과의 내용이 동일하다고 보건복지부장관이 인정하는 경우에는 동일 교과목으로 본다.

〈표 10-5〉 사회복지와 동일 교과목

구분	법정 교과목명	인정 교과목
필수 과목	사회복지개론	사회사업개론, 사회사업론, 사회복지학개론, 사회복지론, 사회복지학
	인간행동과 사회환경	인간행동과 사회환경 연구, 인간행동과 사회환경론, 인간행동과 사회환경이론
	사회복지정책론	고급사회복지정책연구, 사회사업정책, 사회복지정책이론
	사회복지법제	사회복지법제론, 사회복지법제연구, 사회복지법규, 사회복지법제이론
	사회복지실천론	사회복지실천연구, 사회복지실천, 사회사업실천(론), 사회복지실천이론
	사회복지실천기술론	사회복지실천기술연구, 사회복지실천기술
	사회복지조사론	사회복지조사연구, 사회복지조사, 사회사업조사, 사회복지조사개론, 사회복지조사방법, 사회복지조사 및 연구방법, 사회복지조사이론
	사회복지행정론	사회복지행정연구, 사회복지행정, 사회사업행정, 사회복지행정이론
	지역사회복지론	지역사회복지연구, 지역사회복지, 지역사회사업(론)
	사회복지현장실습	사회복지현장실습 및 세미나, 사회복지실습
선택 과목	아동복지론	아동복지연구, 아동복지, 아동복지개론
	청소년복지론	청소년복지연구, 청소년복지, 청소년복지개론
	노인복지론	노인복지연구, 노인복지, 노인복지개론
	장애인복지론	장애인복지연구, 장애인복지, 장애인복지개론
	여성복지론	여성복지연구, 여성복지, 여성복지개론
	가족복지론	가족복지연구, 가족복지, 가족복지개론
	산업복지론	산업복지연구, 산업복지, 산업복지개론
	의료사회사업론	의료사회사업연구, 의료사회사업, 의료사회복지, 의료사회사업개론
	학교사회사업론	학교사회사업연구, 학교사회사업, 학교사회복지, 학교사회사업개론
	정신건강론	정신건강연구, 정신건강, 정신건강개론
	교정복지론	교정복지연구, 교정복지, 교정복지개론
	사회보장론	사회보장연구, 사회보장, 사회보장개론, 사회보장분석
	사회문제론	사회문제연구, 사회문제, 사회문제개론
	자원봉사론	자원봉사연구, 자원봉사, 자원봉사개론, 자원봉사자론
	정신보건사회복지론	정신보건사회복지연구, 정신보건사회복지, 정신보건사회복지개론
	사회복지지도감독론	사회복지지도감독연구, 사회복지지도감독

구분	법정 교과목명	인정 교과목
	사회복지 자료분석론	사회복지자료분석세미나, 사회복지자료분석특강, 사회복지자료분석특론, 사회복지자료분석연구, 사회복지자료분석, 사회복지자료분석개론, 사회복지자료분석이론, 사회복지자료분석
	프로그램 개발과 평가	프로그램 개발과 평가세미나, 프로그램 개발과 평가특강, 프로그램 개발과 평가특론, 프로그램 개발과 평가연구, 프로그램 개발과 평가개론, 사회복지 프로그램 개발과 평가, 프로그램 개발 및 평가
	사회복지발달사	사회복지발달세미나, 사회복지발달사특강, 사회복지발달사특론, 사회복지발달사연구, 사회복지역사와 사상
	사회복지윤리와 철학	사회복지윤리와 철학세미나, 사회복지윤리와 철학특강, 사회복지윤리와 철학특론, 사회복지윤리와 철학연구, 사회복지윤리와 철학이론

4. 사회복지사의 직무상 책임

1) 사회복지종사자의 최대봉사 의무

인간은 행복을 추구하는 동물이다. 그런데 사회복지는 인간의 행복을 보장해 주지는 못한다. 왜냐하면 행복이란 전적으로 주관적이기 때문이다. 그러나 사회복지업무에 종사하는 사람은 그 업무를 행함에 있어서 사회복지를 필요로 하는 사람을 위하여 인권을 존중하고 차별 없이 최대로 봉사하여야 한다(「사회복지사업법」 제5조 제1항).

2) 사회복지를 필요로 하는 사람의 인권 존중

국가와 지방자치단체는 복지업무에 종사하는 사람이 그 업무를 수행할 때 사회복지를 필요로 하는 사람의 인권을 침해하는 행위를 한 경우에는 법률(「동법」 제2조 제1호)이 정하는 바에 따라 처분하고 그 사실을 공표하는 등의 조치를 하여야 한다(「동법」 제5조 제2항).

3) 사회복지종사자의 비밀누설금지 의무

사회복지사업 또는 사회복지업무에 종사하였거나 종사하고 있는 사람은 그 업무 수행 과정에서 알게 된 다른 사람의 비밀을 누설하여서는 아니 된다(「동법」 제47조). 이를 위반하면 1년 이하의 징역 또는 1천만원 이하의 벌금에 처한다(「동법」 제54조 제6호).

제3절 사회복지사의 노동조건과 처우

1. 사회복지사가 수행하는 노동의 성격

1) 감정노동자로서의 사회복지사

사회복지사는 감정노동자로 분류된다. 감정노동은 직장인이 사람을 대하는 일을 수행할 때 조직에서 바람직하다고 여기는 감정을 자신의 감정과는 무관하게 행하는 노동을 의미한다. 감정노동을 요구하는 직업에는 세 가지 공통점이 있다. 첫째, 대중과의 직접대면 또는 음성대면 접촉이 이루어진다. 둘째, 작업자가 클라이언트의 감정 상태(예: 감사 또는 두려움)를 유발하게 된다. 셋째, 고용주가 교육 및 감독을 통해 직원의 정서적 활동을 어느 정도 통제한다(Winter, et al., 2018: 5-6). 그런데 사회복지사에게는 이 세 가지가 다 함축된다. 감정의 표현과 관리는 사회복지 실천에서 매우 중요한 작용을 한다.

2) 전문기술로서의 공감과 자기노출

사회복지사에게 있어서 의사소통 능력은 대단히 중요하다. 그 중에서도 클라이언트와의 공감능력이나 자기노출 등은 대단히 유용한 기술이다. 공감(empathy)은 클라이언트의 입장에서 그의 감정과 생각, 표현을 존중하고 이해하며 인정하는 것을 의미한다. 즉, 클라이언트의 느낌과 감정 등을 사회복지사도 함께 느껴 보고 그것을 클라이언트에게 표현해 주는 것을 말한다. 사회복지사가 공감적으로 의사소통을 할 때 클라이언트는 자신이 이해와 존경을 받고 있으며 수용되고 있음을 느낄 수 있다.

자기노출(self disclose)은 사회복지사가 자신의 생각이나 감정, 삶의 경험을 밝히는 것을 말한다. 사회복지사가 자신의 감정과 경험을 적절하게 노출할 때 클라이언트들은 사회복지사를 진실하고 진솔한 인간으로 인식할 것이며 신뢰감과 상호 이해를 증진시킬 수 있다(Hammond, Hepworth, & Smith, 1977). 이러한 공감이나 자기노출의 기법은 사회복지사가 감정적으로 평화롭고 자유스러울 때 가능한 것이다. 따라서 사회복지사의 직업 또는 직무만족도는 대단히 중요하다.

2. 사회복지사의 처우향상을 위한 노력

최근 사회복지사의 자격요건은 강화되고 수적으로는 늘어났으나 열악한 처우가 항상 문제였다. 이에 정부는 2011년 3월 30일 법률 제10511호로 「사회복지사 등의 처우 및 지위향상을 위한 법률」을 제정하였다. 그리고 이듬해(2012) 3월에 한국사회복지공제회를 발족시켰다. 이 법은 사회복지사 등에 대한 처우를 개선하고 신분보장을 강화하여 사회복지사 등의 지위를 향상하도록 함으로써 사회복지증진에 이바지하는 것을 목적으로 한다(「사회복지사 등의 처우 및 지위향상을 위한 법률」 제1조).

1) 사회복지사 등의 정의

「사회복지사 등의 처우 및 지위향상을 위한 법률」에서 말하는 '사회복지사 등'이란 다음에 해당하는 '사회복지법인 등'에서 사회복지사업에 종사하는 자를 말한다(「동법」 제2조).

① 사회복지사업을 행할 목적으로 설립된 사회복지법인

② 사회복지사업을 행할 목적으로 설치된 사회복지시설

③ 그 밖에 대통령령으로 정하는 다음의 사회복지 관련 단체 또는 기관

㉮ 사회복지공제회

㉯ 사회복지사업을 할 목적으로 설립된 법인

㉰ 한국사회복지사협회

㉱ 그 밖에 보건복지부장관이 사회복지 관련 단체 또는 기관으로 인정하는 단체 또는 기관

2) 사회복지사 등의 처우개선과 신분보장

이 법은 국가・지방자치단체가 사회복지사들의 "처우를 개선하고 복지를 증진함과 아울러 그 지위 향상"을 위하여 적극적으로 노력할 것을 규정하고 있다(「동법」 제3조 제1항). 그뿐만 아니라 "사회복지사 등의 보수가 사회복지 전담공무원의 보수수준에 도달하도록"(「동법」 제3조 제2항) 노력할 것을 요구했다. 이를 위해 국가는 사회복지사 등의 "적정 인건비에 관한 기준"을 마련하여야 하며, 지방자치단체는 해당 기준을 준수하기 위하여 노력하여야 한다(「동법」 제3조 제3항).

이를 강조하는 의미로 보건복지부장관과 지방자치단체의 장은 "사회복지사 등의 보수 수준 및 지급실태, 기준의 지방자치단체별 준수율 등에 관하여 3년마다 조사・공표"(「동법」 제3조 제4항)할 것을 규정하여 법적 강제는 아니더라도 정치적으로 압력을 가하는 효과를 얻을 수 있게 했다.

또한 사회복지사 등에게도 '내부고발자 보호규정'을 두었다. 내부고발은 전・현직 조직구성원이 조직 내에서 발생한 불법, 부정부패, 비리, 예산낭비 등의 문제를 영향력 행사가 가능한 사람이나 감독・수사기관 등에 알리는 행위다. 내부고발 관련 법제도로는 '부패방지권익위법'과 '공익신고자보호법'이 있다. 이것을 「사회복지사 등

의 처우 및 지위향상을 위한 법률」에도 규정하여 사회정의와 내부고발자 보호조치를 강화하였다. 즉, 사회복지사 등은 사회복지법인 등의 운영과 관련된 위법・부당 행위 및 그 밖의 비리 사실 등을 관계 행정기관과 수사기관에 신고하는 행위로 인하여 징계 조치 등 신분상 불이익이나 근무조건상 차별을 받지 아니한다(「동법」 제3조 제5항).

3) 한국사회복지공제회

사회복지사 등은 생활안정과 복지증진을 도모하기 위하여 보건복지부장관의 인가를 받아 한국사회복지공제회를 설립할 수 있다(「동법」 제4조 제1항). 공제회의 회원은 사회복지사업에 종사하는 자 중 다음에 해당하는 사람으로 ① 사회복지사, ② 법인 및 시설(「동법」 제2조에 따른) 등에 종사하는 사람, ③ 민법 또는 다른 법률에 따라 설립된 법인 등에서 사회복지 관련 업무에 종사하는 자 중 대통령령으로 정하는 사람, ④ 그 밖에 공제회 정관으로 정하는 사람으로 한다. 공제회의 회원은 공제급여 등을 제공받는다.

11

사회복지조사

사회복지조사

제1절 사회복지조사의 의의

1. 사회복지조사의 개념

조사(research)[1]란 과학적 절차를 통해서 질문에 대한 해답을 구하는 표준화된 절차를 의미한다. 그린우드(Greenwood, 1957)는 "조사란 지식탐구를 위한 표준화된 절차의 이용"이라고 정의하고 있으며, 폴란스키(Polansky, 1960)는 조사를 "기존의 지식에 첨가하려는 의도에서 전달될 수 있고 입증될 수 있는 방식으로 체계적 발견을 하는 것"이라

1) 'study'와 'research'를 다 같이 연구라고 번역할 수 있다. 전에는 study를 많이 쓰다가 최근에는 research를 주로 쓰고 있다. 이것은 study에 비교해서 research는 조사연구라는 뜻이 담겨 있다. 즉, 사회조사를 통한 실증적 연구라는 의미가 강조된 것이다. 그래서 요즈음에는 research를 조사, 연구, 조사연구라는 뜻으로 경우에 따라 적절히 사용된다.

고 언급하였다. 이러한 개념을 통해 볼 때 조사의 의도는 궁극적으로 설명(explanation)에 있다고 하겠다.

일반적으로 사회과학자는 "왜 이러한 사회현상이 발생하는가?"에 대한 설명을 제공하는 데 관심이 있다. 사회현상을 설명하는 논리적 방법으로는 연역적 방법과 귀납적 방법이 있다. 연역적 방법이란 기존의 이론에서 가설이 설정되고, 가설은 관찰을 통해 그 지지 여부를 결정하는 방법이다. 반면, 귀납적 방법은 관찰로부터 시작해 일반적인 결론, 즉 이론에 도달하는 방법을 말한다. 따라서 조사방법론이란 과학적 이론을 만드는 조사연구에서 논리와 경험을 어떤 방법으로 결합할 것인지 다루는 것이라고 하겠다.

그렇다면 사회복지조사방법이란 무엇인가? 사회복지전문직이 실천현장에서 필요한 이론들을 만들어낼 때 이러한 이론들이 최대한 논리를 갖추어야 하며, 또한 경험적인 검증을 거칠 수 있는 기회를 가질 수 있어야 한다. 사회복지조사란 이러한 목적을 수행할 수 있는 사회복지의 한 방법인 것이다. 보다 구체적으로 말하자면, 사회복지조사란 사회복지실천의 토대가 되는 지식을 확대하고 체계화하며 사회복지학문을 보다 과학화하는 기능을 수행하는 방법이라고 하겠다.

2. 과학적 방법

경험적 사실들을 강조하는 실증주의적 과학관에 의하면 과학적 인식방법의 중요한 특성을 '논리'와 '경험'으로 간주하고 있다. 논리적이란 현상에 대한 설명이 합리적임을 의미하고, 경험적이란 주로 직접적인 관찰에 의해서 사실들이 확인되는 것을 말한다(김영종, 2002: 30). 따라서 어떠한 사실이나 설명은 논리성과 경험성이 동시에 확보되었을 때 비로소 과학적 지식으로 간주되는 것이다.

사회복지실천이 클라이언트의 자기결정, 비밀보장, 수용 등의 규범과 가치를 지니듯이 과학적 탐구방법 또한 다음에 제시한 일련의 가치 및 규범을 지니고 있다.

① **객관성**(Objectivity): 연구자가 연구주제를 선정하는 단계에서는 개인적인 관심 또는 개인의 가치관이 개입될 수 있지만 일단 연구주제가 선정된 후부터는 연구자의 개인적인 성향이나 편견, 가치관 등이 연구과정이나 결과에 개입되지 않아야 한다.

② **경험가능성**(Empirical Evidence): 연구의 주제나 개념들은 일상적으로 관찰하거나 경험할 수 있어야 하며 경험적으로 검증될 수 있어야 한다.

③ **정확성**(Precision): 연구에 등장하는 개념들은 연구결과의 이해도와 재생가능성을 증진하기 위하여 명확하고 정확하게 규정되어야 한다.

④ **재생가능성**(Replication): 타 연구자들이 연구결과를 재생할 수 있도록 연구절차와 세부내용을 상세하게 설명해야 한다. 조사연구에 있어서 완벽한 연구는 불가능하며 모든 연구결과물은 재생과 비판에 개방적이어야 한다.

⑤ **의사소통**(Communication): 연구자는 연구보고서 등을 통하여 연구결과물을 타인들에게 공개하여 창출된 지식을 공유하여야 하며, 비판과 새로운 아이디어에 개방적이어야 한다.

3. 과학적 방법과 지식의 필요성

사회복지조사의 개념을 정의하기 이전에 반드시 언급하여야 할 문제가 바로 과학적 방법과 지식의 필요성이다. 사회복지사들은 어려움에 처한 클라이언트들을 원조하려는 매우 이타적인 의도를 가지고 있다. 하지만 사회복지사들이 아무리 좋은 의도를 지니고 있다 하더라도 반드시 그 결과가 긍정적으로 나타날 것이라고 보장할 수는 없다. 예를 들어, 우울증을 호소하는 클라이언트를 원조하는 사회복지사가 우울증을 치료하는 데 있어 전혀 효과가 없는 서비스들을 제공하게 되면 결국 클라이언트의 우울증을 경감시키는 데 전혀 도움을 줄 수 없을 것이다. 비록 사회복지사는 클라이언트의 우울증을 치료하려는 좋은 의도에서 출발하였지만 결과적으로 클라이언트의 문제를 해결하는 데 있어서 전혀 도움을 주지 못하는 부정적인 결과를 초래할 수 있는 것이다. 사회복지직이 전문직으로서 그 정당성을 유지하기 위해서는 좋은 의도를 지니고 있다는 것만으로는 충분하지 않으며, 우리가 제공하는 서비스의 결과에 대해서도 책임성 있는 활동을 수행하여야만 한다. 사회복지전문직이 책임성 있는 활동을 하기 위해서는 과학적 방법을 통해서 얻어진 과학적이고 객관적인 지식을 동원하여 클라이언트에게 서비스를 제공하여야 할 필요성이 있는 것이다.

제2절 사회복지조사의 목적

1. 과학적인 전문지식 및 이론형성

사회복지를 실천하는 데 필요한 지식은 현재로서는 충분하지도, 완벽하지도 않다. 뿐만 아니라 인간과 인간이 속해 있는 사회는 매우 복잡할 뿐만 아니라 끊임없이 변화하기 때문에 기존 지식의 지속적인 수정 및 새로운 지식의 도입이 필요하다. 따라서 사회복지조사방법은 사회복지실천에서 필요한 이론들을 경험적 검증과정을 거쳐 과학적으로 개발되도록 돕는 역할을 수행하며, 이러한 것들이 궁극적으로 사회복지지식의 확대 및 발전을 가져오게 한다.

2. 사회복지전문직의 책임성 검증

사회복지전문직은 사회 내의 공공자원을 할당받아 운영된다. 따라서 사회복지전문가들이 사회복지 목적을 어느 정도 달성하였으며, 효과를 어느 정도 거두었는가에 대해 사회적 책임을 질 필요가 있다. 전문직 활동에 대한 사회적 책임성을 입증하기 위해서는 객관적이고 과학적인 방법을 통한 서비스의 실행과 검증이 필수적이다. 따라서 과학적 방법으로서의 사회복지조사방법은 사회복지활동에 대한 이론과 실제, 동기와 결과를 경험적으로 연결시켜 사회복지전문직의 책임성을 제고시키는 목적을 수행하게 된다.

3. 욕구 및 문제 파악

사회복지활동은 욕구 및 문제 파악, 이에 대응한 사회복지적 개입, 그리고 평가가 연속되는 과정이다. 따라서 사회복지실천의 첫 번째 임무는 욕구 및 문제를 발견하고 이해하는 것이다. 사회복지조사는 이를 위해 활용되는 중요한 과학적 방법이다.

4. 개입방법의 연구

사회복지실천의 개입은 복합적인 성격을 가지고 있기 때문에 개입 자체에 대한 체계적 연구가 그 효과측정과는 별도로 필요하다. 조사연구를 통해서 개입의 정확한 모습이 시험되어야 하고 서로 다른 개입 간에 결과적으로 어떤 상관관계를 초래하게 되는가를 밝혀야 한다.

5. 효과성 평가

효과성을 평가하기 위해서는 효과를 측정하여야 한다. 효과측정이란 사회복지활동이 사회적 필요성을 어느 정도 충족하고 있는가를 측정하는 것이다. 사회복지조사를 통한 효과성 평가나 측정이 사회복지사업에서 수시로 이행된다면 재원이나 우선순위 및 선택 등 다방면의 목적달성에 크게 이바지할 수 있다(남세진 외, 1988).

사회복지정책이나 프로그램을 수행한 결과에 대한 효과를 측정하는 것은 그 정책이나 프로그램의 성패를 가늠할 뿐만 아니라 정책의 계속 여부와 수정방향을 결정해준다. 사회복지의 효과는 어떤 목적을 위해 자금과 인력이 얼마나 투입되었고 그 결과 얼마나 많은 사람에게 혜택이 주어졌는가 하는 데만 있는 것이 아니다. 사회복지의 효과는 정책이나 프로그램의 수행결과 얼마나 많은 사람에게 어느 정도의 만족감·행복감을 주었는가에 관심을 갖는다.

제3절 사회복지조사의 윤리적 문제

사회복지는 사회과학의 한 분야로서 연구조사과정에 있어서 사람들을 대상으로 연구를 실시해야 하는 경우가 빈번하다. 비록 조사연구가 과학적인 지식의 축적을 지향하며 합리적인 논리를 바탕으로 경험적으로 입증된 더 나은 서비스를 개발한다는 점에서 매우 중요한 의미가 있다고 하더라도, 연구결과를 위해 연구참여자(human subject)들을 희생시킨다는 것은 그 정당성을 인정받을 수 없다. 연구자는 연구참여자들의 개인적인 권리와 비밀을 반드시 보장하여야 하며, 이를 위해 다음의 사항들을 고려하여야 한다.

1. 자발적 참여

연구자는 연구참여자들이 자발적으로 연구에 참여할 수 있도록 하여야 한다. 연구참여자들이 연구에 참여하지 않거나 연구 진행 중에 참여를 그만둔다 할지라도 어떠한 불이익도 당하지 않도록 보장하여야 한다. 자발적인 참여가 아닌 경우에 수집된 정보는 신뢰성을 얻을 수 없다. 오히려 요즈음에는 연구참여자들의 자발적인 참여를 유도하기 위해 다양한 선물을 제공하는 등 연구자들의 부담이 증대하고 있다.

2. 고지된 동의(Informed consent)

연구참여자들이 자발적으로 연구에 참여하는 것을 최대한 보장하기 위하여 연구자는 연구의 목적과 연구방법, 연구의 효과성 등에 관한 충분한 정보(sufficient information)를 연구참여자들에게 제공하여야 한다. 이 과정을 통하여 자발적인 의사로 연구참여에 동의한 자들만을 대상으로 연구를 진행하여야 한다.

3. 참여자의 피해 방지

연구자는 연구참여자들이 연구에 참여함으로써 어떠한 물질적 · 정신적 · 경제적 피해를 받지 않도록 보장하여야 함은 물론 연구참여자들로 하여금 이를 믿을 수 있게 해야 한다. 흔히 군(軍)이나 교도소 등 폐쇄사회에서 이루어지는 조사의 경우 참여자들이 조사결과에 대한 보복의 두려움 때문에 사실에 입각한 응답을 하지 않는 경우가 많다. 이렇게 조사된 자료를 근거로 작성된 보고서나 논문들은 흔히 잘못된 결론에 도달하게 된다.

4. 개인정보의 보호

연구자는 원칙적으로 연구참여자의 개인적인 신상정보를 보호해야 할 의무가 있으며, 외부로 개인정보를 누출하지 않아야 한다. 그래서 보통 질문지에 첨부되는 인사말에서 본 연구 외의 어떠한 다른 용도에도 쓰이지 않을 것임을 밝히기도 한다.

5. 기만행위의 배제

특수한 연구목적을 제외하고는[2] 원칙적으로 연구참여자들을 기만하는 제반 행위

2) 예컨대, '커피의 카페인 성분이 수면장애를 가져오는가?'에 대한 실험을 하기 위해 모집단에게는 카페인 성분을 제거한 커피를 제공하고, 비교집단에게는 카페인을 첨가한 우유를 제공하는 실험을 할 경우를 들 수 있다.

를 해서는 안 된다. 연구참여자를 기만하여 오도된 응답이 나오도록 해서도 안 됨은 물론, 의도했던 결과가 나오지 않을 경우 자료를 조작함으로써 응답자 전체의 인격을 모독하는 결과를 가져와서도 안 된다.

6. 정확하고 정직한 분석과 보고

조사연구의 목적이 과학적인 지식의 창출에 있다고 볼 때, 연구자는 정확하게 자료를 분석하여야 하며, 연구결과가 설령 연구자가 예측한 것과 정반대의 결과가 나오더라도 솔직하게 보고하여야 한다.

제4절 사회복지조사의 과정

사회복지학도 하나의 과학인 이상 과학의 일반적인 연구방법이 적용되어야 한다. 과학적 연구(scientific researches; studies)는 현상을 연구하고 새로운 지식을 구축하거나 이전의 지식들을 모아 통합할 때 사용되는 기법이다. 다시 말하면 경험과 측정에 근거한 증거를 사용하여 현상의 원리를 밝히는 과정이다. 따라서 과학적 연구방법이란 객관적인 결과를 얻기 위한 사회적 · 물리적 조사에 사용되는 일련의 절차를 말한다. 이러한 절차는 개념 규정, 측정 방법의 진술, 가설 검정을 위한 기준 설정, 사례 · 표본의 관찰, 사실 발견을 통한 결론의 도출 등을 포함한다. 과학적 연구방법으로 흔히 연역적 방법과 귀납적 방법을 사용한다. 연역적 방법은 일반적 사실이나 원리를 전제로 하여 개별적이고 구체적인 상황에서 적용될 사실이나 원리를 유추해 내는 추리방법이다. 따라서 연역법은 보통 문헌연구를 통해 이루어진다. 귀납법이란 개별적인 특수한 사실이나 현상을 전제로 일반적인 사실이나 원리를 유추해 내는 추리방법이다. 따라서 귀납법은 조사연구를 통해 이루어진다. 보통 조사연구는 문헌연구를 통해 연역적인 방법으로 어떤 가설을 세우고 조사연구를 통해 그 가설을 검증함으로써 가설의 타당성을 입증하는 방법이다. 이러한 방법으로 가설이 입증되면 가설은 비로소 하나의 이론으로 정립할 수 있게 된다.

사회복지조사의 전체적인 과정은 크게 문제제기의 단계, 조사의 설계단계, 자료수집의 단계, 자료처리 및 분석의 단계, 해석 및 결과보고서 작성 단계로 구성된다. 이것을 요약해서 정리하면 〈표 11-1〉과 같다.

〈표 11-1〉 사회복지조사의 절차

단계	내용
문제의 제기	전체적인 조사방향 설정 • 조사주제 및 목적, 문제 설정 • 변수 및 가설 설정
조사의 설계	전체적인 연구체계: 청사진 역할 • 조사대상자 선정 • 조사방법 • 측정과 척도 • 자료수집방법 • 분석기법 결정 • 예산 결정 • 조사일정 결정
자료수집	실사(fieldwork)
자료처리 및 분석	자료처리 및 분석 • 통계적 방법에 따라 자료의 의미 파악
해석 및 결과보고서 작성	해석 및 결고-보고서 작성 • 분석결과를 조사목적에 따라 논리적으로 해석 • 조사결과 및 제언을 의사결정에 도움이 되도록 문자나 도표화

1. 문제의 제기

이 단계는 무엇을 조사할 것인지 고민하여 정리하는 단계로, 조사의 주제나 목적을 정하고, 이에 따라 연구의 구체적인 목표나 가설을 설정하는 단계이다. 연구의 주제를 정할 때 왜 그것이 문제가 되는지를 밝혀야 할 경우가 있다. 때로는 이 주제를 연구하는 것이 어떤 의의가 있는지 또는 왜 이 연구를 하려는지 연구의 목적을 밝혀야 하는 경우가 있다.

2. 조사의 설계

조사 설계의 단계는 조사연구의 청사진 역할을 하는 단계로, 조사대상과 조사방법, 조사일정 및 표본추출방법과 자료수집방법 등에 대한 구체적인 계획들을 수립하는 단계이다. 이 단계에서는 예산과 일정 등 여러 제약조건을 감안하여 계획을 수립해야 한다. 조사의 설계를 보면 연구방법의 타당성을 가늠할 수 있다.

3. 자료수집

조사대상자로부터 실제 조사를 실시하는 단계이다. 이때는 일대일 면접, 우편, 전화 등의 다양한 방법을 사용할 수 있다. 이때 실사(fieldwork)에 들어가기 전에 조사원들을 대상으로 실사 시 일어날 수 있는 상황에 대해 충분한 교육과 훈련이 반드시 이루어져야 한다.

4. 자료처리 및 분석

수집된 자료는 부실한 응답지나 오류가 난 질문지 등을 분류한 후, 수집한 자료를 코딩, 입력하여 조사목적과 설계에 부합한 통계처리를 실시하는 단계이다. 사회과학의 경우 통계처리는 SPSS, SAS 등의 컴퓨터 프로그램을 주로 사용한다.

5. 결과해석 및 보고서 작성

통계처리된 결과와 이론적 배경 등 각종 정보 등을 바탕으로 체계적이고 구체적으로 보고서를 작성하는 단계이다. 이 단계가 끝나면 이를 바탕으로 프로그램이나 사업계획 등이 수립될 수 있도록 환류(feedback; 피드백)과정이 필요하다.

제5절 설문지 작성방법

이 절에서는 자료수집방법을 간략하게 소개하고 다양한 자료수집방법 중에서 보편적으로 가장 많이 활용되고 있는 설문지법에 대하여 설명하고자 한다.

1. 자료의 종류

1) 1차 자료

연구자가 수행 중인 조사목적을 달성하기 위하여 직접 수집한 자료를 말한다. 일반적으로 1차 자료는 2차 자료에 비해 수집하는 데 드는 시간과 비용이 많이 들기 때문에 1차 자료를 얻기 전에 조사목적에 적합한 2차 자료의 존재 및 사용가능성을 확인하고 조사목적에 부합되는 2차 자료가 없는 것에 한하여 1차 자료를 수집하는 것이 경제적이다.

2) 2차 자료

연구자가 직접 수집하지는 않았지만 수행 중인 조사목적에 도움을 줄 수 있는 기존의 모든 자료로, 기존의 정부자료, 조사기관의 간행물, 기업에서 수집한 자료, 학술지에 발표된 논문, 그 외 다른 조사를 목적으로 수집된 자료 등을 포함한다.

2. 1차 자료의 수집방법

1차 자료를 수집하는 방법은 크게 의사소통방법(communication method)에 의한 것과 관찰방법(observation method)으로 나누어 볼 수 있다. 의사소통방법은 설문지를 통하여 자료를 얻거나 응답자에게 질문하여 자료를 얻는 방법이며, 관찰방법은 관심 있는 어떤 상황을 측정하든가 또는 응답자의 특정 행동이나 사건 등을 기록하는 방법이다.

의사소통방법에 따라서는 표준화의 정도에 따라 심층면접법(depth interview), 표적집단면접법(focus group interview), 투사법(projective technique) 등이 있으며, 의사소통수단에 따라서는 대인면접법(personal interview), 전화면접법(telephone interview), 우편이용법(mail interview) 등이 있다. 그리고 관찰방법에는 민속방법론(ethnomethodology)이나 현지연구법(field research) 등과 같은 참여관찰법이 있으며, 실험실 내 실험이나 모의실험법(simulation) 등과 같은 비참여관찰법이 있다.

3. 설문지법

자료수집 방법에는 다양한 방법이 사용되고 있으나 가장 보편적으로 사용되는 것이 설문지를 이용한 서베이(survey) 방법이다. 여기에서는 설문지의 구성요소와 설문지 작성 시 유의사항을 중심으로 설명하고자 한다.

1) 설문지의 구성요소

설문지는 조사목적에 맞는 유용한 자료를 수집하는 수단이며, 이를 통해 얻어진 자료를 분석하여 조사의 결론에 도달하는 중요한 부분이다. 설문지 구성의 구성요소로는 첫째, 인사말 및 응답자에 대한 협조 요청, 둘째, 식별자료, 셋째, 본 설문, 넷째, 인적사항 설문 등이 있다.

(1) 인사말 및 응답자에 대한 협조 요청

조사자나 조사기관의 소개, 조사의 취지를 설명하는 부분이다. 앞에서 언급하였듯이 조사목적과 방법을 소개하는 것은 연구자의 의무이기도 하지만, 응답률을 높일 수 있도록 가능한한 자세하고 호소력 있는 인사말을 쓰도록 노력해야 한다. 또한 개인적인 응답항목에 대한 비밀보장 등에 대한 내용도 명시하여 연구참여자를 안심시켜야 한다.

(2) 식별자료

각 설문지를 구분하기 위한 일련번호와 추후의 확인조사를 위한 응답자의 이름이나 주소, 조사를 실시한 면접자의 이름과 면접 일시를 기록해 두는 것이 편리하다.

(3) 본 설문

설문지 작성의 가장 중요한 부분으로, 연구목적에 필요한 자료가 수집되는 부분이다. 일반적으로 질문지에 포함될 다수의 질문들은 가급적 논리적인 연관성이 있는 것이 좋으며, 첫 번째 질문은 가능한 한 쉽게 응답할 수 있고, 흥미를 유발할 수 있는 것으로 선정하는 것이 좋다. 즉, 일반적인 질문에서 특수한 질문으로, 객관적 사실을 묻는 질문에서 태도나 의견, 동기 등을 묻는 질문으로 옮겨가는 것이 바람직하다. 그리고 질문지에 사용하는 용어는 뜻이 분명한 용어를 가려서 사용하여야 한다. 개념이 분명치 않은 것은 개념을 정의할 필요가 있다.

(4) 인적사항 설문

응답자의 인적사항은 마지막 부분에서 묻는 것이 좋은데, 이는 인적사항을 먼저 묻게 되면 본 설문에 대하여 응답자들이 솔직한 의견을 말하지 않는 경향이 있기 때문이다.

2) 설문 구성 시 유의사항

① 가능한 한 쉽고 의미가 명확하게 구분되는 단어를 사용한다.
② 다지선다형 응답에 있어서는 가능한 응답을 모두 제시해 주어야 한다.
③ 응답항목들 간의 내용이 중복되어서는 안 된다.
④ 하나의 항목에 2가지 내용이 포함되어서는 안 된다.
⑤ 연구자 임의로 응답자들에 대한 가정을 하여서는 안 된다.
⑥ 단어들의 뜻을 명확하게 설명하여야 한다.
⑦ 응답자들에게 지나치게 자세한 응답을 요구해서는 안 된다.
⑧ 응답자가 대답하기 곤란한 질문들에 대해서는 직접적인 질문을 피하도록 한다.
⑨ 대답을 유도하는 질문을 하여서는 안 된다.
⑩ 응답자들이 정확한 대답을 모르는 경우에는 중간값을 선택하는 경향이 있음을 알아야 한다.
⑪ '그리고', '와', '과'의 사용에 주의한다.
⑫ 법에 위배되거나 사회적으로 민감한 것은 주의해야 한다.

제6절 보고서 작성방법

조사연구의 목적이 과학적인 지식의 창출에 있다고 볼 때, 연구자는 자신이 수행한 연구의 결과를 문서의 형태로 보고할 의무가 있다. 연구결과를 발표함으로써 지식의 공유가 가능해지며 이를 통해 사회문제를 이해하고 문제를 개선하는 데 기여할 수 있는 것이다.

1. 보고서 작성 시 주요 지침

연구결과 또는 자료를 제시하는 데 있어서 기본이 되는 원칙의 하나는 최대한으로 자세한 보고를 하되, 너무 어수선하게 늘어놓아 혼란스럽게는 하지 말라는 것이다. 그리고 결과 제시의 순서와 자료의 조직화에 대한 몇 가지 지침을 소개하면 다음과 같다.

① '숲에서 시작하여 나무에로'라는 원칙을 따른다. 가장 핵심이 되는 결과부터 제시하고 나서 좀더 주변적인 것을 보고한다. 또 각 소주제 안에서도 기본적인 결과를 먼저 말한 다음 필요에 따라 더욱 정교화 시키든가 조건부 진술을 한다.

② 이론적·개념적 연구문제를 한 번 더 상기시켜 준다.

③ 실제로 실시한 방법적 절차, 조작, 측정 등을 자세히 알려 준다.

④ 연구문제에 대한 대답을 결과에 바탕을 두고 한마디로 간명하게 밝힌 다음에, 도표나 그림, 측정치의 통계적 유의도 같은 것으로 해명한다.

⑤ 수량적 자료는 독자가 필요하다고 생각할 때면 언제나 다시 계산해 볼 수 있도록 제시해야 할 것이다.

⑥ 어떤 경험적 연구이든지 자료와 분석과 해석을 보고서 안에 제대로 통합시킬 수 있어야 한다.

⑦ 결론을 내릴 때는 조건부 결론과 더욱 정교화할 필요가 있는 부분들을 자세히 첨가해서, 누구나 그 결론을 공정하게 평가할 수 있도록 할 것이다.

2. 연구보고서의 구성

연구보고서를 작성하는 데 중요한 것은 연구자가 어떤 과정을 통해 연구를 실시하였으며, 그 결과는 어떻게 도출되었는지를 간결하면서도 명료하게 밝혀 독자들이 쉽게 이해할 수 있는 것이 무엇보다도 중요하다고 하겠다. 따라서 정해진 규정이나 형식이 따로 있는 것은 아니지만 일반적으로 다음의 순서와 요소들이 포함되는 것이 바람직하다.

1) 제목

연구보고서의 표지에는 연구보고서 또는 논문의 제목을 밝히고, 연구자의 이름과 소속, 기관명 등을 명시하여야 한다. 논문의 제목은 논문 전체의 내용을 함축적으로 표현하여야 한다. 그리고 논문 제목의 의미와 논문의 내용이 일치하여야 한다.

2) 목차

보고서의 구성내용을 항목별로 간결하게 나타내는 것으로, 수록된 내용뿐만 아니라 도표나 그림들의 제목도 목차를 구성하여 제시한다.

3) 요약

요약은 보고서 전체에서 다루어지는 내용들을 축약하여 한눈에 이해할 수 있도록 제시하는 데 목적이 있다. 따라서 보고서 전반적인 내용 중에서 그 핵심만을 간추려 요약하는 것이 바람직하다. 일반적으로 한국어로 쓴 논문은 영문 요약문을 첨부한다. 동시에 한국어가 아닌 언어로 쓴 논문은 한국어 요약문을 첨부한다.

4) 서론

서론에서는 먼저 연구문제를 제시하여야 한다. 또한 서론 부분에서는 연구의 목적 및 연구의 중요성 등이 분명하게 제시되어야 하며, 연구에서 사용되는 주요 개념들에 대한 정의도 포함되어야 한다.

5) 문헌검토

문헌검토는 연구문제와 관련되어 있는 이론들을 살펴보고 지금까지 연구문제에 관하여 어떠한 연구들이 진행되어 왔는지를 제시하는 것이다. 문헌검토를 통하여 연구자는 연구문제에 대하여 우리가 알고 있는 부분과 그렇지 못한 부분에 대한 지식을 입수하게 된다.

6) 연구방법

연구방법 부분에서는 연구대상, 표본추출 방법, 조사에 사용된 측정도구, 연구의 진행절차, 자료분석 방법 등을 상세하게 기술하여야 한다. 이는 유사한 연구문제에 관심이 있는 타 연구자들이 연구절차를 반복할 수 있도록 하여 연구결과의 재생가능성을 높이기 위한 것이다.

7) 연구결과

연구결과에서는 자료를 분석하여 나타난 결과를 제시하는 것이다. 수집된 자료를 보고서에 모두 제시할 수는 없으므로 자료의 성질을 잘 요약해 주는 통계치를 계산하여 도표나 그래프를 사용하는 것이 좋다.

8) 논의

논의는 크게 두 부분으로 나뉜다. 전반부에서는 위의 연구결과들 중에서 연구문제와 직접적 관련이 있는 내용을 이해하기 쉽도록 간단히 요약해서 진술한다. 후반부에서는 얻어진 연구결과가 어떠한 의미를 지니고 있는지 해석하는 부분이 따른다.

9) 결론 및 제언

결론 부분에서는 연구결과와 논의에서 제시된 내용을 함축하여 제시하고 연구결과와 논의에서 다루어진 내용들이 지니는 이론적 · 실질적 함의를 제시한다. 또한 연구의 제한점과 차후 연구에서 검토되어야 할 이슈들을 제시하는 것도 매우 중요하다.

10) 참고문헌

보고서 또는 연구논문에는 반드시 참고문헌을 표기하여야 한다. 참고문헌은 연구자가 연구한 내용의 개괄적인 내용을 파악할 수 있게 하고, 독자가 더 자세히 공부할 수 있는 지침을 제공하는 데도 유용하므로 체계적이고 일관성 있게 제시해야 한다.

11) 부록

부록에는 연구의 이해를 돕기 위해 본론에는 포함시키지는 못하지만 연구의 이해를 돕기 위해 필요한 자료들을 제시하는데 표나 그림, 설문지 및 검사지, 통계자료 등이 이에 해당된다.

12 프로그램 개발과 평가

프로그램 개발과 평가

제1절 프로그램 개발과 평가의 의의

1. 프로그램에 대한 이해

사회복지에서 프로그램(program)은 개인이나 조직, 또는 사회가 봉착한 문제를 해결하기 위한 개입(intervention) 활동의 도구이다.

사회복지기관이 특정 대상을 상대로 설립되었거나 특정한 목적을 갖고 운영되고 있다면, 기관에서 제공하는 프로그램은 조직의 정체성을 상징하는 핵심사업이라 할 수 있다. 한편, 사회복지기관이나 시설이 기관을 운영함에 있어서 발생한 문제를 해결하고자 할 때 프로그램은 문제해결을 위한 수단이 된다. 따라서 프로그램은 사회복지조직의 목표가 될 수도 있고, 조직의 발전을 위한 수단이 될 수도 있다. 이러한 측면에서 볼 때, 프로그램은 조직이나 기관의 존립을 위한 핵심사업이 될 수도 있고, 조직 내의 어떠한 문제해결을 위한 방안이 될 수도 있다.

바인바흐(Weinbach, 2005: 6)에 의하면, 서비스는 클라이언트 개인이나 클라이언트체계가 갖고 있는 문제를 해결하기 위한 전문가적 지원을 의미하며, 치료(treatment)나 의뢰(referral), 가족사정이나 사례관리 등이 여기에 포함된다. 서비스는 한 명 이상의 전문가에 의해서 제공되며, 프로그램 중의 한 부분만을 지칭하는 반면, 프로그램은 사회문제나 집단이 안고 있는 문제해결을 위한 구조화된 대응책을 의미한다. 프로그램은 목적, 목표, 정책, 규범, 과정, 서비스, 전략, 직원, 예산, 자원 등 보다 체계적이고 포괄적인 내용들을 고려하고 있으며, 조직이나 기관의 미션과 비전에 맞게 개발・운영되어야 한다.

2. 프로그램 평가의 목적과 필요성

사회복지사들은 다양한 조직이나 환경에서 근무하고 있으며, 각자의 근무환경에 맞는 프로그램들을 직・간접적으로 체험하고 있다. 직접적으로 프로그램의 개발과 운영에 참여하기도 하고 때로는 프로그램의 평가를 위한 전문가로서 평가업무에 관여하기도 한다.

조직의 입장에서 새로운 프로그램을 개발하는 단계에서나 이미 진행 중인 프로그램이 의도한 대로 제공되고 있는지, 또 제공된 프로그램이 유효한 효과를 창출하고 있는지에 대한 구체적이고 과학적인 정보를 수집하기 위해서 프로그램의 평가를 필요로 한다.

프로그램의 평가를 통하여 얻게 된 정보는 프로그램을 지속적으로 제공할지의 여부, 예산 편성과 인사관리의 근거, 프로그램의 수정 및 보완의 범위, 조직의 미션이나 비전의 확장 여부, 새로운 프로그램을 도입할지에 대한 판단 등 관리자의 의사결정(decision-making)을 위한 근거자료로 활용된다.

프로그램 평가의 목적은 다음과 같다(Weinbach, 2005: 32).

첫째, 기관의 관리자가 과학적인 자료를 바탕으로 프로그램의 효과성과 효율성을 인식하도록 한다.

둘째, 예산확보와 예산편성을 위한 근거자료를 제공한다.

셋째, 정책결정권자에게 제도적 장치마련을 위한 정보를 제공한다.

넷째, 국가예산이나 후원금에 대한 적절한 사용 여부를 판단한다.

3. 프로그램 평가와 조사연구의 공통점과 차이점

미국 사회복지 윤리강령에 의하면(NASW, 1999: 5.02), 프로그램 평가(evaluation)와 조사(research)가 함께 강조되고 있다. 평가조사(evaluation research)라 함은 응용조사연구(applied research)의 한 분야로서 과학적 조사방법론을 사용하여 체계적으로 프로그램의 효과성이나 효율성을 연구하는 분야이다. 프로그램 평가는 일반 조사연구와 달리 연구자의 관점이 아니라 기관의 관점에서 프로그램을 평가한다는 측면에서 조사연구와는 구분된다. 프로그램 평가자는 기관 내부에서 평가업무를 부여받은 사람(in-house evaluator)이 될 수도 있고, 외부에서 평가업무를 위탁 받은 사람(external evaluator)이 될 수도 있다(Rubin & Babbie, 2008: 310).

〈표 12-1〉 조사연구와 프로그램 평가의 비교

조사연구	프로그램 평가
① 일반화(generalizable)가 가능한 지식 창출 ② 연구자 관점 ③ 이론의 검증 ④ 연구 함의 제공 ⑤ 논문 작성	① 특정한(particularizable) 정보 획득 ② 기관/프로그램 공급자 관점 ③ 평가 질문 측정 ④ 의사결정(decision-making)을 위한 정보 제공 ⑤ 프로그램 공급자에 대한 보고서 작성

조사연구와 평가는 그 수행목적에서 다를 뿐 방법론은 동일하다. 조사연구가 지식을 기반으로 현장에서 응용 가능한 이론 및 모델을 개발하거나 그것을 일반화시킬 과학적 증거를 제공해 준다면, 프로그램 개발과 평가는 그 이론이나 증거를 기반으로 기관이나 조직의 환경에 가장 적합한 프로그램을 개발하고 그것을 개발된 목적이나 취지에 맞게 운영되었는가를 평가하는 데 초점을 맞춘다(Mathison, 2008: 189; 194-195).

제2절 프로그램의 개발

1. 상황의 파악과 문제의 인식

프로그램을 개발할 때 가장 먼저 고려해야 할 사항으로 현재 상황에 대한 인식(situation statement)이 필요하다. 현재의 상황을 인식하고 거기에 기반한 문제점들을 찾아내어 그 문제점의 해결방안을 설정하는 것이 프로그램 개발의 목적이라고 할 수 있다. 상황에 대한 인식이라 함은 사회복지사가 근무하는 조직의 정체성을 인식하는 데서 출발한다. 예를 들어, 기관에서 근무하는 사회복지사라면 먼저 기관의 미션과 비전을 이해하고 이를 추구하는 데 있어서 부족한 부분이 무엇인지, 장애가 되는 환경적 요인은 어떤 것이 있는지, 발전을 위한 개선책은 무엇이 있는지에 대한 인식이 필요하다. 이를 위하여 기존에 존재하는 자료나 이전의 평가보고서를 살펴볼 수 있고, 주변의 의견을 수렴하는 간단한 예비조사(pilot-test)를 수행할 수도 있다.

2. 대상의 선정

상황의 파악과 문제점의 인식이 환경적 측면을 고려하는 단계라면, 대상의 선정은 환경 속에 상호작용하는 구체적인 인간을 고려하는 단계라고 할 수 있다. 상황이 파악되고 문제점이 드러나면, 그 문제점들을 해결하기 위한 프로그램 개발의 윤곽을 설정해야 하는데, 이때 대상자의 범위를 설정하는 것이 필요하다. 이 단계에서는 현실적으로 사회복지사가 근무하는 환경을 고려하여 대상자를 구체화해 나가는 작업이 필요하다.[1] 상황에 따라서 대상자의 범위를 확장할 필요도 있고 축소해야 할 필요도 있다. 그러나 어떠한 상황에서든 조직의 환경과 접근능력을 벗어난 대상자의 선정은 피해야 한다.

3. 욕구조사

문제를 파악하고 대상자가 선정되면 그들을 대상으로 욕구조사를 시행한다. 욕구조사는 2차 자료를 이용하거나, 양적 조사나 질적 조사 어느 방법으로든 가능하며 문제의 내용이나 대상자의 특성에 근거하여 방법을 선택하여야 한다. 욕구조사는 욕구유형에 따라서 다르게 시행될 수 있다. 규범적 욕구(normative need)는 전문가에 의해서 규정되는 욕구로서, 전문가가 제공한 연구 자료에 기초하여 파악될 수 있다.[2] 인지적 욕구(perceived need)는 개인적 차원에서 느끼는 욕구로서 설문조사를 통해서 파악할 수 있다. 표현적 욕구(expressed need)는 원하는 바를 요청하는 욕구로서 기존에 존재하는 통계자료를 바탕으로 파악할 수 있다. 즉, 얼마나 많은 사람이 구체적인 욕구를 표현하고 있는지를 파악함으로써 그에 맞는 프로그램을 개발할 수 있다. 상대적 욕구(relative need)는 특정 기준 없이 상대적으로 다른 사람이나 지역과 비교해서 느끼는 욕구로서 포커스 그룹이나 설문조사를 통해서 파악할 수 있다(Kettner, 1999: 40-42).

1) 예를 들어, 노인인구가 많은 장애인복지관에 근무하는 사회복지사라면 65세 이상의 노인들을 잠재적 장애 위험군으로 분류하여 장애 예방 프로그램을 개발할 수 있다. 반면, 젊은 장애인들의 인구가 많은 지역이라면 20~30대의 또래집단 지원 프로그램을 개발할 수도 있다.

2) 규범적 욕구는 선행연구에 기반하여 드러난 욕구로서 전문가의 권위에 신뢰성을 두고 받아들여지는 욕구이다. 예를 들어, 평택지역 주민들 사이에서 다문화가정에 대한 지원욕구가 강하게 나타난다는 과학적 연구자료가 있다면, 이는 전문적 조사자료에 의해 드러난 욕구이므로 규범적 욕구라고 할 수 있다. 이러한 욕구에 기반하여 프로그램 개발자는 다문화 지원 프로그램을 계획할 수 있을 것이다.

4. 목표설정

문제의 인식을 통하여 프로그램 개발의 필요성이 요청되어 그에 따른 구체적인 대상자가 선정되고 그들의 욕구가 파악된다면, 프로그램 개발이 추구하는 목표와 기대하는 효과가 무엇인지를 설정해야 한다. 이 단계에서는 조직의 환경과 특성을 고려하여 실현가능한 목표를 설정해야 하며, 그 목표나 기대하는 효과는 단기・중기・장기적 차원에서 일관성 있고 구체적으로 명시될 필요가 있다. 이때 프로그램 개발자로서 사회복지사는 조직의 비전, 프로그램의 목표, 기대효과라는 삼박자가 논리적이고 일관성을 유지할 수 있도록 해야 하며, 측정가능한 목표를 설정하여야 한다. 이를 위해서 논리모델(logic model)이나 PIE모델, CIPP모델을 활용할 수도 있고 기존의 이론이나 증거를 기반으로 새로운 프로그램 모델을 개발할 수도 있다. 이론을 기반으로 개발된 개입모델(theory-driven intervention)이든 증거기반 개입모델(evidence-based intervention)이든, 이들 모두 프로그램 개발단계에서부터 평가단계 까지 일관성있는 과학적이고 논리적인 준거틀을 마련해 준다.

5. 내용의 선정

프로그램의 목표가 설정되면 추구하는 목표를 실현시킬 구체적인 내용을 선정하여야 한다. 그것은 기존의 프로그램에서 응용된 내용일 수도 있고, 전혀 새롭게 개발된 내용일 수도 있다. 프로그램 개발단계에서 활용가능한 기법으로 브레인스토밍(brainstorming), 마인드 맵(mind map), 여섯 개의 생각하는 모자(six thinking hats), 세계 카페(world cafe) 등이 있다.

1) 브레인스토밍(Brainstorming)

브레인스토밍은 각 사람의 브레인을 직렬로 연결하는 것과 같은 효과를 내도록 하기 위한 하나의 기법이다. 브레인스토밍은 여러 사람이 하나의 주제에 대해서 생각나는 대로 단어를 제시하고 한 명이 모두가 보이는 곳에 받아 적는 것이다.

이때 다음의 다섯 가지 기준을 준수해야 한다. ① 모든 사람의 아이디어가 공유될 때까지 비판 없이 제시된 단어를 받아 적어야 하며, ② 아이디어의 제시에는 아무런 제한이 없어야 하고, ③ 가능한한 많은 단어가 제시되도록 해야 하고, ④ 다른 사람이 제시한 단어와 중복되더라도 구체화시킬 수 있도록 유사한 단어를 제시할 수 있도록 허락하며, ⑤ 하나의 주제에 대해서 10분을 넘지 않도록 해야 한다. 모아진 내용은 참여한 사람들에 의해서 합쳐지거나 수정되어 프로그램 내용의 주제어로 활용될 수 있다.

2) 마인드 맵(Mind map)

마인드 맵은 여러 사람의 생각을 하나의 가시적인 그림으로 그려내기 위한 기법이다. 마인드 맵은 개별작업이나 그룹작업으로 할 수 있는데, 하나의 주제를 놓고 연상되는 단어를 떠올리며 가지치기를 하듯이 확장해 나가는 작업이다. 하나의 가지에 여러 가지 작은 가지가 쳐질 수도 있고, 많은 가지에 많은 작은 가지가 쳐질 수도 있다. 따라서 마인드 맵을 통하면 가지들마다 연결된 작은 가지들의 분포를 한눈에 볼 수 있으므로 내용의 비중을 균형 있게 조절할 수 있다.

3) 여섯 개의 생각하는 모자(Six thinking hats)

여섯 개의 생각하는 모자는 각기 다른 색상의 여섯 종류 모자를 쓴 그룹이, 각자의 색상이 부여받은 역할에 집중하여 아이디어를 개발해 나가는 기법이다. 진행자가 푸른 모자를 쓰고 나머지 사람들을 통제하게 된다. 흰색 모자를 쓴 사람들은 오직 사실이 확인된 내용이나 숫자, 객관적 정보만을 이야기할 수 있다. 빨간 모자를 쓴 사람들은 자신의 감정이나 느낌, 직관적인 것들만 이야기할 수 있다. 검은 모자를 쓴 사람들은 비판적인 내용이나 불가능할 것 같은 부분들만 이야기할 수 있다. 노란 모자를 쓴 사람들은 새로운 아이디어나 한계를 뛰어넘을 방법들만 제시할 수 있다. 녹색 모자를 쓴 사람들은 무슨 이야기든지 맘껏 말할 수 있다(De bono, 1985). 각자의 역할에 충실하게 아이디어를 개발해 나가기 때문에 집중력을 발휘할 수 있다.

4) 세계 카페(World cafe)

세계 카페는 그룹별로 돌아가며 특정 주제에 대한 아이디어를 제시할 수 있도록 개발된 기법이다. 하나의 큰 그룹이 4~5명의 작은 그룹으로 나뉘어 작은 그룹들 위주로 각기 다른 주제를 놓고 20~30분 정도 토론한다. 이때 작은 그룹에는 테이블당 고정적으로 한 명의 진행자가 있으며, 나머지 인원들은 이 진행자의 지시에 따라 일정한 시간이 지나면 다른 테이블로 이동한다. 고정 진행자는 각자 테이블에서 그 그룹에 맞는 고유한 주제를 제시해 주고 나머지 인원들은 여러 테이블을 돌아다니며 그 테이블에 맞는 주제를 가지고 토론한다. 테이블에 고정된 진행자는 각기 다른 그룹들이 제시한 토론내용들을 요약 정리하여 프로그램 내용을 만들어낼 수 있다(Brown & Isaacs, 2005: 4-6).

이러한 작업을 통하여 가능한 프로그램의 내용이 제시되면, 이제 기관이 수용할 수 있는 내용의 프로그램으로 압축해 가는 과정이 필요하다. 아무리 좋은 프로그램이라도 한 번에 모든 문제를 해결할 수 없다. 따라서 가장 적절한 수준의 내용을 선별할 수 있도록 수차례 수정 · 보완하는 작업이 필요하다.

6. 전달체계 확립

프로그램의 내용이 완성되었다면 그것을 어떻게 제공할 것인지에 대한 부분을 고려해야 한다. 수요자는 어떻게 창출할 것인지 공급자는 어떻게 준비시킬 것인지에 대한 내용이 여기에 해당한다. 클라이언트의 모집은 누가 어떻게 할 것이며, 프로그램 운영 인원의 구성과 교육은 어떻게 진행할 것인지에 대한 내용이 여기에 해당한다.

7. 예산 편성

프로그램의 내용과 운용 인원이 확정되면 그에 따른 예산을 측정해야 한다. 인건비, 프로그램 운영비, 장소 이용에 따른 유지비용, 장비 이용과 관련된 비용, 기간에 따른 예산, 기타 예비비 등 구체적이고 현실적인 예산을 측정해야 한다. 기존의 프로그램 예산과 다른 유사 프로그램 운영비 등을 참고하여 편성할 수도 있다.[3)]

8. 시간계획

프로그램을 개발할 때는 프로그램의 목적에 맞는 빈도, 기간, 지속 여부 등을 고려해야 하며 시간계획도 평가단계에서 측정되어야 한다.

9. 평가

일단 프로그램이 개발·실행된다면, 그 프로그램은 적절성이나 효과성, 효율성 등

3) 만약 논리모델을 기반으로 프로그램이 개발되었다면, 투입에 따른 예산 비용을 편성하고 이에 따른 지출 내역을 빠짐없이 결산할 수 있으며, 추후에 예산을 재편성할 때 프로그램 효과성에 대비해서 예산을 조절하기에 유용할 것이다. 이 단계에서는 지출과 관련된 예산뿐만 아니라 수입과 관련된 구체적인 계획도 함께 수립해야 한다. 고정된 수입과 창출 가능한 수입을 구분해야 하며, 수입 창출을 위한 전략도 함께 고려해야 한다.

이 측정되어야 한다. 프로그램을 평가할 때는 계획 중인 새로운 프로그램이 기관의 미션과 클라이언트의 욕구를 제대로 반영하는지(형성평가), 이미 진행 중인 프로그램이 개발의 목적에 맞게 제대로 진행되고 있는지, 또는 보완이나 수정, 지속의 필요성이 있는지(과정평가), 그리고 프로그램이 기대한 효과를 창출하고 있는지(효과성 평가)를 고려할 수 있다.

10. 보고서 작성

평가를 통하여 수집된 자료는 조사방법론의 분석기법을 통하여 결과물을 도출한다. 결과물은 요약문을 작성하고 효과성 측면에서 분석하여 평가에 참가한 대상자나 기관의 프로그램 관리자들에게 보고서 형식으로 제공된다. 평가보고서의 작성양식은 조사연구의 보고서 작성방법과 동일하다.

제3절 프로그램 평가에 대한 이해

1. 프로그램 평가의 종류

프로그램 평가의 종류는 평가의 목적과 평가문항에 따라서 결정되는데, 여기에서는 형성평가, 과정평가, 그리고 효과성 평가로 분류해서 설명하고자 한다.

1) 형성평가(Formative evaluation)

형성평가는 프로그램이 시행되기 전에 프로그램의 성공을 극대화시킬 목적으로 행해진다. 여기서는 프로그램 진행을 위해서 투입될 요소들을 점검하고 장단점을 파악하고 구체적인 전략 등을 평가하도록 평가 계획을 설계한다. 특히 소집단을 대상으로 예비조사(pilot test)를 실시하여 앞으로 시행될 프로그램의 적합도와 타당도를 조사할 수 있다. 뿐만 아니라 대상자들의 욕구조사(need assessment)를 통하여 가장 적합한 프로그램을 개발하는 데 과학적 근거를 제공하기도 한다.

2) 과정평가(Process evaluation)

과정평가는 현재의 프로그램을 확장시키거나 축소시킬 목적으로 행해진다. 형성평과와는 달리 프로그램이 시행되는 도중에 실시되며, 프로그램이 계획한 대로 진행되고 있는지 현재까지 진행상황은 어떠한지, 또는 프로그램의 수정이 필요한지 등을 알아보는 중간단계의 평가라고 할 수 있다. 과정평가는 아직 완성된 단계는 아니지만, 비슷한 프로그램을 시행하고자 하는 이들에게는 프로그램의 효과성을 예측해 볼 수 있는 유용한 자료로 사용될 수 있다

3) 효과성 평가(Outcome evaluation)

효과성 평가는 결과평가라고 할 수 있는데, 프로그램의 전반적인 효과성(effectiveness)을 측정한다는 측면에서 총괄적 평가(summative evaluation)라고도 할 수 있다. 효과성 평가의 목적은 실행된 프로그램이 예측한 목표를 얼마나 적절하게 달성했는지를 알아보기 위해서 시행된다. 효과성 평가의 결과는 대상집단의 지식이나 태도의 변화, 정책이나 조직의 변화가 어떻게 어느 정도 발생하였는가를 나타내준다. 이는 프로그램 제공자에게는 앞으로의 프로그램을 어떻게 할지에 대한 의사결정의 근거자료가 된다. 형성평가나 과정평과와는 달리 효과성 평가에서는 비교집단을 설정한 실험적 조사방법론이 주로 사용되며, 많은 경우 통계적 분석기법을 통하여 계량화된 자료가 산출된다.

2. 프로그램 평가의 방법과 과정

프로그램 평가의 방법은 조사연구의 방법론을 따른다. 프로그램의 평가는 양적 방법나 질적 방법 모두 가능하며, 경우에 따라서는 양적·질적 방법 모두를 병행할 수도 있다. 평가의 방법론은 조사연구의 방법론과 동일하지만, 그 과정에서 연구자의 관점이 아니라 기관의 관점을 고려해야 한다는 측면에서 차이가 있다. 따라서 평가 단계에서는 기관의 관리자(stakeholder)와 연계가 필수적이다.

효과적인 프로그램 평가를 위해서는 다음 여섯 단계의 과정이 필수적이다(CDC, 1999: 5).

첫째, 관리자와의 연계
둘째, 프로그램에 대한 이해
셋째, 프로그램 평가 설계
넷째, 신뢰할 만한 증거자료 수집
다섯째, 결론 도출
여섯째, 획득한 정보의 공유

1) 준비단계

첫째부터 셋째까지의 단계를 평가의 준비단계라고 할 수 있다. 즉, 프로그램을 분석하고 무엇을 평가해야 할지를 찾아내는 작업에 해당한다. 일단 프로그램을 평가할 내용을 찾아내면 관리자[4]와 함께 그것을 공유해야 한다. 다음으로 평가 질문에 대한 해답을 찾기 위해서 어떻게 정보를 수집할 것인지에 대한 프로그램 평가 설계 작업을 수립해야 하며, 수립된 평가 설계는 역시 관리자와 함께 공유해야 한다. 이를 통해서

4) 이때 정부평가이면 정부가 관리자가 된다.

관리자는 프로그램 평가의 준비단계를 전반적으로 이해할 수 있게 되며, 첨가할 사항이나 수정할 부분을 요청할 수 있다.

2) 실행단계

넷째와 다섯째 단계를 평가의 실행단계라고 할 수 있다. 이 시기에는 계획한 대로 자료를 수집·분석하며, 분석의 임시 결과물을 가지고 관리자와 함께 의논해야 한다. 이 단계에서 관리자는 더 세밀한 분석이나 불필요한 내용을 삭제하도록 요청할 수 있다. 일단 관리자와의 논의가 끝나면 최종적인 분석 결과를 가지고 평가보고서를 작성하게 된다.

3) 활용단계

여섯째 단계는 평가보고서의 활용단계라고 할 수 있다. 일단 완성된 평가보고서는 다양한 책임관리자 그룹에게 보내져서 정보가 공유될 수 있도록 해야 한다. 이를 통해서 평가의 결과는 관리자들이 의사결정을 내리는데 과학적이고 구체적인 자료로 활용될 수 있다.

이상의 여섯 단계를 고려함과 동시에 다음으로 네 가지 포괄적인 기준, 즉 정보의 유용성(utility), 평가의 실현가능성(feasibility), 윤리적 적합성(propriety), 정확성(accuracy)을 준수해야만 한다. 평가 담당자와 관리자는 위의 네 가지 기준을 염두에 두고 프로그램 평가를 수행할 수 있도록 해야 한다(CDC, 1999: 5).

3. 프로그램 평가의 설계

프로그램의 평가에 있어서 활용될 수 있는 평가 설계는 조사방법론에서 가능한한 모든 것이 여기에서도 가능하다. 임상이나 소그룹 집단에 대한 개입의 효과를 측정할 때는 단일사례설계(single system design)를 주로 활용하고, 기관의 프로그램 평가나 다수 집단의 개입 효과를 측정할 때는 실험적 조사설계가 주로 활용된다. 먼저, 프로그램 평가에서 특정 대상의 행동변화를 측정할 때는 단일사례설계가 많이 활용된다. 단일사례(single system)라 함은 클라이언트의 사례(client system)로 이해할 수 있으며, 프로그램의 제공에 따른 클라이언트의 행동변화를 측정하는 데 유용하다. 단일사례설계의 유형은 평가의 목적에 따라서 다양하게 응용가능하다. 단일사례설계를 위해서는 특정 문제(target problem)의 선정, 기초선(baseline) 측정, 프로그램 시행(program)의 단계가 포함될 수 있다. 여기서 기초선이라 함은 프로그램을 제공받지 않은 상태를 의미하며 통상적으로 "A"로 표시한다. 프로그램은 "B"로 표시하며, 프로그램을 제공받는 중의 상태를 나타낸다. 기초선 측정은 프로그램을 제공받지 않은 상태를 측정하는 것으로 프로그램을 제공받은 후에 측정된 지표와 비교하여 행동의 변화를 관찰할 수 있게 한다. 하지만 기초선을 반드시 측정해야 하는 것은 아니다(Weinbach, 2005: 78-86; Bloom, Fischer, & Orme, 2009: 294-297).

B설계는 기초선을 측정하지 않고 곧바로 프로그램을 제공받은 상태에서 행동의 변화를 측정하는 설계로서, 비교적 간단하고 쉽게 측정할 수 있다. 이는 프로그램의 효과성을 측정할 목적이 아니라 프로그램을 제공받고 있는 상태의 변화를 가시적으로 보여주는 목적으로 주로 활용된다.

B설계의 응용으로 BCD 설계가 있는데, 여기서 C와 D는 B의 연계선상에 있는 프로그램이거나 또는 다른 종류의 프로그램을 의미한다.

AB설계는 사회복지현장에서 가장 쉽게 보편적으로 활용되는 설계이다. 이는 프로그램을 제공받기 전(A)과 제공 받고 난 후의 상태(B)를 비교함으로써 프로그램에 따른 행동의 변화를 측정하는 데 활용된다. 하지만 행동의 변화가 프로그램의 효과에 의한 것인지, 외부적 요인에 의한 것인지는 측정 불가능하다.

AB설계의 응용으로 ABA설계와 ABAB설계가 있다. ABA설계는 기초선(A)을 프로그램 종결 후에 다시 측정하는 설계로 행동의 변화가 프로그램 종결 후에 지속되는지를 측정한다. 만약 행동의 변화가 프로그램이 종결된 이후에도 지속된다면 그것은 프로그램이 행동 변화에 영향을 주는 것으로 판단할 수 있다. 하지만 프로그램을 제공받기 전으로 되돌아간다면, ABAB설계를 통하여 다시 프로그램을 제공하고 나서 그 행동의 변화를 반복적으로 측정할 수 있다. 이때 앞의 AB와 뒤의 AB가 동일한 패턴을 보인다면, 행동의 변화는 프로그램의 제공으로 말미암은 것으로 판단할 수 있다.

한편, 실험조사설계의 유형을 프로그램 평가에 응용할 수도 있다. 진실험설계(experimental design)가 현실적으로 많은 제약이 따르기 때문에 사회복지현장에서는 유사실험설계(quasi-experimental design)가 가장 많이 활용된다. 형성평가나 과정평가의 과정에서는 단일집단 사후조사(one-group post-test design)가 많이 쓰이며, 효과성 평가에서는 두 집단 이상의 사전사후비교조사가 유용하게 활용된다. 비교집단실험설계는 클라이언트의 행동의 변화가 프로그램의 효과에 의한 것인지 아닌지에 대한 인과관계를 규명하는 데 유리하다.

4. 프로그램 평가에서 고려할 사항

평가작업은 기관의 관점에서 진행되어야 함과 동시에 평가자의 전문적 지식과 기술이 관리자의 요구사항과 조화를 이루어 진행되어야 한다. 평가자는 논리성과 일관성을 갖고 평가업무를 수행해야 하지만, 또한 기관의 관리자의 요구사항을 고려해서 평가작업을 수행해야 한다. 이를 위해서는 평가를 요청하는 관리자와 평가자와의 지속적인 연계가 중요하다.

또한 평가는 현실적이고 기술적인 업무이므로 실현가능성, 적합성, 정확성 등이 항

13

사회복지시설

Introduction to Social Welfare | chapter 13

사회복지시설

제1절 사회복지시설의 의의

동 · 서양을 막론하고 초기의 사회복지사업은 모두 민간주도로 이루어졌으며 우리나라도 예외가 아니다. 우리나라에서 현대적 의미의 시설 사회복지사업은 1885년에 설립된 '천주교 고아원'이 처음이었다. 이후 개인과 종교단체 등 민간에 의한 사회복지사업이 펼쳐졌다. 그러다가 해방과 6 · 25전쟁 이후 수많은 피난민과 전쟁고아들에 대한 구제사업과 시설보호사업 등이 민간에 의해 이루어져 왔다.

현대사회에서 사회복지에 대한 최종적 책임이 국가에 있다는 관점에서 그 책임주체가 국가가 된다. 그럼에도 불구하고 우리나라에서는 현실적으로 사회복지사업이 민간주도로 이루어지고 있어, 국가의 사회복지에 대한 책임을 민간이 대행하고 있는 셈이다. 이러한 입장에서 국가는 이들 민간사회복지사업을 지원 · 조장하기도 하고 한편 국가가 목표로 하는 대로 복지사회를 실현하기 위한 책임자로서의 규제 · 감독도 게을리 할 수 없는 것이다. 사회복지시설사업은 국가의 책임을 민간이 대행하는 것이므로 국가의 의사를 존중해야 하는 것이다. 국가의 의사는 '법'의 형태로 표현되므로 우리는 사회복지에 관련된 법의 정신을 이해할 필요가 있다.

1. 사회복지시설의 개념 및 정의

사회복지시설의 개념은 최광의, 광의, 협의의 관점이 있다. 사회복지시설을 최광의로 보는 견해는 「사회복지사업법」이 말하는 사회복지사업을 수행할 목적으로 설치된 생활시설 및 이용시설은 물론 「사회복지사업법」에 규정된 사업 이외에도 광의의 사회복지를 목적으로 하는 시설까지도 총칭해서 말한다.

이에 비해 광의로 보는 견해는 일반적으로 말하는 아동복지시설, 노인복지시설, 장애인복지시설 등 전문사회복지사업을 수행하는 장소뿐만 아니라 일반 복지활동의 장소를 포함해서 각종 복지활동의 연락, 협의, 조직 등 광범위한 모든 제도와 활동을 총칭해서 말한다.

협의의 개념은 전문사회복지서비스를 실시하는 장소, 특히 생활보호를 주로 하는 장소를 사회복지시설이라고 한다. 그런데 보통은 협의의 개념에 따라 요보호대상자를 수용해서 사회복지서비스를 실시하는 시설을 통상 '사회복지시설'이라 하고, 기타 협의체나 다양한 사회복지서비스를 제공하는 종합복지관이나 아동상담소 같은 이용시설을 통상 '사회복지기관'이라고 하여 구별해서 사용하고 있다.

이러한 시설과 기관의 특성에 의한 차이점을 대비해 보면 〈표 13-1〉과 같이 시설은 어떤 문제를 가진 특정다수인을 불특정기간 동안 집단적으로 대응하지만, 기관은 불특정다수인을 특정기간 동안 개인적으로 대응한다는 점에서 근본적인 차이가 있다. 우리나라 「사회복지사업법」은 "이 법에서 사회복지시설이라 함은 사회복지사업을 행할 목적으로 설치된 시설을 말한다."(제2조 제3항)라고 규정했다. 다시 말하면 "아동 ·

노인・장애인, 기타 스스로 정상적인 사회생활을 하기 어려운 사람들에 대해 보호・치료・자립 등의 서비스를 제공할 것을 목적으로 통원・수용 기타의 방법으로 이들에게 편익을 제공하기 위해 마련된 장소・설비・건조물 등"을 사회복지시설이라고 정의할 수 있을 것이다. 이렇게 볼 때 우리나라 「사회복지사업법」은 사회복지시설을 광의의 개념으로 파악하고 있다고 하겠다.

〈표 13-1〉 사회복지시설과 사회복지기관의 대비표

구분	보호대상	보호기간	이용방법	대응방법
사회복지시설	특정 다수인	불특정기간	생활보호	집단적
사회복지기관	불특정 다수인	특정기간	통원이용	개별적

2. 사회복지시설의 종류

사회복지시설은 그 분류기준에 따라 다양한 종류로 구분해 볼 수 있다.

1) 시설의 설립 및 운영주체에 의한 분류

사회복지시설을 설립・운영하는 주체가 국가 또는 지방자치단체인가 또는 민간인가에 따라 다음과 같은 종류로 구분된다.

① 공립공영시설: 국가 또는 지방자치단체가 설립해서 직접 운영하는 시설, 예컨대 국립재활원 같은 것이 있다.

② 공립민영시설: 국가 또는 지방자치단체가 설립해서 그 운영을 민간에 위탁운영하는 시설을 말한다. 우리나라의 지역사회복지관 또는 부랑인시설은 대부분 지방자치단체가 설립하여 민간에 위탁하여 운영하고 있다.

③ 사립공영시설: 민간이 설립해서 그 운영을 국가 또는 지방자치단체에 위탁하거

나 헌납한 시설이다. 외국에서는 이런 예가 흔히 있다.

④ 사립민영시설: 민간이 설립하여 직접 운영하는 시설이다. 우리나라의 대부분 시설이 이 형태에 속한다.

2) 시설 이용방법에 의한 분류

이것은 시설이용자에 대해서 일상생활 전반을 보호하느냐 또는 통원케 하여 서비스를 제공하느냐에 따른 분류방법이다.

① 생활시설: 요보호대상자에 대한 일상생활의 의식주 전반에 대한 서비스를 제공하는 시설을 말한다.

② 이용시설: 재가 또는 생활시설의 보호대상자를 통원케 하여 서비스를 제공하는 시설이다. 이때 통상적으로 생활시설을 '시설'이라 하고 이용시설을 '기관'이라 부른다. 때로는 생활시설이 이용시설을 겸하는 경우도 있다.

3) 이용자에 대한 요금의 수납 여부에 따른 분류

이것은 이용자로부터 비용을 수납하느냐 여부에 따른 분류방법이다.

① 무료시설: 이용자로부터 요금을 수납하지 않고 전액 무료로 서비스를 제공하는 시설로 우리나라의 대부분 시설이 여기에 속한다.

② 실비시설: 이용자에게 직접 투입되는 식비, 부식비, 의료비 등 실비의 요금을 수납하는 시설을 말한다. 여기서 실비라 함은 시설이용자에게 직접 투여된 보호비만 포함될 뿐 기타의 비용은 포함되지 않는다는 점에서 유료와 구분된다.

③ 유료시설: 이용자 또는 그 부양의무자로부터 전적으로 요금을 수납하여 운영하는 시설이다. 유료시설의 수납액에는 시설의 유지를 위한 관리비와 인건비, 기

타의 모든 비용이 포함된다.

④ 영리시설: 서비스의 내용이 사회복지서비스법의 범위를 초과하는 고급의 다양한 서비스를 제공할 뿐만 아니라 그 비용의 일체를 이용자에게 부담시키는 시설을 말한다. 따라서 영리시설은 사회복지시설이라 할 수는 없다.

4) 사회복지서비스법이 정하는 시설의 종류

우리나라의 사회복지서비스 관련 법이 규정하는 사회복지시설의 종류를 각 법률별로 구분해서 살펴보면 다음과 같다(「사회복지사업법」 제2조).

〈표 13-2〉 사회복지시설의 종류

<table>
<tr><th rowspan="2">관련법</th><th rowspan="2">시설종류</th><th colspan="2">세부종류</th><th rowspan="2">소관부서</th></tr>
<tr><th>생활시설</th><th>이용시설</th></tr>
<tr><td>「사회복지사업법」</td><td>사회복지관
결핵 · 한센시설</td><td>• 결핵 · 한센시설</td><td>• 사회복지관
• 상담보호센터</td><td rowspan="5">보건복지부</td></tr>
<tr><td>노숙인 등의 복지 및 자립지원에 관한 법률</td><td>노숙인시설[1)]</td><td>• 노숙인자활시설
• 노숙인재활시설
• 노숙인요양시설</td><td>• 노숙인종합지원센터
• 노숙인일시보호시설
• 노숙인급식시설
• 노숙인진료시설
• 쪽방상담소</td></tr>
<tr><td>「국민기초생활보장법」</td><td>지역자활센터</td><td></td><td>• 지역자활센터</td></tr>
<tr><td>노인복지법</td><td>노인
복지시설</td><td>• 노인주거복지시설
• 노인의료복지시설</td><td>• 노인여가복지시설
• 재가노인복지시설
• 노인보호전문기관
• 노인일자리지원기관</td></tr>
<tr><td>아동복지법</td><td>아동
복지시설</td><td>• 아동양육시설
• 아동일시보호시설
• 아동보호치료시설
• 자립지원시설
• 공동생활가정</td><td>• 아동상담소
• 아동전용시설
• 지역아동센터</td></tr>
</table>

관련법	시설종류	세부종류		소관부서
		생활시설	이용시설	
장애인복지법	장애인 복지시설	• 장애유형별 거주시설 • 중증장애인거주시설 • 장애영유아거주시설 • 장애인단기거주시설 • 장애인공동생활가정	• 장애인지역사회재활시설 • 장애인직업재활시설 • 장애인의료재활시설 • 장애인생산품판매시설	
정신보건법	정신보건시설	• 정신요양시설 • 사회복귀시설 중 생활(주거) 시설	• 사회복귀시설 중 이용시설	
농어촌주민의 보건복지 증진을 위한 특별법	복합 노인복지시설	• 농어촌지역에 한해 노인복지시설 중 '노인보호전문기관'을 제외한 2종류 이상의 노인복지시설을 동일 또는 인접 건물에 설치가능		
영유아보육법	어린이집		• 어린이집	
한부모가족지원법	한부모가족 복지시설	• 모자가족복지시설 • 부자가족복지시설 • 미혼모자가족복지시설 • 일시지원복지시설	• 한부모가족복지상담소	여성가족부
성매매방지 및 피해자보호 등에 관한 법률	성매매피해자 지원시설	• 일반지원시설 • 청소년지원시설 • 외국인여성지원시설	• 자활지원센터	
성폭력방지 및 피해자보호 등에 관한 법률	성폭력피해 보호시설	• 성폭력피해자보호시설	• 성폭력피해상담소	
가정폭력방지 및 피해자보호 등에 관한 법률	가정폭력피해자 보호시설	• 가정폭력피해자보호시설	• 가정폭력상담소	
다문화가족지원법	다문화가족 지원센터		• 다문화가족지원센터	
청소년 복지지원법	청소년 복지시설	• 청소년 쉼터 • 청소년치료지원시설 • 청소년회복지원시설	• 청소년자립지원관	
보호관찰법		• 갱생보호시설	• 보호관찰소	법무부

1) 노숙인 등의 복지 및 자립지원에 관한 법률(2011.06.07 제정, 2012.06.08 시행)에 의해 부랑인시설에서 노숙인

제2절 사회복지시설의 변천사

1. 사회복지시설의 전사(前史)

현대적 사회복지사업의 역사는 인류 역사의 시작과 함께 있어 온 자선 또는 박애정신에서 나온 구제활동에서부터 찾아야 할 것이다. 이러한 구제활동은 서기 기원전에도 이스라엘, 그리스, 로마시대부터 가끔씩 전해지고 있지만, 비교적 분명하게 전해지고 알 수 있는 것은 그리스도교의 전래로부터 일어난 여러 가지 구제사업에서 찾아볼 수 있다.

그리스도교는 '하느님과 인간에 대한 사랑', 즉 애주애인(愛主愛人)을 내걸고, 불행한 하부 계층의 사람들도 한 형제로 생각하는, 즉 인간을 인간으로 생각하는 절대적 사랑(Agape)을 기초로, 구제・자선을 벌였다. 그리스도교는 처음에는 정치적으로 압박을 받았지만 신자 수가 늘어나고 로마제국의 국교로 되면서 세계 종교로 발전하였다. 즉, 로마제국의 콘스탄티노플 황제의 국토통일정책에 편승하여 종교자유선포(AD 313) 이후 그리스도교의 조직과 활동의 무대는 괄목하게 성장하였다.

그리스도교의 조직적 사랑실천 활동은 신구약성서를 통해 수없이 나타나는데, 언제나 과부, 고아, 이민자, 나그네 등이 불행의 대표 격으로 등장한다. 성서는 이들에게 재산상의 도움을 주어야 하고, 처지를 이해하여 신분상의 불평등한 대우를 하지 말아야 하고, 정신적으로 위안을 주어야 한다고 강조한다.

초대 교회 신자들은 서로 한 형제와 같이 사랑하여 가진 바 모든 재산을 함께 내놓고 모두가 평등한 생활을 하며 7인의 부제(副祭; Diacon)[2]를 선발하여 이들에게 감독의 직분을 주고 빈자, 병자, 고독자 등을 보호하는 직책을 맡겼다. 그 최초의 기록은 기원 초 이집트 수도자들이 어려운 사람, 병약자, 의지할 곳 없는 사람들에게 자선을

시설로 명칭이 바뀜.

2) 천주교회의 성직(聖職)의 한 단계. 부제, 사제, 주교로 이루어진다.

베푼 구빈원(Diaconia; 봉사) 활동에서 찾아볼 수 있다. 이러한 구빈원은 359년 니체아 공의회(Council of Nice), 이후 도시에서 지노도치엄(Xenodochium; 여행자의 집=Inns for Travellers)으로 발전했다(芹澤勇, 1982: 38-39).

2. 사회복지시설사업의 기원

지노도치엄(Xenodochium)은 원래 여행자나 순례자들에게 숙소나 경제적 도움을 주기 위해 설립되었으나 점차 그 기능이 변해 환자들에게 도움을 주는 것이 우선적인 임무로 되었다. 이것이 오늘날 병원의 기원이 되었다(芹澤勇, 1982: 39).

성 대 바실리오 주교(St. Basil the Great, 329?~379)이 소아시아 지방의 체사레아(Caesarea)에 건립(372)한 바실리아드(The Basiliad)는 생활불능자를 수용하여 보호하면서 공장을 세워 이들에게 일자리를 주고, 병자들을 위해 간호원들을 두고, 한센환자들을 위한 격리병동을 두었다(노성기, 2018: 1). 이러한 병원의 유지는 황제가 교회에 하사한 토지에서 나오는 수익금으로 충당하였다.[3)]로마에서는 파비올라(Fabiola)가 노소꼬미움(Nosocomium, 382~385 사이로 추정)이라는 병원을 건립,[4)] 행려병자들에 대해 봉사하였다(芹澤勇, 1982: 39). 491년에는 예루살렘에 병원 또는 환자보호수용소가 설립된 것으로 추정하고 있다.

성 베네딕토(Benedictus, 480?~550?)는 이탈리아 중부지방의 몬테 카시노(Monte Cassino)에 수도원을 세우고 부설 숙박소(529)를 두었다. 이때부터 각지에 설치된 수도원에는 제도상 구제기관을 부설하도록 규정되었다. 그레고리우스 1세 교황(590~640)은 교회에 순례자와 여행자들을 위한 숙박소를 설치하게 하였다. 나중에 신자 수가 증가함에 따라 행려자 및 구제대상자를 신자가정에서 보살펴주게 하였다.

3) 이것이 사실상 기록에 남아있는 최초의 병원이다.

4) 불행한 결혼을 했다가 재혼한 파비올라(Fabiola)가 그 죄를 속죄하기 위해 전 재산을 처분하여 건립하였다. 그녀는 후에 성녀로 추대되었다.

이와 같이 교회와 수도원의 숙박소는 노인, 병자, 빈자, 고아, 과부, 성지순례자, 도망 노예, 천재역병, 민족이동에 의한 전쟁, 회교의 발흥 등에 의한 희생자의 보호 및 의료 등을 행하였다. 이러한 숙박소의 유지로 영지수입생산물의 10%를 헌납하는 십일조를 4등분하여 그 일부를 여기에 썼고, 또 토지수입, 신자들의 기부금, 유산기증 등이 재원이 되었다. 7세기에는 숙박소 외에 병자들을 위한 병원, 아동병원, 양로원 등 특수시설도 설립되었다(芹澤勇, 1982: 39-40).

3. 교회 구빈원의 등장

이러한 시설이 번성하게 되자 일반 교회와 수도원의 문전에서는 무차별 시여를 행했고 따라서 걸식장려의 결과를 초래하였다. 동시에 교회 숙박소는 드디어 독립의 구빈원으로서 생활시설의 형태로 이행되었다. 그것은 숙박소의 사업량이 증대되었기 때문이다. 동시에 그 명칭도 Hospital, Spital, Maison-Dieu, Almshouse 등의 용어를 썼다. 이것이 오늘날 병원(hospital)의 어원이 되었다. 구제는 사랑과 신앙을 바탕으로 한 종교적 정신을 중심으로 병자, 노인, 고아, 과부 등을 대상으로 했다. 이러한 시설은 교회와 수도원으로부터 점차 국왕, 귀족, 종교단체, 길드(Guild), 신흥도시 등으로 운영주체의 범위가 확대되었다. 그 유지는 기부금, 유증(遺贈), 바자(bazaar), 입원비, 의연금, 순례자 기부금, 왕령수익, 지대 등에 의존했다.

이 당시 구빈원의 운영방식은 다음과 같았다(芹澤勇, 1982: 40).

① 입원은 보호자의 의사를 전제로 하고 비용부담은 없는 것이 원칙이지만, '자발적'이라는 편법으로 비용부담을 시키는 경우도 있었다.

② 수용은 남녀를 따로 했으며, 미사와 기도생활이 중심이 되도록 운영했다.

③ 식사는 일시 체류자, 수용자, 축일용의 3종이 있었고, 침대는 12세기부터 사용되었다.

④ 의복은 한센환자용만 구별하였다.

⑤ 세탁 · 목욕 · 이발도 시켰지만 충분하지는 못하였다.

⑥ 직원은 통상 성직자를 중심으로 요리 · 재봉 · 세탁 등의 유급직원을 두었고 원장 · 유지관리자 또는 교구장이 임명했다.

이러한 구빈원은 처음에 종교기관에서 발달되었지만, 나중에는 중세 봉건제 하에서 소단위 사회공동체(Manor=장원, 영주의 영지 등)의 상호부조활동으로 그 기능이 대체되었다. 그러나 토지의 인구부양력의 약화, 토지경제의 침체 등 이유로, 봉건사회는 보다 광범위한 생활자원을 구해야 할 필요가 생기게 되었다. 그 돌파구로 해외로 발전해 나가려는 기운이 감돌아 성지회복을 위한 십자군(1095) 운동과 13세기 초에 시작된 장미전쟁(1455~1485) 등이 일어났다. 이를 계기로 중세의 침체는 사라지고 봉건사회는 외방으로 발전하는 문호를 개방하게 되었다. 그 결과 새로운 기운은 도시를 발전시켰고, 상인들을 발흥시켰고, 길드를 발전시켰다.

4. 공공 구빈원의 설립

길드는 동일 도시 내의 동일 산업에 종사하는 직공들이 공동의 목적을 달성하기 위해 조직한 결사체였다. 14세기 피혁직 길드는 빈궁자 · 과부들에게 생활자금 · 장제비 등을 지급하는 등의 구빈원 · 양로원을 설립했다. 이렇게 해서 길드의 조합원은 점점 많아졌고 도시 빈민들 사이에서는 시정참정문제에서도 의견의 일치를 보여 이러한 구빈원 · 양로원 등의 도시관리가 결의되었다. 그 예로 영국에서는 Northamton, Croydon, Scarbarough 등에서, 대륙에서는 프랑스, 이탈리아, 독일 등에서 이러한 현상이 나타났고, 이탈리아의 베니스에서는 시립 구빈원이 설립(1472)되기도 했다.

이렇게 해서 구빈원은 교회 숙박소보다 많이 달라진 모습의 구제시설이 되었지만, 14~15세기에는 그 내부로부터 더욱 부패하게 되었다. 그것은 시설의 후원자 및 관계자들의 사물화가 되었고, 빈민들에게 줄 물건들이 사취되었고, 직원들은 문란해졌다. 그래서 시설은 결국 관리자의 사유화로 변해 갔다. 그뿐만 아니라 교회와 수도원의 구빈원 때와 마찬가지로 걸식 부랑자의 구빈원 순례는 걸식을 장려하는 결과를 가져와 그 폐해는 말할 수 없이 커져 결국 쇠퇴의 길을 걷지 않을 수 없게 되었다(芹澤勇, 1982: 41-42).

5. 르네상스와 시설의 신전개

1) 교회의 손을 떠난 시설들

15~16세기에 걸쳐 전개된 문예부흥(Renaissance) 운동은 예술・학문상의 혁신운동으로 인간성 회복과 개성의 해방, 즉 인간의 현세생활을 긍정하는 면으로 하나의 전기를 이루었다. 즉, 인간의 자유가 합리주의(Rationalism)와 인도주의(인본주의; Humanism) 등을 바탕으로 해서 주창되었다. 여기에서부터 정치・문화・예술・과학 등 사회 전반에 걸쳐 정에서 동으로의 대전환이 전개되었다. 이러한 거대한 변혁 가운데 하나가 종교개혁(Reformation)인데, 이로부터 개신교가 탄생했다. 르네상스는 경제관에 있어서도 변화를 가져와 경제활동은 중세와는 다르게 부의 획득과 이윤추구의 정당화가 새로운 관념으로 대두되었고, 여기서부터 자본주의(Capitalism)가 발생할 기틀이 마련되었다(芹澤勇, 1982: 42).

이러한 시기에 종교개혁에 대한 반종교개혁운동이 일어났는데, 이냐시오 로욜라(Ignatius Loyola, 1491~1556)가 중심이 된 엄격한 규율 밑에 전개된 가톨릭 교회의 내부 개혁운동이 그것이다. 당시 파리 대학생이었던 로욜라(Loyola)와 나중에 일본에까지 선교사로 온 프란치스코 하비에르(Francis Xavier; 1506~1552) 등 6명의 동료들이 독신・청빈・순종을 서약하고 교회를 다시 구하고자 맹세했다. 이것이 마틴 루터(Martin Luther, 1483~1546)의 혁명적 종교개혁에 대해 내적 개혁운동으로 반종교개혁운동이라고 한다. 이들은 로마에 고아들의 피난소였던 '마르타의 집'(Maltha House)을 설립, 빈민은행의 경영, 사제양성학교(신학교)의 설립 등 활동을 벌였다. 이 신학교가 훗날 Mission School의 효시가 되었다. 이들이 설립한 수도단체가 예수회인데, 예수회는 이후 교육사업에 중점을 두어 왔다.

한편 자본주의의 발달은 근대적 의미의 소위 빈곤계층을 낳았고 영국에서 볼 수 있는 바와 같이 빈곤자를 억압하는 역사가 있었고, 이것을 해결하기 위한 사회보장제도가 성립되기까지는 20세기에 들어와서였으므로 매우 오랜 시간이 필요했었다.

영국에 있어서 근대적 빈곤은 ① Enclosure운동, ② 가내공업으로부터의 생산수단의 탈취(공장공업 때문), ③ 봉건제도의 붕괴로 인한 가신단체의 해체 등에서 생겼고, 직업을 빼앗긴 부랑・걸식의 군중이 증가해 갔다.

영국 헨리 8세(1491~1547)는 수장령(1534)을 발표하고 교회 재산을 몰수하였다. 이에 따라 병자나 무능력자의 보호는 교회로부터 국가에로 이전되었다. 그래서 성토마스 구빈원(1522), 성바르톨로메오 구빈원(1544) 등이 있었지만, 수도원이나 교구의 구제기능은 붕괴되어 갔고 빈민들에게는 억압만이 남아 있을 뿐이었다. 이들에 대한 억압이란 태형, 강제노동, 재범자에게는 낙인을 찍어 노예로 하거나 오른쪽 귀를 잘랐다. 또 누범자는 교수형 등 극형에 처했다. 그 후 헨리 8세의 딸 엘리자베스 1세 여왕(1558년 즉위)을 맞아 영국은 강대국으로 된 반면 16세기 말에는 실업자, 부랑자 등이 증대되어 구빈법(1601)의 입법이 불가피하게 되었다(芹澤勇, 1982: 43).

이러한 구빈법은 교구 중심으로 운영되었는데 수혜자의 상태에 따라 건강빈민, 노동 불능빈민, 아동의 3종으로 구분하여 건강빈민에게는 일자리를 주어 일을 시키고, 이를 거부하면 발목에 쇠사슬을 감아 투옥했다. 노동능력이 없는 자들은 구빈원에 수용했고 아동은 치안판사의 동의를 얻어 양친조부모가 없는 아이들은 남자 24세, 여자 21세 또는 결혼할 때까지 도제에 의한 보호를 받도록 했다.

2) 구빈법 시대의 시설

구빈법 시대의 시설을 살펴보면 다음과 같다. 즉, 구빈법 실시 후 약 1세기 후, 기금과 보호비의 증대를 위해서 브리스톨(Bristol) 시에 18개 본당 연합 노역장(Workhouse)이 설립(1696)되었다. 여기서 빈민 소녀들에게는 연사(실 뽑는 일), 아동들에게는 면방적 및 직물, 노인들에게는 경작업 등을 시켰다. 이것은 유상노동에 의한 비용절감이 목적이었는데 처음에는 상당히 성공했다. 즉, 빈민구제비용을 이들의 노임으로 일부 대체하였다. 그러나 교구단위의 보호는 교구에 맡겼는데, 교구는 이것을 입찰에 부쳐 최저입찰자에게 빈민구호를 맡기게 되어 결과적으로 빈민을 착취하는 일이 생기게 되었다.

그 후 노역장심사법(Workhouse Test Act, 1722)이 제정되어 구제할 가치가 없는 게으른 빈민들로부터는 자유를 박탈하고, 고통과 공포를 주어 남구를 방지하기 위한 목적으로 구제억제와 노동의욕의 Test가 행해졌다. 만약 이를 거부하면 등록을 말소하고 체벌, 감금, 감식 등의 처벌이 가해져 노역장은 공포의 집으로 변해 버렸다. 또한 수용도 노인과 어린이, 발달장애인, 성매매여성 등을 혼합수용하여 극히 비인도적인 처우가 행해졌다.

3) 1782년 구빈법(Relief of the Poor Act 1782): 일명 길버트법(Gilbert's Act)[5)]

이와 같은 경과를 겪은 후 빈민들의 비참한 생활과 착취를 개선할 목적으로 나타난 길버트법에 의해 입찰제도는 폐지되었고, 노역장은 노동불능자만의 시설로 되었다. 건강한 빈자는 거택구호(Out-door Relief)로 바뀌었다. 거택구호는 일종의 최저임금보장의 형태로 이루어졌지만, 결과적으로는 임금의 고정이라는 결과를 가져왔다. 그러한 당시의 주위 경제사정으로 볼 때 사회불안의 해결과 구제비의 절감이라는 필요에 의해서 신구빈법(1834)의 제정을 초래하였다.

5) Thomas Gilbert(1719~1798)에 의해 법안이 제안되었다고 해서 붙여진 이름이다. Gilbert는 영국의 변호사이자 군인이었으며 하원의원을 지냈다.

6. 시설 전문화의 시도

빈곤에 대한 이와 같은 대책들이 진행되던 시기에 또 한편 중세로부터 이 시대에 걸쳐 시설의 전문화, 방법의 기술화 및 과학화 또는 새로운 사상 등이 출현하였다. 그것이 19세기 이후 근대산업사회에서 말하는 현대사회복지시설 전개의 선구자가 되었다. 사회복지시설의 전문화란 대상자의 분류화에서 시작되는데 이때까지는 시설에 혼합수용이 흔했지만 필요에 의해 한센환자, 일반병자, 유아, 노인, 일반 부랑자들을 내부에서 구분하는 작업이 행해졌다.

1) 한센병 환자 복지 및 정신질환자 복지

한센병 환자나 정신질환자는 우리나라에서도 천형(天刑) 또는 귀신 때문이라는 관념이 있었다. 한센병이란 원래 나병(leprosy)라고 불렀는데 노르웨이 의학자였던 한센(HanSen Armomer Gerhavd Henrk, 1841~1912)의 이름을 따서 '한센병'으로 부르게 되었다. 한센이 1873년 처음으로 나균을 발견하여 배양에 성공함으로써 나병을 퇴치하는 약을 개발하게 되어 나병은 이제 더 이상 불치의 병이 아니게 되었다. 한방에서는 개라(疥癩), 대풍창, 풍병이라 불렀다. 이 병은 원래 병균이 너무 약해서 전염되는 확률이 적을 뿐만 아니라 특별한 경우가 아니면 전염되지 않는다. 따라서 오랜 세월 동안 병균을 배양하는 기술이 개발되지 않아 치료약도 개발하지 못했던 것이다. 한국에서는 1992년 세계 나학회 서울총회에서 한센병 종료를 선언함으로써 이제 한국에서는 한센병이 종결된 상태다. 다만 아직 생존해 있는 한센환우였던 사람들에 대한 사회복지사업이 약간 남아있을 뿐이다.

정신질환자에 대해서는 유럽에서도 악마나 요괴가 붙은 자라 하여 수용보호를 하기보다 방임하여 방랑하게 하여 감금도 하지 않고 재판의 대상으로도 삼지 않았다. 그 후 스페인 발렌시아(Valencia)의 질베르토(Fray Gofre Gilberto)에 의해 세계 최초로 정신병원이 설립(1409)되었고, 이후 유럽 각지에 생겼다(芹澤勇, 1982: 45).

이러한 관념은 우리나라에서도 마찬가지로 가정에서나 사회적으로 무대책의 상태에 있었다. 따라서 소위 기도원 같은 데서 환자들을 가혹하게 대처하다가 온갖 물의를 일으켜 하나의 커다란 사회문제로 등장하게 되었다. 이에 정부는 1995년 12월 30일자로 「정신보건법」을 제정, 국가적 차원에서 정신질환자를 보살피게 되었다. 이로서 정신질환자에 대한 의료적 서비스와 함께 사회복지서비스를 제공하고 있다.

2) 청각 · 언어장애인 복지

청각 · 언어장애인에 대한 지도자로서는 스페인의 수도자 퐁세(Pedro Ponce de Leon, 1520~1584)가 선구자였다. '청각장애인을 위한 최초의 선생님'으로 불리던 퐁세는 4명의 언어장애아동 교육(1570)을 시도하였다. 그 후 보네(Juan Pablo Bonet, 1573~1633)에 의해 개발된 손짓(手話), 필기문자(點字), 형시어(形示語: 몸짓 말), 후음문자(喉音文字) 등의 방법(1620), 영국의 월리스(John Wallis)에 의한 언어장애인에 대한 언어훈련의 성공(1660), 프랑스 트루아(Troyes)의 미쉘 르페 신부(Charles Michel L'Epée, 1712~1789)에 의한 신진어(身振語)[6], 독순법(讀脣法)[7] 등이 연달아 시도되었다(芹澤勇, 1982: 45).

3) 시각장애인 복지

시각장애인에 관해서는 프랑스의 외무성 관리 애이(Valentin Haüy, 1745~1822)가 오스트리아의 맹인 오르간(organ) 연주가의 연주에 감동해서, 프랑스 자선협회에 있는 12명의 맹인청년들의 협조를 얻어 Paris 훈맹원(1784)을 설립한 것이 처음이었다.

여기서 최초로 배운 학생 중 프랑소와 르 쥬르(Francois Le Seur)는 당시 17세이였고,

6) 말할 때 목 부위에 손을 대어 몸의 떨리는 진동의 느낌을 감지하여 상대방의 말을 알아내는 방법이다.
7) 입술이 움직이는 모양을 보고 상대방이 하는 말을 알아내는 방법이다.

집이 가난하여 성젤마노 성당 문전에서 걸인생활을 하다가 이 실험교육을 받게 되었다. 여기에서는 방적, 재봉, 가구, 인쇄, 음악 등의 교육을 실시했는데 쥬르가 인쇄기에 종이를 집어넣을 때 가끔 문자의 요철이 느껴졌다. 이러한 보고를 받은 애이는 활자의 요철을 통해 책을 만들었고 쥬르는 온힘을 기울여 마침내 해독했다. 이것이 맹인도서의 최초가 되었다. 그 후 오스트리아의 빈(Wien) 훈맹원(1804), 베르린의 프로이센 국립 훈맹원(1806) 등의 설립이 이어졌다.

그 후 프랑스 군대에서 군인들에게 야간 군용부호의 지식을 가르치기 위해 '종6점2열조합'으로 된 문자가 고안되었고, 그것이 브레일러(Louis Braille, 1809~1852)가 오늘날의 '6점식 점자'로 완성시켰는데, 그의 사후 공식적으로 채택(1854)되었다. 브레일러는 3세에 실명하고 파리 시각장애인학교에서 공부한 후 교사가 되었다.

맹인보호는 농아를 함께 가르치는 미국의 보스톤 시각장애인학교장 사무엘 호이(Samuel G. Howe, 1801~1876)가 대성시켰고, 후에 헬렌 켈러(Helen Adams Keller, 1880~1968)도 여기서 공부하여 유명하게 되었는데, 그 결과 영국, 독일 등 유럽 여러 나라에도 이러한 학교시설이 개설되었다(芹澤勇, 1982: 45-46).

4) 아동복지

다른 시설들로서는 영국의 박애사업에 의한 자선학교, 근대적 병원의 창시라고 할 수 있는 웨스트민스터(Westminser) 병원(1719), 영국 정부에 의해 설립된 더블린의 기아구제를 위한 감화원, 기아양육원(1702~1751) 등이 있다. 그 외 개인적인 박애사업으로서는 현재까지 존속되고 있는 토마스 코람(Captain Thomas Coram, 1667~1751) 선장이 시작한 아동복지시설이 있다.

루터교 목사 오베린(Jean Frederic Oberlin, 1740~1826)은 탁아소를 창설(1770)했다. 처음에는 자기 집에서 생후 15일에서 3세까지의 유아를 맡아 목욕・영양급식・노래・수공・유희 등을 가르치는 등 환경을 중시하고 조기교육이란 면에 기본적으로 중점을 두었다. 그 후 탁아소의 형태는 파리의 변호사 라이르망 마르뽀가 침대 12개를 갖춘 탁아시설(1844)을 설립했다. 이보다 앞서 프뢰벨(Friedrich Fröbel, 1782~1852)은 독일 프랑켄부르그에 최초의 유치원(Kindergarten)(1837)을 개설했다(芹澤勇, 1982: 46).

5) 발달장애인 복지

발달장애인 복지는 19세기에 들어와서부터 본격적으로 시작되었다. 발달장애에 대해서 관심을 갖게 된 것은 한 야생 소년을 발견하고부터이다. 프랑스의 한 병사가 사냥을 하다가 우연히 아베롱의 꽁느 숲 속에서 한 야생 소년을 발견했는데, 이 소년이 '선천적인 백치인가, 후천적인 발달장애인가'하는 문제의 논의를 불러일으켰다. 이때 정신과의사 이타르드(Jean Marc Gaspard Itard, 1775~1838)는 6년 동안 이 소년을 교육시킨 결과, 이 야생소년은 원래부터 백치가 아니라 후천적으로 발달장애인이 되었다는 점을 밝혔다.

이때부터 발달장애인에 대한 처우에 관심이 높아졌다. 그 후 프랑스에서 1828년 발달장애인학교가 파리 농아원 주임의사에 의해 설립되었고, 독일에서는 1835년 한 목사에 의해서 발달장애인시설이 설립되었고, 1842년에는 베를린에 발달장애인학교가 설립되었다. '백치의 사도'로 불린 프랑스의 세강(E. O. Séguin, 1812~1880)의 생리학·사회학을 바탕으로 한 풍부한 교육방법, 독일의 세게르트의 생리학적 방법, 스위스의 의사 구거뷜(J. J. Gugebühl, 1816~1863)의 위생학, 정신의학적 치료를 가미한 아벤트베르그(Abendberg, 1841) 등으로부터 하나의 새로운 방법이 확립되었고, 그 외 여러 나라에서도 이러한 시설이 늘어갔다.

또 프랑스 심리학자 비네(Alfred Binet, 1857~1911)와 시몽(Théodore Simon, 1873~1961)에 의한 지능검사법의 창안(1905)으로부터 지능 정도의 지수(Intelligence Quotient, I.Q.)화를 가능하게 한 것은 이러한 시설들에 큰 활력소가 되었다(芹澤勇, 1982: 46).

6) 교정복지

수인보호도 이 시기부터 행해졌는데 하워드(John Howard, 1726~1790)는 리스본에 정박 중인 프랑스 선박에서 노역을 하는 죄수들의 참혹한 모습을 체험하고 영국으로 돌아와서 형무소 실태를 조사하였다. 그 결과 남여혼숙, 비위생적인 환경, 전염병환자들을 어린아이들과 함께 수용하는 것을 보고 이를 개선하기 위해서 힘써 형무소개조법 제정(1774)을 가져왔다.

또 근대에 와서는 프리드너(Theodor Fliedner, 1800~1864)가 뒤셀도르프(Düsseldorf) 형무소에서 전도를 했고, 복역을 마치고 퇴소하는 여성들이 집이 없을 때는 프리드너를 찾아와서 하룻밤씩 신세를 지고 갔다. 프리(Elizabeth Fry, 1780~1845)도 마찬가지로 여성 죄수들의 참상을 보고 이의 개선을 주장하여, 명치시대 일본 행형사상에도 영향을 미쳤다(芹澤勇, 1982: 46-47).

7) 저소득자 복지

그 외 저소득자를 위한 보호시설로 발전한 전당포는 프랑스의 성직자 바르나바(Barnaba)가 이탈리아의 페루지아(Perugia)에 설립(1462)한 것이 처음이다. 이후 유럽 각지에 확산되었다.

그리스도교는 부(富)에 대해서 재물은 하느님으로부터 공짜로 얻은 것이기 때문에 하느님의 뜻에 따라 사용해야 되는 것으로 가르쳤다. 비록 개인의 재산이라도 사리사욕을 위해 사용해서는 안 된다는 사상을 가지고 있었다. 따라서 금전대차에서 고리는 죄악시되었다. 그래서 그리스도교 신자들의 금전대차 행위는 금지되었고 결과적으로 유태인과 이교도의 손에 그 업무가 귀속되었다.

이런 일들로 인해서 생긴 피해 때문에 13~15세기에는 유태인추방운동이 일어나 법률의 적용을 받지 않는 이탈리아인들이 이를 대행했다. 그랬더니 실제로는 6개월만에 원금에 상당하는 이자를 부담하는 일이 생겼다. 여기에서 서민보호를 위한 공익전당포의 존재가 필요하게 되었다. 공익전당포의 경영 원칙은 펠트르(Bernardin de Feltre)에 의해 다음과 같이 정해졌는데 그 기본적인 것은 현재의 것과 비슷하다.

① 담보물은 대부금보다 크게 높지 않을 것
② 기한이 지나도 청구하지 않는 전당품은 매각처분하고, 잔금을 반환할 것
③ 관리비용에 충당할 정도의 낮은 이자를 징수할 것

전당포는 서민보호를 목적으로 했고, 대출기금도 기부 및 증여금 등으로 충당하여 처음에는 무이자로 출발했지만 점차 자금은 바닥이 나서 맡긴 물건을 팔아 원금을 회수(대상금 징수)했다. 그래서 로마의 제후들이 이용하는 곳으로 바뀌어 원래의 성격이 사라져 갔다(芹澤勇, 1982: 47-48).

7. 한국의 사회복지시설 발달사

1) 아동복지시설

한국천주교회는 1854년경 버림받은 어린이들을 보살피는 위탁보호를 시행하였다. 그러다가 서울 곤당골(미동=현 을지로 1가 미대사관 서편)에 기와집 한 채를 사서 영해원을 설립하여 보모를 두고 고아들을 보육하였다(한국샬트르성바오로회, 1973: 124). 그 후 1885년 3월 15일 곤당골에 '천주교고아원'을 개설하였다(한국샬트르성바오로회, 1973: 566). 이때 종로 똥골(東谷=현재 관철동)에 고아원 부설로 양로원을 함께 개설하였다. 이것이 한국 최초의 고아원과 양로원이었고 고아원은 오늘날까지 계속되어 오고 있다.

1888년 9월 샬트르성바오로수녀회가 아동복지사업을 목적으로 한국에 진출하여 1888년 9월 8일, '천주교고아원'을 인수하였다(한국샬트르성바오로회, 1973: 567). 1915년에는 고아원 운영비의 조달을 위해 한국 최초의 자선바자(Bazaar)를 열었다(한국샬트르성바오로

회, 1973: 537; 경향잡지, 1915.12.25: 531).

1910년 조선 총독부가 제생원을 세웠고, 1929년 조선사회사업가협회가 창설되었다. 1929년 조선귀족보호시설로 재단법인 창복회가 설립되었다. 1933년 조선총독부 발행 조선사회사업개요에 의하면 당시 전국의 양로원 수는 9개였고 수용인원은 58명이었다. 1944년에는 조선총독부 구호령이 반포되어 생활이 빈곤한 임산부와 13세 이하의 아동을 대상으로 재가구호를 원칙으로 하고 예외로 위탁구호 또는 시설수용 등의 조치가 시행되었다.

2) 노인복지시설

1885년 천주교 고아원 부설로 당시 종로 똥골(東谷=현 관철동)에 고아원을 설립하면서 양로원을 함께 개설했다. 기록에 의하면 최초의 수용인원은 40명이었다고 한다. 이 양로원은 그 후 종현(현 명동)으로 옮겼다. 1894년 한때 폐지되기도 했다가 그 후 1924년에 복원되었다. 그 외에 1929년에는 조선귀족보호시설로 재단법인 창복회가 창설되었다. 1933년 조선총독부 발행 조선사회사업개요에 의하면 당시 전국의 양로원 수는 9개였고, 수용인원은 58명이었다.

3) 의료보호시설

한국 최초의 근대적 의료보호시설로는 1885년 성영회부설 자혜원이었다. 그 후 1876년 부산에 제생의원[8]이 개설되었고, 1880년 원산에 생생병원, 서울에 일본관의원, 인천에 일본병원 등이 개설되었다. 이러한 병원들은 1876년 일본이 우리나라와 수호조약을 체결한 후 일본 해군이 재한 일본거류민들을 위해 세웠다.

1885년 4월 10일 광혜원이 설립되었는데, 이것이 우리나라가 설립한 최초의 근대

8) 부산제생의원은 현 부산대학교 병원 전신이다.

적 서양 의료기관이었다. 1898년에는 서울에 천주교 진료소가 설립되었고, 1900년 제물포에 천주교 진료소가 설립되었다. 1915년 10월 샬트르성바오로수녀회는 대구에 진출하면서 대구에 최초로 시약소를 설립하였다. 그 후 1934년 대구 남산동에 '천주교시료소'를 열었는데 이것이 후에 '천주교진료소'로 바뀌었다.

제3절 현대 시설의 동향

1. 시설보호의 변천

사회복지시설은 시대의 변화에 따라 시설의 형태와 보호의 내용이 변화되어 오고 있다. 시설의 변화는 요보호자의 유형과 발생 정도, 정부의 대응방식, 요보호자 보호에 대한 주민의 정서 및 보호이념 등에 크게 영향을 받는다.

사회복지시설은 지노도치엄(Xenodochium)에 그 기원을 두기도 하지만, 그 전형적인 형태는 16세기 영국의 구빈원(almshouse)에서 찾을 수 있다. 이후 오늘날에 이르기까지 시설보호는 큰 진전을 이루어 오고 있는데 그 변천과정을 3단계로 나누어 살펴보고자 한다(박태영, 2000: 15-17).

첫째, 사회방위적 단계로서 사회복지시설이 억압과 격리의 원칙을 기초로 하여 운영되던 시기이다. 즉, 요보호자가 시설에 들어가는 것을 가장 혐오스럽게 느끼도록 열악한 사회적 서비스를 제공함으로써 그들에게 수치심과 굴욕감을 주어서 시설보호를 받는 요보호자를 줄이려고 하던 시기이다. 그 일환으로 시설보호의 형태는 대규모의 혼합수용방식을 취하고 있다. 또한 요보호자를 효과적으로 통제하고 기득권층의 안정을 도모하기 위하여 요보호자를 시설에 수용하여 격리하는 차원이었다.

시설보호의 방식을 혼합 수용방식과 격리주의에 둔 이유는 시설보호 비용의 감소와 요보호자의 효과적인 통제, 요보호자와 일반주민의 동시보호 등에 있다. 이러한 시설보호는 대량의 실업, 빈곤원인에 대한 사회조사의 결과 및 사회개혁가들의 비판 등으로 인하여 일대변화를 맞이하게 된다.

둘째, 사회보장적 단계로서 시설보호는 최저생활의 보장수준으로 향상시키고, 시설생활자가 보다 가정적인 분위기에서 생활할 수 있도록 하기 위해 대규모의 집단시설에서 단독주택(cottage) 형태의 시설로 전환하려는 노력을 기울이는 시기이다. 또한 요보호자의 가족이나 이웃, 자원봉사자 등 비공식적인 지지망을 시설보호에 활용하려는 시도가 전개되지만 그 기초가 되는 지역사회의 기반이 조성되어 있지 않아 이상과 현실의 괴리에 머물러 있던 단계이다.

이 단계의 시설보호는 일정한 수급권을 가진 자에 대한 사후조치적인 수준으로 시설생활자가 자신의 문제해결에 자발적으로 참여하는 것을 기대할 수가 없었고, 지역사회 주민과는 이질적인 존재로 구분되어 주민 공동의 연대감을 형성·강화하기에는 어려운 상태이다. 시설생활자는 소수의 독지가나 자원봉사자의 관심에 머물러 있는 "잊혀진 존재"이다.

셋째, 사회복지적 단계로서 사회복지시설은 보호의 연속체(care continuum) 안에서 하나의 선택자료로 기능하게 된다. 정상화 이념의 확산으로 인하여 시설보호는 시설생활자의 인격적인 삶의 보장 수준으로 제공되며, 시설의 형태도 소규모의 다양한 구조를 취하게 된다. 시설생활자와 주민은 상호 간에 적극적인 교류를 통해 사회적 관계를 형성·강화하게 된다.

또한 사회복지시설은 시설보호뿐만 아니라 지역사회의 사회복지 요구에 적극적으로 대처하게 된다. 시설의 설비와 전문기능의 지역사회 제공과 시설운영에 있어서 지역사회 자원 활용을 통하여 지역사회복지센터적인 역할을 하게 되는 단계이다. 이는 궁극적으로 시설이 지역사회의 생활환경기반(infrastructure)으로 자리잡게 된다. 이상의 내용을 정리하면 〈표 10-3〉과 같다.

〈표 10-3〉 시설보호의 변천과정

단위 / 내용	보호수준	보호목표	보호형태	지역사회와의 관계
사회방위적 단계	열등처우	사회적 범위	격리	단절
사회보장적 단계	최저생활	발달가능성	수용	수동적, 일방적
사회복지적 단계	인간다운 생활	정상화	생활, 육성	능동적, 상호적

현재 우리나라의 시설보호는 수급자격을 갖춘 자에 한하여 최저생활을 보장하는 수준이므로 둘째 단계 수준으로 볼 수 있다. 우리나라의 시설보호가 사회복지적 단계로 나아가기 위해서는 다양한 노력이 필요하다. 그중의 하나가 단절되어 있거나 수동적인 사회복지시설과 지역사회와의 관계에서 벗어나 능동적인 상호 교류가 이루어지도록 노력을 기울여 나가는 것이다.

2. 정상화의 원리

정상화의 원리(The Nomalization Principle, peaple with disabilities)는 1981년 세계 장애인의 해를 기점으로 하여 확산된 사회복지이념 중의 하나이다. 정상화라는 용어는 1950년 초반에 창립된 덴마크의 발달장애아 부모회에서 처음으로 사용하게 된 것이다. 시설수용보호 중심의 서비스를 받는 발달장애 자녀에게 일반인과 같은 정상적인 생활을 보장해 주고 싶다는 생각에서 나온 개념이다(一番ヶ瀬康子・佐藤 進, 1987: 31-32). 방크미켈젠(Bank-Mikkelsen)은 발달장애인이 가능한 한 보통에 가까운 생활을 영위하는 것을 정상화라고 하였다. 발달장애인은 격리되어야 할 특별한 사람이 아니라 모든 시민과 함께 살아갈 권리를 가진 사회구성원으로 보고, 이들의 생활조건, 즉 주거생활(가정생활)과 직장(교육)생활, 여가생활에서 정상화가 구체화되어야 한다고 주장하였다.

토모짱 이야기

스미코 씨는 '토모짱'의 어머니입니다. 토모짱은 다운증후군에 선천성 심장질환을 가지고 태어난 장애아입니다. 태어날 때 겨우 2,310그램밖에 안 되는 미숙아로 태어났습니다.

이 아이가 무사히 자라 어느덧 만 세 살의 나이가 되었습니다. 스미코 씨는 토모짱의 교육을 위해 '모자건강센터'를 찾아갔습니다. 안내된 방으로 들어간 순간 스미코 씨는 한 발짝도 더는 옮길 수 없었습니다. 온몸이 꽁꽁 묶인 것처럼 몸속 구석구석에서 거부 반응이 소용돌이치고 있었습니다. 와서는 안 될 곳에 왔다는 느낌에 돌이킬 수 없는, 격렬한 후회가 가슴 속에 치솟았습니다. 이것이 정상화 이념의 근거가 되는 인간 본연의 감정인가 봅니다. 장애아를 가진 덴마크 어머니들이 느낀 바로 그 감정이겠지요.

"스미코 씨의 눈앞에 펼쳐진 정경은, 두 손을 두드리면서 괴성을 지르고 날뛰는 아이, 휠체어에 앉아 연상 침을 흘리며 머리를 흔드는 아이, 히죽히죽 기묘하게 웃어 대는 아이, 마룻바닥에 두 다리를 펼치고 마치 게처럼 앉아 허공을 쳐다보는 아이, 그런 아이들이 '우글거리고 있다.'는 느낌이었습니다.
그 아이들 너머 저쪽에는 잠옷을 걸친 할머니, 할아버지들이 누워 있었습니다. 토모짱과 함께 사회에 눈을 돌리고, 참여하고자 굳게 결심했는데 처음 목격한 장면은 너무도 충격적이었습니다."

이렇게 실망하는 스미코 씨의 모습을 보고 센터의 한 선생님이 말했습니다.

"이 아이는 언제나, 어디서나 주위 사람들에게서 도움을 받으며 생활하고 있지요. 주위 사람들하고 비교하면 할 수 없는 것 투성이어서 어쩔 수 없이 포기해야만 하는 일들이 많으리라 여겨집니다. 그러니까 자기와 같은 동료들과 서로 어울리면서 여유 있게 여러모로 배울 수 있다는 건 좋은 일이지요. 단체 생활을 통해서만 배울 수 있는 소중한 것들이 아주 많습니다. 그래서 단체 생활은 아주 귀중한 경험입니다. 또 하나 중요한 것은 여러 다른 장애를 가진 이들이 모여 있기 때문에 토모짱이 도와 줄 수 있는 사람도 있다는 사실입니다. 이것은 토모짱에게 '나도 누군가를 도울 수 있다.'는 대단히 좋은 감정으로 소중한 일이 될 것입니다."

출처: 스즈키 히데코 지음, 최경식 옮김(2007), 『토모짱』, 생활성서사.

니르예(Bengt Nirje)는 모든 발달장애인의 일상생활 방식이나 조건을 사회의 보편적인 환경이나 생활방식에 가능한 한 가깝게 하는 것이 정상화라고 하였다. 그는 정상화의 구체적인 목표로서 8가지를 제시하고 있다. 즉, 아침에 일어나서 일상생활로 이어지는 하루의 정상 리듬과 주중에 일하고 주말에 휴식하는 한 주간의 정상 리듬, 계절에 적절한 삶을 추구하는 일련의 정상 리듬, 아동기 · 청년기 · 성인기 · 노년기에 따른 삶의 추구, 삶의 과정에서 다양한 선택의 자기결정, 이성과의 교제 및 결혼, 경제적 안정, 집단적 수용이나 지역사회에서의 고립이 아닌 지역사회 내의 가정생활 영위 등이다.

정상화의 원리는 시설생활자의 삶의 질을 향상시키는 데 영향을 주는 실천적 개념이다. 따라서 지역사회로부터 격리된 시설보호에서 통합된 시설보호로의 변화를 가져오게 한다. 지역사회의 통합은 물리적 통합과 사회적 통합으로 이루어져 있다. 물리적 통합을 위해서는 지역사회와 거리상 고립되지 않는 범위 내에 시설이 위치해야 하고, 지역사회 주민의 계층 분포도 고려한 것이어야 한다. 또한 교통시설의 분포를 고려한 접근의 용이성 확보와 시설의 규모와 지역적 분포의 고려, 건물의 외형에 대한 관심 등에 노력을 기울여야 한다.

시설생활자는 지역사회 안에 있는 시설에 거주할 뿐만 아니라 지역사회에 소속되어 있어야 한다. 이를 위해 사회적 통합이 필요하다. 사회적 통합을 이루기 위해서는 주민과의 교류 프로그램 실시와 시설생활자에 대한 호칭이나 프로그램 명칭에 차별적 용어 사용 배제, 시설보호의 수준을 지역사회 주민의 생활과 유사한 수준으로 제공하는 것 등의 노력을 기울여야 한다.

시설보호에 정상화 원리를 적용하기 위해서 사회복지시설은 많은 저해요인을 제거해 나가야 한다. 그 주요한 저해요인들로서는 획일적인 집단보호체제, 시설직원을 포함한 시설관계자의 정상화에 대한 의식 결여, 가정복귀나 사회적 자립에 대한 제약, 보조금 사용의 제약과 부족, 시설 설비 기준상의 제약, 지역사회 주민의 편견과 몰이해, 시설보호에 대한 질적 평가기준의 결여 등을 들 수 있다.

시설보호에서 정상화의 원리를 실현하기 위해서는 법적 장치를 통한 제도화에 대한 노력과 더불어 시설운영자의 실천의지 강화 및 실천을 위한 구체적인 프로그램마련을 통하여 가능하게 된다. 따라서 정상화의 원리는 사회복지시설의 지역사회와의 관계 형성 및 강화에 대한 이념적 바탕을 제공해 주고 있다.

3. 탈시설화

1950년대 후반 미국의 생활시설(total institutions)에서 제공되는 시설보호의 특성을 다음과 같은 네 가지로 설명할 수 있다.

첫째, 지역사회의 일상생활과 시설생활이 매우 다르다. 통상적으로 주거와 직업 그리고 여가는 각기 다른 장소, 다른 사람, 다른 권위하에서 이루어지는데 시설생활에서는 이들 간의 경계가 없다. 시설에서의 생활은 동일한 장소와 동일한 권위하에서 획일적이고 단체적인 생활을 하게 되고 짜여진 시간표에 따라 일과가 주도되며, 시설의 존재 목적에 적합하도록 행동을 통제받게 되므로 일반 생활과는 다른 특수한 생활구조를 갖고 있다.

둘째, 시설직원과 시설생활자 사이에는 근본적인 괴리가 있다. 시설생활자는 시설직원의 지시와 감독하에 있으며 시설 외부 사회와 단절되고 정보의 제한 등을 받게 되는 여건인 반면에, 시설직원은 퇴근 후 자유로운 사회활동을 할 수 있으며 풍부한 정보를 활용한다. 시설생활자는 열등감을, 시설직원은 우월감을 가지게 되며 이는 호칭이나 말투에도 그대로 반영된다.

셋째, 시설 내의 작업체제는 일반사회의 그것과는 근본적으로 다르다. 시설의 작업에 대한 보수는 없거나 있어도 명절 때의 선물로 지급하는 것이 일반적이다. 설사 금전적 보수를 지급한다 해도 일반사회의 보수수준보다 매우 낮은 것이고, 그것마저도 강제적으로 저축을 시킨다. 이러한 원인으로 인하여 시설생활자의 작업의욕은 저하되고 나태한 작업태도와 시설직원에 대한 반항적 태도를 갖게 된다. 이러한 태도는 종종 시설생활자가 갖고 있는 문제의 특성으로 오도된다.

넷째, 시설생활자의 행동양식의 개조이다. 시설생활자는 시설의 특수한 목적을 달성하는 데 적합한 행동양식을 가져야 한다. 시설 내에서 개인의 개성은 극도로 배제된다. 이름은 번호로 대체되고 의복은 단체복을 입으며 헤어스타일은 동일하게 하고, 시설에서 원하는 방향으로 행동하도록 유도된다. 이에 반하는 행동은 일체 금지되고 체벌이 가해지기도 한다.

이러한 특성으로 인하여 시설보호는 시설생활자를 무기력하게 하고, 시설의존적인 인간으로 만든다. 이러한 시설보호는 다른 사회현상과 함께 작용하여 시설생활자가 증가하게 되고, 사회복지시설은 대형화되며, 시설운영을 위한 막대한 자원이 필요하게 되는 반면에, 시설보호의 비효율성에 대한 비판은 커지게 된다. 이러한 시설보호의 여러 가지 폐단을 시정하고 시설생활자의 자립생활을 돕기 위해 시설과 지역사회가 협력해서 적절한 사회복지서비스를 제공하기 위한 방안으로 대두된 것이 '탈시설화'의 이념이다.

탈시설화의 기본 목표는 사회복지시설에 부적절하게 수용·보호되어 있는 요보호자를 지역사회로 퇴소시키고, 지역사회에서 생활하는 요보호자를 부적합한 시설에 입소시키는 것을 방지하고, 지역사회 내에서 요보호자에 대한 적절한 서비스를 제공하고, 시설보호의 전반적인 수준을 향상시켜 시설병을 예방하는 것이다(Halpern et al., 1980: 19).

미국의 경우 탈시설화는 정신질환의 예방과 정신질환자의 삶의 질을 높이기 위해 지역사회 중심적인 서비스 프로그램 개발을 통해 시작되었다. 정신건강보호체계의 개선을 제안한 1963년 케네디(Kennedy) 대통령의 의회연설과 정신건강센터를 건립하기 위해 연방정부가 주정부를 지원하게 되는 근거인 발달장애인 및 지역정신건강센터 건설법의 재정, 약물의 개발 등은 탈시설화를 더욱 촉진시켰다.

쉐렌베르거(Scheerenberger)에 의하면 탈시설화를 실천하기 위해서는 시설보호의 형태가 규제가 많은 생활에서 적은 생활로, 규모가 큰 시설에서 작은 시설로, 큰 생활단위에서 작은 생활단위로, 집단생활에서 개인생활로, 지역사회로부터 격리된 생활에서 지역사회에 통합된 생활로, 의존적인 생활에서 자립생활로 시설보호의 방향이 바뀌어야 한다고 주장하였다. 미국에서는 1970년대 공공정책의 유행이 된 탈시설화로 인하여 1963년에서 1973년 사이에 시설생활자의 수가 절반으로 줄어들었다.

탈시설화의 이념은 긍정적으로 평가되고 있지만 그 실천에 있어서는 많은 문제점을 가지고 있다. 구체적으로 열거해 보면, 시설생활자의 사회적 자립능력의 결여, 지역사회의 시설생활자에 대한 적의와 편견, 지역사회 내에서 지속적으로 제공받을 수 있는 서비스의 질과 범위에 대한 의문, 시설보호와 재가보호 프로그램 간의 조정, 재정・관리상의 어려움, 탈시설화에 대한 조사내용과 현실과의 차이 등이다. 이러한 문제들은 탈시설화 이념의 모순에 기인하는 것이 아니라 실천과정상에 나타나는 현실적인 것으로 수정, 보완되어야 할 과제들인 것이다.

탈시설화는 시설보호에서의 정상화 원리와 매우 유사한 의미를 가지고 있다. 탈시설화는 시설보호의 방법론적 원리라고 한다면 정상화는 이념적 원리라고 할 수 있다. 즉 정상화는 탈시설화를 지도하는 이념이다.

탈시설화가 정상화의 원리를 벗어나게 되면 다음과 같은 오류에 빠질 수 있다. 첫째는 탈시설화가 대규모 시설에서 문제되는 것이지 소규모 시설에서는 무관하다는 사고이다. 이런 사고는 탈시설화를 대규모 시설에서 소규모 시설로의 이전으로 결론지을 위험성이 있다. 둘째는 탈시설화가 가능한 요보호자와 불가능한 요보호자로 구분하는 것이다. 이는 지역사회의 수용체제 미비가 요보호자의 적응능력 결여로 오해되기 쉽다. 셋째는 요보호자의 인간다운 삶을 보장하기 위해 탈시설화를 실시하기보다는 재정적 이유나 다른 외적 이유로 강행하는 것이다. 이것은 시설생활자에게 불안을 갖게 하기 쉽다.

정상화 원리에 바탕을 둔 탈시설화는 사회복지시설의 구조적 변화뿐만 아니라 지역사회와의 기능적인 연계를 통하여 시설생활자와 재가요보호자의 인간다운 삶을 보장하는 방향으로 나아가야 할 것이다.

4. 사회복지시설의 사회화

1) 사회화의 의의

사회복지시설의 사회화는 여러 학문분야에서 사용하는 “사회화”라는 용어의 의미를 차용・조합하여 구성한 것이다. 이는 시설과 지역사회가 상호 교류를 통한 동질화와 시설이 지역사회의 일원으로 용인되고, 시설이 지역사회의 유용한 기관으로서의 역할을 수행하며, 시설이 폐쇄적이고 특정한 사람들만의 사적 상황에서 지역사회에 열려진 사회적・공동적 상황으로의 변화라는 의미를 가지고 있다.

사회복지시설의 사회화란 시설과 지역사회와의 상호작용 과정으로 시설생활자의 인권존중과 생활보장이라는 공공성에 기초하여 시설생활자의 생활수준 향상을 위한 노력과, 지역사회의 복지 요구에 대응하기 위하여 시설의 제 자원을 지역사회에 제공하고, 사회복지에 대한 주민의 교육과 체험을 돕는 제반 활동이다(秋山智久, 1978: 41).

2) 사회화의 내용

사회복지시설의 사회화는 다음과 같은 몇 가지의 내용으로 구성되어 있다.

첫째는 보호수준의 사회화로서, 시설생활자는 시설이 존재하는 지역사회의 주민이기에 시설보호의 수준이 지역사회 주민의 생활수준과 유사해야 하며, 시설생활자의 활동영역도 주민의 활동영역과 비슷한 수준으로 확대되어야 한다는 내용이다.

둘째는 운영의 사회화로서, 비민주적이고 폐쇄적인 시설운영을 배제하고 시설운영에 주민의 적극적인 참여를 유도하여 시설운영의 합리화와 민주화를 도모하는 내용이다.

셋째는 기능의 사회화로서, 시설의 전문적인 기재와 설비를 지역사회의 요보호자에게 제공함으로 인하여 사회복지 자원의 효율적인 활용과 시설의 지역사회복지 센터적 역할을 수행하게 되므로 지역사회 복지증진에 기여해야 한다는 내용이다.

3) 시설운영위원회

(1) 운영위원회의 구성

사회복지시설의 사회화를 위한 구체적 방안으로 우리나라 「사회복지사업법」은 법인이사와는 별도로 전문가 또는 현실적으로 시설운영에 참여하고 있는 사람들로 구성하는 시설운영위원회를 두어 시설운영을 시설장의 독단에 맡기는 폐단을 막도록 했다. 즉, 시설운영위원은 다음에 해당하는 사람 중에서 관할 시장·군수·구청장이 임명하거나 위촉한다(「동법」 제36조 제2항).

① 시설의 장
② 시설 거주자 대표
③ 시설 거주자의 보호자 대표
④ 시설 종사자의 대표
⑤ 해당 시·군·구 소속의 사회복지업무를 담당하는 공무원
⑥ 후원자 대표 또는 지역주민
⑦ 공익단체에서 추천한 사람
⑧ 그 밖에 시설의 운영 또는 사회복지에 관하여 전문적인 지식과 경험이 풍부한 사람

(2) 운영위원회가 심의할 사항

이렇게 구성된 시설운영위원들은 다음의 사항을 심의한다(「동법」 제36조 제1항).

① 시설운영계획의 수립·평가에 관한 사항
② 사회복지 프로그램의 개발·평가에 관한 사항

③ 시설 종사자의 근무환경 개선에 관한 사항
④ 시설 거주자의 생활환경 개선 및 고충처리 등에 관한 사항
⑤ 시설 종사자와 거주자의 인권보호 및 권익증진에 관한 사항
⑥ 시설과 지역사회의 협력에 관한 사항
⑦ 그 밖에 시설의 장이 운영위원회에 부치는 사항

(3) 운영위원회에 보고할 사항

시설이 운영위원회에 보고해야 할 사항은 다음과 같다(「동법」 제36조 제3항). 이것은 단순한 보고사항이지만 의무적이다. 따라서 그 자체로서 시설의 사회화에 도움이 된다.

① 시설의 회계 및 예산·결산에 관한 사항
② 후원금 조성 및 집행에 관한 사항
③ 그 밖에 시설 운영과 관련된 사건·사고에 관한 사항.

제4절 삶의 질과 사회복지시설의 목표

1. 시설생활자들의 삶의 질 향상 전망

삶의 질을 향상시키기 위한 노력은 환경, 시대, 가치관 등의 변화에 따라 변화해야 하는 역동적인 과정이며 그 목표는 끝이 없다. 따라서 삶의 질에 대한 정의는 시간과 공간의 한계 안에서 규정된다(Mendelsohn, 1980: 3-5). 1995년 초 김영삼 대통령은 1인당 국민소득 1만 달러 시대에 걸맞은 국민복지수준을 이룩해야 한다고 말했다(공보처, 1995: 4-7). 이제 20여 년이 지나 국민소득 3만 달러 시대를 맞은 오늘에 와서 더욱 절실한 원칙이라 하겠다.

첫째, 인간가치의 실현, 삶의 질의 향상을 목표로 하는 '인간안보'를 중시하는 것이 세계화시대의 시대정신이고 국민적 요구이기 때문이다.

둘째, 세계화 시대의 무한경쟁은 계층 간의 격차를 확대시킬 위험이 크고, 격차가 확대되면 갈등과 분열을 낳고 갈등과 분열이 큰 사회는 세계일류국가가 될 수 없다.

셋째, 세계화 시대에는 '삶의 질'이 '국가경쟁력'의 주요 요소가 되기 때문이다.

넷째, 세계화 시대에는 '삶의 질'에 대한 국민적 욕구와 기대가 크게 높아지기 때문이다. 소득수준의 향상에 따라 삶의 질과 복지에 대한 국민적 관심과 욕구가 크게 높아지고 다양화될 것이다.

다섯째, 통일 한국을 순조롭게 앞당기기 위하여도 우리의 '삶의 질'을 고르게 높이는 것이 대단히 중요하다. 이상의 이유로 '삶의 질을 높이는 발전'이 세계화시대의 국가발전의 방향이 되어야 한다고 하면서 그 전략의 첫 번째 원칙으로 '최저수준보장의 원칙'을 들었다. 그것은 "'최소한의 인간다운 삶'은 모든 국민들에게 반드시 보장되어야 한다. 절대빈곤의 그늘에서 생활하는 국민들이 있어서는 안 된다. 국민최저수준(National Minimum) 이하로 생활하는 취약계층의 기본적 생활조건인 소득·의료·교육·주거문제에 대하여는 국가가 반드시 책임져야 한다."는 것이다(공보처, 1995: 7). 그러면서 영세민·장애인·불우아동 등에 대한 생활보호 수준이 단순한 구호 차원이 아니라 실질적인 생활보호가 될 수 있는 수준으로 높아져야 한다고 했다(공보처, 1995: 10). 이러한 조건은 시설보호자들에게도 해당됨은 물론이다.

2. 사회복지시설의 처우목표

1) 사회복지시설의 처우이념

정말로 살기 좋은 시설이란 결코 물리적인 설비나 건물만이 아니라 그곳에서 인간답고 자유롭게 생활할 수 있도록 자유·인권·privacy가 옹호되어야 한다. 여기서 '자유'는 보다 좋은 서비스를 받기 위해 자유로이 시설을 선택할 권리뿐만 아니라 의복·식사·거주공간을 자유로이 선택할 권리, 또 일과주의에 제약을 받지 않고 신앙의 자유도 보장되어야 한다. '인권'은 시설이라는 제도적으로 제공되는 장소에서 수준 낮은 생활보호기준에 한정되지 않는 쾌적수준의 생활을 영위할 생존권·인격권·전문적 치료 서비스권을 말한다. 또 'privacy'는 자기의 행복한 생활을 방해받거나 개인의 사생활이 침해받아서는 안 된다는 것이다. privacy의 권리는 인격권에 속하는 자유권의 일종이다(伊藤正己, 1963: 154). 시설 집단 속에서 가장 침해받는 것이 privacy이다.

2) 시설서비스의 전문성

시설서비스 기능을 각종 시설에 공통 요소인 생활서비스, 원조서비스, 치료·훈련서비스로 구분하여 볼 수 있다(伊部英男 外, 1987: 80). 시설은 단지 거주의 장소가 아니라 전문적인 치료서비스의 장소이다. 시설의 기능은 종래 가족의 기능을 대체하는 역할로서의 시설기능이 차츰 치료·회복·재활 등의 전문적인 서비스 기능으로 옮겨가고 있다. 오늘날 시설은 종별에 관계없이 시설기능의 전문성을 요구하고 있다.

(1) 생활서비스

거주·급식·기타 생활서비스 및 보건서비스가 여기에 해당된다. 일반적으로 서비스 내용이 가정생활에서의 가사서비스 정도로 생각하는 것이 통례이다. 그러나 복지대상자의 심신의 조건에 따라 가사서비스와 다른 요양서비스에서 건강관리를 요구하게 된다. 따라서 생활서비스도 역시 치료·훈련서비스나 원조서비스의 토대가 되며, 이들 서비스가 효과적으로 제휴되도록 배려해야 한다.

(2) 원조서비스

이것은 대상자와 사회관계의 조정을 위한 서비스이며, 의료나 교육지도와 같이 전문서비스의 하나로 이해되나 이 원조서비스는 개별사업(case work)으로 취급되고 사회복지 고유의 전문기술이라 해도 좋다. 사회복지에서의 원조서비스는 대상자의 주위 사람들과 인간관계의 조정을 원조하고 또 사회생활에 적응을 원조하기 위한 실천이다.

(3) 치료 · 훈련서비스

치료·훈련서비스는 의학적 치료나 재활의 기능이다. 시설서비스의 기술전문화를 꾀함에 있어서 중요한 관심은 시설에 있어서 기술과 전문성이 치료·훈련서비스의 영역에 집중된다는 것이다.

시설서비스의 기능 발휘는 이상 세 종류의 서비스 중 어느 하나를 제외하고서는 그 성과를 기대할 수 없다. 그러나 시설의 종류에 따라서는 그 서비스 기능이 다를 수 있다. 예를 들면, 장애인시설에서는 의학적 서비스가, 교호시설에서는 교육서비스, 양로시설에서는 생활서비스가 각각 다른 영역의 서비스 기능에 비해 강한 특징을 보인다. 그러나 이러한 시설이라 해도 각각의 서비스 기능들이 전체로서 전문적인 치료나 처우의 토대가 되어 작용하고 있는 것이다.

3) 사회복지시설의 정상화 · 탈시설화 · 사회화 원리

정상화의 원리는 시설수용보호 중심의 서비스를 받는 발달장애인에게 일반인과 같은 정상적인 생활을 보장해 주고 싶다는 생각에서 나온 개념이다(一番ヶ瀨康子·佐藤進, 1987: 31-32). 따라서 정상화의 원리는 시설생활자의 삶의 질을 향상시키는 데 영향을 주는 실천적 개념이다. 이 원리에 의하면 시설보호의 수준을 지역사회 주민의 생활과 유사한 수준으로 유지할 것이 요구된다.

탈시설화의 기본 목표는 사회복지시설에 부적절하게 수용 보호되어 있는 요보호자를 지역사회로 퇴소시키고, 지역사회에서 생활하는 요보호자를 부적합한 시설에 입소시키는 것을 방지하고, 지역사회 내에서 요보호자에 대한 적절한 서비스를 제공하고, 시설보호의 전반적인 수준을 향상시키며, 시설병을 예방하는 것이다(Halpern et al., 1980: 19).

사회복지시설의 사회화란 시설과 지역사회와의 상호작용 과정이라 할 수 있다. 즉, 시설생활자의 인권존중과 생활보장이라는 공공성에 기초하여 시설생활자의 생활수준 향상을 위한 노력과 지역사회의 복지 요구에 대응하기 위하여 시설이 가지고 있는 다양한 자원을 지역사회에 제공하고, 사회복지에 대한 주민의 교육과 체험을 돕는 활동 등이다(秋山智久, 1978: 41).

제5절 한국 사회복지시설의 과제

1. 국가 · 지방자치단체의 직영시설 설립

현실적으로 가장 열악한 생활환경과 조건을 가진 국민들에 대한 복지조치는 일반적으로 생활시설에서의 보호로 이루어지는데, 우리나라의 현실은 이들 시설의 대부분이 민간에 의해 설치 · 운영되고 있다. 따라서 복지조치에 대한 국가책임을 완수하기 위해서는 국가 또는 지방자치단체가 직접 시설을 설치하는 것이 반드시 필요하게 된다.

사회복지시설은 종류도 다양하고 그 종류에 따라 성격과 장 · 단점이 다르다. 오늘날 사회복지시설의 전문화, 분류화라는 측면에서 볼 때 생활시설의 특수한 종류마다 한 가지씩은 공립시설을 설치하여야 할 것이다. 그리고 이러한 시설들은 오늘날 행정의 지방분권화시대를 맞아 사회복지에 대한 지역공동체의 책임이라는 의미에서 생활시설의 특수한 종류마다 광역 지방자치단체별로 최소한 1개소 이상 설치해야 할 것이다. 이렇게 되어야만 준공공재의 성격을 가진 사회복지시설의 비경합성과 비배제성을 충족시킬 수 있을 것이다.

이와 같이 요보호대상자에 대한 국가책임의 구체적 표현의 한 가지 형태로 공립시설을 주장하는 것은 우리나라 민간시설의 재정형편이 너무나 열악하여 증대하는 사회적 복지욕구의 다양화에 민간이 적절히 대응해 나가지 못하기 때문이다.

2. 소규모 시설의 허용

시설의 규모 면에서 볼 때 기존 시설의 대부분이 대규모화되어 있다. 시설의 대규모화는 정부의 보조금 지원방식과 시설복지정책에 대한 정부의 정책 부재 및 관료적 태도 등이 그 원인이라고 볼 수 있다. 시설의 대규모화는 보호의 수준을 저하시키고 시설병을 유발하고 있다. 정부정책이 시설의 대규모화를 오히려 조장하고 있으며 선진적인 시설보호정책인 시설의 소규모화를 가로막고 있다.

이의 개선방안으로 정부보조금을 산정하는 방식을 시설 규모에 상관없이 수용자 1인당 ○○원씩 일률적으로 지급하는 것을 지양하고, 보호단가의 차등지원 방식으로 전환시켜야 한다. 일본의 경우를 보면 30명을 기본으로 하여 10명 단위로 차등지원하고 있다.

특히 지방자치단체에서 먼저 소규모 시설을 시범적으로 운영하는 것이 좋을 것이다. 시설보호에 있어서 앞으로의 바람직한 발전방향을 고려하면 지방자치단체의 고유한 사회복지서비스 모델을 개발하는 차원에서 구별로 구의 특성에 맞게 장애인, 노인, 아동, 모자, 부자세대 등의 소규모 시설(예: group home)을 시범운영한 후 이의 성과를 토대로 확대 실시하는 것이 필요할 것이다. 그리고 비법인 시설을 양성화시켜 충분한 지원을 행하고 이에 대한 적절한 지도감독을 통해 이용자들의 인권을 보호하고 생활의 질을 향상시켜 나가야 할 것이다.

3. 전문사회사업서비스의 제공

시설종사자의 전문화는 시설서비스의 질적인 향상과 밀접한 관련이 있다. 따라서 사회의 변화와 사회복지학의 발전에 발맞추어 종사자들의 전문성을 지속적으로 유지하기 위해서 현재 사회복지시설종사자 중 무자격자를 유자격자로 대체해야 할 것이다. 그리고 민간서비스전달체계의 전문적 수준을 높이고 종사자에 대한 처우가 크게 개선되어야 할 것이다. 시설종사자들과 함께 사회복지업무 관련 공무원들에 대한 지도・훈련을 동시에 실시해야 할 것이다. 이러한 지도・훈련을 위해 지역대학에 교육을 위탁하는 방법을 생각할 수 있다.

업무의 과학화, 표준화 및 프로그램 수행능력 향상을 위한 직무, 회계 등 각 분야별 소양교육을 실시함으로써 사회복지의 새로운 이론과 정보를 습득하게 해야 한다. 이러한 교육과정을 통해서 종사자들의 현장 경험 축적, 발전, 확산을 도모할 수 있다. 그리고 무엇보다 중요한 것은 사회복지인으로서의 사명감을 고취시키는 것이다. 더구나 지방자치시대를 맞아 사회복지관계 기관・단체・시설・학계 등 지역의 관계자들이 함께 모여 사회복지대회, 연수회, 워크숍(work-shop) 등을 개최하고 주제발표, 토론 등을 맡음으로써 지역사회의 복지증진 방안을 모색할 수 있을 것이다.

4. 시설종사자의 자질 및 처우향상

시설종사자들은 일반 행정업무의 겸직으로 직무가 과중되고 시간 부족 등으로 전문성을 발휘할 수 없다. 사회복지시설종사자들의 열악한 처우 실태는 처우수준이 절대적으로 낮다는 것과 업무가 과중되고 있다는 것이다. 따라서 자격증을 소지한 사회복지시설종사자를 확보하기가 어렵다는 것이다. 그리고 종사자들의 수준 높은 서비스를 기대할 수가 없다. 시설종사자들의 자질향상과 처우개선은 서로 맞물려서 종사자들의 처우개선이 무엇보다 선결과제이다.

5. 시설의 현대화 · 과학화

시설 수의 확충도 중요하지만, 시설의 설비를 현대화·과학화해야 한다. 시설의 설비는 시설생활자들의 욕구충족을 위해 활용될 뿐만 아니라 지역사회 주민의 욕구에도 대응하기 위해서는 시설의 설비가 지속적으로 보강되어져야 한다.

6. 시설의 지역별 · 종류별 다양화

시설보호수준의 향상 및 시설의 다양화를 추진해야 한다. 특히, 장애인 및 노인복지시설의 경우 서비스 욕구의 종류에 따라 다양한 시설이 설치되어 있어야 한다. 노인요양시설을 위주로 시설을 확충할 필요가 있다. 무료시설의 경우 입소절차를 완화하며, 실비시설에는 저소득층의 이용 편의를 위해 인건비 등 운영비의 일부를 지원해야 한다.

실비 및 유료시설을 확충하여 향후 수요증가에 대비하고 시설의 다양화로 이용노인의 선택의 폭을 확대해야 한다. 시설에 대한 합리적 정부지원기준을 설정하여 지원을 확대하고 시설보호노인의 생계보호수준의 향상, 시설환경의 개선 및 의료지원의 확대 등 시설보호수준을 향상시켜야 한다. 그리고 장애인복지시설을 적정 배치해야 한다. 장애인복지시설은 주민의 욕구에 상응하여 종류별·지역별로 적정 배치하고 수용보호 차원에서 탈피하여 시설을 사회화·전문화해야 한다.

14

사회복지의 실천영역

사회복지의 실천영역

제1절 대상별 실천영역

1. 아동

1) 아동복지의 개념

아동복지란 아동의 복지라는 이념적 개념과 아동을 위한 서비스와 실천적 활동을 포함하는 실천적 개념을 공유하는 것이다.

아동복지의 이념은 아동을 어떻게 보고, 어떻게 이해하느냐 하는 그 사회의 아동관과 밀접한 관련을 갖는다. 아동을 성인 소유물과 훈련받아야 하는 미성숙한 존재로만 본다면, 아동복지는 아동의 보호에만 치중하게 되고 부양자의 상황에 따라 아동의 삶이 매우 크게 영향을 받게 된다. 일례로 자녀동반자살이 그것이 된다.

아동복지는 아동이 신체적 · 정신적으로 적응하여 자신의 잠재력을 최대로 실현함으로써 행복한 상태가 되도록 하는 것이다. 모든 아동은 성인으로의 발달과정에 있으므로 충족되어야 할 욕구를 가진다. 아동이 발달적 욕구가 충족되지 않을 때는 아동복지의 대상이 된다. 이러한 대상영역을 구체적으로 개념화하면 다음과 같다.

① 사회적 · 경제적 또는 파탄된 가정생활과 관련되는 정서적 문제
② 수입보장 · 교육 · 고용기회 · 보건복지서비스 등 사회적 대비의 결함
③ 부모들이 평소에 대처하지 못하는 아동들의 예외적 혹은 특수한 문제(장애 등)
④ 양육에 대한 부적절한 보호
⑤ 유해한 사회환경, 주거환경

아동복지의 주체는 국가 및 지방자치단체, 그리고 민간단체로서 공적 · 사적 아동복지기관이 있으며, 그 객체로서는 특수한 문제를 지닌 아동은 물론 모든 아동을 대상으로 한다.

2) 아동복지의 목표

우리나라의 아동복지는 다음과 같은 목적을 추구하고 있다(전재일 외, 2002: 242).

① 모든 아동의 안녕을 보호하고 촉진한다.
② 유기, 학대 및 착취의 문제를 사전에 예방하고 가족을 지원한다.
③ 욕구가 발생되면 가족의 능력을 사정하고 가족안정성을 촉진한다.
④ 가정 외부의 보호가 필요한 아동을 위해 완전한 서비스를 준비한다.
⑤ 부적절한 주택, 빈곤, 약물중독, 의료보호를 받지 못하는 아동과 가족에게 부정적인 영향을 미치는 사회적 환경에 대한 책임을 가진다.

⑥ 가능한 언제라도 가족기능 강화를 지원한다.

⑦ 아동의 복지를 위해 필요할 때는 언제든지 개입한다.

아동복지는 아동 개인의 기본적 생활보장을 추구하며 동시에 국가발전을 위한 인력보호와 육성이라는 의의를 가진다.

2. 청소년

1) 청소년의 의의

청소년(adolescence, youth)이라 함은 10대 후기 14~22 또는 12~24까지의 연령층에 있는 인구를 말한다. 사회적으로 중학교 졸업 후 고등학교 또는 대학 초년생 또는 직장 초년생이 이 연령층에 속한다. 청소년기는 사춘기(puberty)[1)]에서 성인(adulthood)에 이르는 과도기적인 시기, 즉 의존적인 아동기에서 자립적인 성인기로의 전환기이다. 따라서 아동기와 성인기의 특성을 함께 지니고 있는 이중적 성격을 나타내고 있다. 또한 생리적, 신체적, 사회적, 심리적인 질적·양적 변화의 시기이다.

청소년은 ① 개인적 혼란으로부터 사회적 질서(social order)로 옮겨가는 세대이며, ② 새로운 삶의 단계(a new stage of life)에 놓여있는 세대이다. 또한 ③ 신체발육 정도, 정신적 성숙도, 사회적 행동양식 등은 아동기를 벗어났지만 아직도 더 성숙해야 하고 사회화가 요구되는 세대이다. 따라서 청소년은 다양한 심리적 특성, 복잡한 사회 문화적 배경, 광범위하고 이질적인 사고와 형태를 지닌 하나의 사회적 범주(social category)

1) puberty: 사춘기, 춘기 발동기, 묘령, (식물)개화기라는 영어의 어원을 살펴보면 다음과 같다.
pubertas(라틴어): 성년, 청춘, 묘령, 결혼적년
pubes(라틴어): ① a,성년의, 청춘의, 묘령의, 결혼적년의
② n,수염, 털, 성년, 청춘
pubesco(라틴어): v,성년이 되어가다, 청춘이 되어가다
adolescens(라틴어): 유년, 소년
adolescere(라틴어): 성장(성숙으로의 성장)

라 할 수 있다.

이 시기는 자아발견의 시기(E. Spranger)이며, 질풍노도(질풍노도)의 시기(L. S. Hollingworth)이기도 하다. 그래서 이 시기를 심리적 이유기(離乳期: psychological weaning)라고도 한다. 청소년기는 그 과도기적이며 이중적인 성격 때문에 가장 활기에 찬 기간이기도 해서 적극적인 교우관계, 애정관계도 형성될 수 있고, 자기 나름대로의 인생관, 사회관, 국가관 등도 형성해 간다. 따라서 인생의 욕망, 만족, 좌절, 공포가 엇갈리는 과도기이기도 하다.

2) 청소년복지지원

우리나라에서는 이러한 청소년들을 위한 복지지원제도를 가지고 있다. 여성가족부 장관은 청소년복지 향상을 위한 정책수립에 활용하기 위하여 3년마다 청소년의 의식・태도・생활 등에 관한 실태조사를 실시하고 그 결과를 공표한다. 또한 국・공영 수송시설・문화시설・여가시설 등을 청소년이 이용하는 경우 그 이용료를 면제 또는 할인 혜택을 준다. 이러한 혜택을 구체화하기 위해 9세 이상 18세 이하의 청소년에게 청소년증을 발급한다. 그 외에 사회복지사 또는 청소년지도사가 청소년들을 위해 하는 역할은 다음과 같다.

(1) 청소년의 건강한 성장 지원

위기청소년에게 효율적이고 적합한 지원을 하기 위하여 위기청소년의 가족 및 보호자에 대한 상담 및 교육을 실시하며, 상담교육비의 지원을 받는다.

(2) 위기청소년 지원

위기청소년에게 효율적이고 적합한 지원을 하기 위하여 위기청소년의 가족 및 보호자에 대한 상담 및 교육을 실시하고, 이에 필요한 비용을 지원한다. 또 위기청소년에게 필요한 사회적 · 경제적 "특별지원"을 할 수 있다. 특별지원은 생활지원, 학업지원, 의료지원, 직업훈련지원, 청소년활동지원 등의 내용에 따라 현금, 물품 또는 서비스의 형태로 제공한다.

(3) 예방적 · 회복적 보호지원

청소년의 비행 · 일탈을 예방하고 가정 · 학교 · 사회생활에 복귀 및 적응하는 것을 돕기 위하여 ① 비행 · 일탈을 저지른 청소년, ② 일상생활에 적응하지 못하여 가정 또는 학교 외부의 교육적 도움이 필요한 청소년에 대하여 청소년 본인, 해당 청소년의 보호자 또는 청소년이 취학하고 있는 학교의 장의 신청에 따라 예방적 · 회복적 "보호지원"을 실시한다.

(4) 교육적 선도

① 비행 · 일탈을 저지른 청소년이나 ② 일상생활에 적응하지 못하여 가정 또는 학교 외부의 교육적 도움이 필요한 청소년에 대하여 청소년 본인, 해당 청소년의 보호자 또는 청소년이 취학하고 있는 학교의 장의 신청에 따라 교육적 "선도"를 실시한다.

(5) 청소년복지 지원기관과 청소년복지시설 등의 운영

청소년복지 지원기관으로는 한국청소년상담복지개발원과 청소년상담복지센터가 있다. 청소년복지시설로는 청소년쉼터, 청소년자립지원관, 청소년치료재활센터, 청소년회복지원시설 등이 있다.

3. 노인

1) 노인복지의 개요

노인의 사전적 의미는 '늙은이', '나이 많은 자'로 표현되지만 그 개념을 명확히 정의한다는 것은 실제로 어렵다. 단순히 나이로만 정의 한다면 노인의 범위는 일반적으로 60세 이상 혹은 65세 이상 인구를 지칭하는데, 종전에는 55~64세까지는 초기 고령자, 65~74세까지는 중기 고령자, 75세 이상은 후기 고령자라고 세분하기도 하였다. 그러나 이제는 이러한 연령구분도 바뀌고 있다. 실제 법률상으로 규정되고 있는 노인의 연령기준을 살펴보면, 「고용상 연령차별금지 및 고령자 고용촉진에 관한 법률」에서는 고령자를 55세 이상인 자로, 「국민연금법」에서는 노인을 60세로, 노인복지법이나 「국민기초생활 보장법」에서는 65세 이상인 자로 규정하고 있다. 이런 기준으로 고령 초기는 65~74세, 고령 중기는 75~84세, 고령 후기는 85세 이상으로 구분하는 것이 현재의 상황이다.

UN인구국은 지금까지 전체인구 중 65세 이상 인구비율이 7% 이상 14% 미만인 사회를 고령화사회(ageing society), 14~20% 미만인 사회를 고령사회(aged society), 20% 이상인 사회를 초고령사회(super-aged society)로 구분했다.

1951년 제2회 국제노년학회에서는 노인의 개념을 "인간의 노화과정에서 나타나는 생리적 · 심리적 · 환경적 변화와 행동의 변화가 상호작용하는 복합형태의 과정에 있는 사람"이라고 정의하였다. 비버(M. Beaver, 1983)는 노화란 시간의 흐름에 따라 유기체의 세포, 조직 또는 유기체 전체에 일어나는 점진적 변화라고 했다. 또한 브린(L. Breen)은 노인을 "생리적 · 생물학적인 면에서 쇠퇴기에 있는 사람, 심리적인 면에서 정신기능과 성격이 변화되고 있는 사람, 사회적인 면에서 지위와 역할이 상실되어 가는 사람"이라고 정의하였다.

2) 고령사회와 노인문제

(1) 노인인구의 증가

노인인구의 증가는 다양한 형태의 사회문제를 야기시킨다. 이미 많은 선진국은 노년인구국이 되었지만 그것은 장기간에 걸쳐 진행되었다. 그러나 우리나라는 그 어떤 나라에서도 유래를 찾아보기 어려울 정도로 고령화 속도가 빠르게 진행되고 있다. 우리나라는 2000년에 이미 65세 이상의 노인인구가 전체 인구의 7.2%로 '고령화 사회'가 되었고, 2017년에는 '고령화 사회'로 진입한 이래 17년 만에 노인인구가 14.02%로 '고령사회'가 되었다. 이제 2026년에는 20.8%로 '초고령사회'(super-aged society)가 될 것으로 예상된다. 총인구 중에서 노인인구의 비율이 증대하는 현상을 인구의 노령화라고 한다. 유엔(UN)의 기준[2)]에 의하면 우리나라는 이제 노년인구국이 되었다.

(2) 열악한 소득수준

고령화사회에 진입한 우리나라의 노인문제로, 먼저 노인인구의 소득수준이 열악함을 들 수 있다. 저소득층에 대한 포괄적이고 확대된 개념으로서 「국민기초생활보장법」이 2000년 10월부터 시행되었다. 그러나 공공부조로서의 국민기초생활보장제도는 전 국민을 대상으로 하고 있기 때문에 노인만을 위한 소득보장제도라고는 할 수 없다. 그럼에도 불구하고 저소득층 노인들에 대한 일차적인 보호수단은 국민기초생활보장제도뿐이다. 기초연금은 부가적이다.

2) UN(1976)은 한 나라의 인구 중 65세 이상의 노인인구가 4% 미만인 나라를 유년인구국(young population), 4~7%인 나라를 성년인구국(mature population), 7% 이상인 나라를 노년인구국(aged population)이라고 규정하였다. 또 UN(1990)은 노인인구가 전체 인구의 7%에 도달하면 고령화사회, 14%가 되면 고령사회로 분류한다. 요즈음에는 20%가 되면 초고령사회로 분류하기도 한다.

(3) 기능장애 노인의 증가

인구의 고령화로 인해 나타나는 또 다른 문제점은 노인의 건강문제이다. 통계(2017)에 의하면 65세 이상 고령자가 스스로 평가하는 자신의 평소 건강상태에 대해 '건강하다' 37.0%, '건강이 나쁘다' 39.7%로 주관적 건강상태를 부정적으로 평가하는 비율이 2.7% 더 많았다. 이것은 3년 전보다 '건강하다'는 4.6% 증가한 반면 '건강이 나쁘다'는 4.0% 감소했다. 자신이 평소 '건강하다'고 평가하는 비율은 65세 이상 남자(45.3%)가 여자(30.8%)보다 상대적으로 14.5% 높았다.

(4) 가족의 부양기능 약화

핵가족화, 소가족화, 맞벌이가족 등으로 인해 가족 중에 노인을 보호할 수 있는 사람이 없거나 부족하게 되는 현상이 점차 심각해지고 있다. 전통사회에서 노인의 부양문제는 자식들의 역할로 규정되었고, 질병에 걸린 노인을 보호하는 일은 가정 내에 있는 여성, 즉 아내, 며느리, 딸, 혹은 손녀의 역할이었다. 그러나 현대사회에서 많은 노인들은 자녀와 서로 다른 생활권에서 사는 경우가 많으며, 자녀와 함께 사는 경우에도 아픈 노인을 위한 가족의 보호는 일상적으로 이루어지기 어렵다.

(5) 고령자 1인가구의 증가

핵가족화・소가족화의 영향으로 노인끼리 생활하는 노인단독세대가 늘어나고 있다. 통계청 보도자료(2018.12.12.)에 의하면, 노년기 주된 거주형태가 단독 또는 부부가구로 변화했으며 노인과 자녀 세대에서 모두 자녀동거 규범도 약화되어 공적인 제도의 필요성이 커진다고 지적했다. 독거노인들은 경제적 또는 건강상 어려움뿐만 아니라 정신건강 측면에서도 매우 취약하다. 한국은 OECD 국가들 중 노인 자살률이 가장 높은 국가이다. 한국 노인 중 독거노인의 자살률은 더 높다. 이들은 함께 기거하는 가족이 없기 때문에 외로움을 많이 느끼며 어려운 상황에 쉽게 굴복하게 된다. 따라서 이들에게 여러 가지 면에서 주의를 기울여야 한다.

4. 장애인

1) 장애인복지의 개념

장애인복지는 심신의 손상으로 인해 사회생활이 곤란한 개인들에게 의료·교육·직업·사회·심리적 재활서비스를 제공하고 동시에 사회적 인식의 개선과 물리적 환경을 조성하여 모든 분야에서 안정된 삶을 영위하도록 원조하는 국가 및 사회의 조직적 노력의 총체이다.

세계보건기구(WHO)는 한 개인이 접하게 되는 장애를 손상(impairment), 활동(activity), 참여(participation)라는 3차원의 축으로 설명한다. 개인의 손상은 신체구조와 기능상의 어려움으로 개인의 일상생활과 관계된 활동에 제약이 된다. 개인의 이런 제한된 상황은 사회참여와 활동의 범위 및 정도에 영향을 미치고 동시에 개인을 둘러싼 물리적 사회환경은 장애인의 활동에 중요한 장벽으로 작용할 수도 있다. 결국 개인적인 건강조건이나 일상생활에서의 어려움과 사회환경 간에는 상호 복잡한 관계에 있다고 보고, 두 요소 간의 상호작용에 초점을 두고 장애문제에 접근하려는 생태학적 모델의 입장에 있다.

2) 장애의 종류 및 범위

세계보건기구(WHO)가 1975년 장애인권리선언에서 장애인을 정의하기를 "선천적이든 후천적이든 신체적·정신적 능력이 불완전하여 일상생활 및 사회생활에 필요한 것을 스스로 완전히 혹은 부분적으로 확보할 수 없는 상태"라고 했다. 즉, 기능장애(impairment), 능력장애(disability)뿐만 아니라 사회적 불리(handicap)를 포괄하여 폭넓게 정의하고 있다.

이에 따라 2000년 1월부터 일상생활에 현저히 제한받는 만성·중증의 내부기관 질환들을 다수 포함하게 되었고, 정신적 장애에는 정신분열증 · 분열형 정동장애 · 양극성정동장애 · 반복성우울장애 등을 앓고 있는 만성중증 정신질환자, 자폐증을 지닌 장애인을 포함하게 되었다. 지체장애에 포함되어 있던 뇌성마비와 뇌졸중 등은 별도로 '뇌병변장애'로 분류되었고, 왜소증 · 척추후만증 · 시야결손도 장애인의 범주에 추가되었다.

〈표 14-1〉 **장애인 분류표**

대분류	중분류	소분류
신체적 장애	외부신체기능의 장애	지체장애, 뇌병변장애, 시각장애, 청각장애, 언어장애, 안면장애
	내부신체기능의 장애	신장장애, 심장장애, 간장애, 호흡기장애, 장루 · 요루장애,[3] 간질장애
정신적 장애	발달장애(지능지수 70 이하)	
	정신장애(정신분열증, 정동장애,[4] 우울장애)	
	발달장애(자폐증)	

장애발생의 원인(2016년 기준)은 후천적 원인이 88.1%를 차지하고 선천적 원인이 5.1%, 출산 시 원인이 1.4%로 나타났다. 후천적 원인 중 질환은 56.0%이고 사고 원인이 32.1%였다. 이것은 장애의 사회성을 여실히 보여주는 것으로 장애예방의 중요성을 말해 주고 있다.

3) 인공 항문, 인공 요루 등을 장치한 경우 괄약근과 같은 자동 조절기능이 없으므로 수시로 대변이나 소변이 흘러나온다.

4) 정동장애(情動障礙; affective disorder)란 일상생활에서 기분의 고저는 있게 마련이지만, 때때로 이런 정상적인 기분의 변화와는 전혀 다르게 기분이나 감정이 극단적인 양상을 보여서 일상생활이 어려울 정도에 이르는 경우가 있다. 이를 정동장애라고 한다. 근래에 미국 정신의학회에서는 기분장애로 정의하고 있다.

5. 가족복지

1) 가족복지의 개념

가족복지는 가족의 욕구와 문제에 대응하는 것으로, 가족생활을 보장하는 사회적 노력(정책적 · 기술적 서비스 활동)을 의미한다. 좀 더 구체적으로 말해서 가족복지는 가족문제의 해결과 예방, 인간의 사회적 기능 수행의 활성화, 생활의 질적 향상 등에 직접적으로 관심을 갖는 사회복지서비스나 과정을 포함한다.

2) 가족복지의 대상과 영역

가족복지의 대상은 광의와 협의로 나누어 볼 수 있는데, 광의로 볼 때는 모든 유형의 가족들로 이들이 앞으로 당면할 가능성이 있거나 현재 당면하고 있는 모든 가족문제이며, 협의로 보면 가족생활상의 문제에 봉착하고 있는 위기의 가족으로 결손가족, 해체가족, 그리고 가족생활주기에 따라 발생되는 발달적 및 상황적 스트레스를 특별히 겪고 있는 가족들이다.

가족복지의 대상을 협의로 접근할 경우 가족문제의 예방적 측면이 간과되고 일반가족이 흔히 경험하는 가족문제가 간과되므로 가족문제와 함께 건강한 가족생활을 가족복지의 대상으로 삼아야 할 것이다(전국대학사회복지교육협의회, 2002). 가족복지의 일차적인 대상은 가족관계 및 가정생활을 어렵게 하는 모든 문제이다.

3) 가족복지의 기능

가족복지의 기능은 시대와 문화 그리고 가족이 처한 상황에 따라 다를 수 있으므로 그 고유기능을 일반화하는 것은 쉽지 않다. 가족복지가 수행하는 기능은 사회변화에 따른 가족기능의 변화와 가족문제의 양상과 밀접한 관련이 있다.

야마자키(1976)는 가족문제를 일으키는 장애요인에 대한 대책이라는 측면에서 가족복지의 기능을 다음과 같이 규정했다. 첫째, 가족 외적인 요인에 대응하는 거시적인 가족복지의 기능으로서 경제적 대책, 직업대책, 주택대책 등이다. 둘째, 가족 내적인 원인에 대응하는 미시적인 기능으로서 가족 내 관계의 긴장문제와 가족기능 수행상의 문제, 가족성원의 결손에 대한 문제에 대한 기능을 제시했다.

제2절 직능별 실천영역

1. 학교

1) 아동청소년들에게 학교란?

아동・청소년들에게 학교란 성공과 실패를 경험하는 곳이며, 학교는 아동들이 사회에 참여하는 데 필요한 도구를 제공해주는 역할을 한다. 만약 학생들이 학교 사회에 참여하는 데 실패한다면 그들에게는 적절한 '도구'가 결여되어 있기 때문에 사회참여에도 실패할 가능성이 크다. 그러므로 교사는 학생들이 근면성대 열등감의 위기를 잘 극복하도록 도와주어야 한다.

특히 초등교사는 아동들이 그들 자신이 능력 있고 가치로운 개체로서의 긍정적인 자아개념을 가지기 위해 노력하고 있다는 것을 알고 그들이 긍정적 자아개념을 지속적으로 유지하는 데 관심을 가져야 한다. 예를 들면, 로젠홀츠와 심슨(Rosenholtz & Simpson, 1984)은 학생들의 자아개념에 영향을 주는 두 가지 형태의 학습에 대해 설명했다.

- 단일차원학습: 성공에 대한 한 가지 차원밖에 없어서 '최상위' 집단과 '하위' 집단으로 구분하여 우수한 학생만 칭찬한다.

• 다차원학습: 다양한 학생들의 다양한 기능을 강조하여 기능의 모든 것이 소중하므로 성취를 위한 많은 방법이 있다고 한다.

즉, 교사들은 모든 학생이 긍정적 자아개념을 가질 수 있도록 국어 또는 수학에서 똑같이 잘한다고 해야 하며 학생들을 학습의 성적 순위로 구별하지 않고 능력 수준보다는 진보를 인정하며 모든 기능에 가치를 부여하여 능력이 아닌 노력에 대해 칭찬과 평가를 해 주어야 한다.

2) 학교사회사업가의 역할

학교사회사업은 학생들로 하여금 학교생활에 성공적으로 적응할 수 있도록 전문적인 방법으로 돕는 사회사업의 한 영역이다. 학교사회복지사는 학교 시스템과 교사들에게 사회복지사로서의 고유한 지식과 기술을 제공한다. 학교사회복지사는 정신 건강 문제, 행동 문제, 긍정적인 행동 지원, 학업 및 교우관계 지원, 교사, 학부모 및 관리자와의 상담을 지원한다. 또한 개인 및 그룹 상담・치료를 제공할 수 있는 훈련된 정신건강 전문가이기도 하다. 학교사회복지사는 인성교육 및 학습전달을 목적으로 하는 학교의 사명을 성공적으로 수행할 수 있도록 돕는 전문가이다. 학교사회사업가는 학교생활에 적응하지 못하는 학생들을 상담하여 학생 자신이나 가족 또는 주변환경을 대상으로 활동한다.

3) 학교사회사업가의 구체적 활동

① 관련 서비스: 특수교육 평가회의 및 개별 교육계획 회의에 참여, 학교적응에 영향을 미치는 학생의 생활환경(가정, 학교, 지역사회) 문제를 다루는 일, 장애학생의 발달기록

② 상담(그룹, 개인 및/또는 가족): 자녀가 자신의 교육프로그램에서 가능한 한 효과

적으로 학습할 수 있도록 가족·학교 및 지역사회 자원을 동원하는 일, 긍정적인 행동개입 전략 개발을 지원하는 일

③ 학생을 위한 서비스: 위기 개입, 학업 성공을 높이기 위한 중재전략 개발, 갈등해결 및 분노 관리를 지원, 학생이 적절한 사회적 상호작용 기술을 개발하도록 지원, 학생이 자신과 타인을 이해하고 수용하도록 지원

④ 부모/가족을 위한 서비스: 자녀의 학교 적응에 대한 부모의 지원을 용이하게 하기 위해 부모와 협력, 자녀가 학교 및 지역 사회에서 보다 효과적으로 기능할 수 있도록 가족 스트레스를 완화, 특별한 도움이 필요한 학생이 이용할 수 있는 프로그램에 학부모가 접근할 수 있도록 지원, 학부모가 학교 및 지역사회 자원에 접근하고 활용할 수 있도록 지원

⑤ 교직원에 대한 서비스: 학생의 학업성과 및 행동에 영향을 미치는 요소(문화, 사회, 경제, 가족, 건강 등)를 더 잘 이해할 수 있도록 교사에게 필수 정보를 제공, 정신건강상 문제가 있는 학생을 평가, 교사의 행동 관리를 지원, 교사에게 직접적인 지원

⑥ 학교-커뮤니티 연락: 학생들의 필요를 충족시키기 위해 지역사회 자원을 확보하고 조정, 학생이 사회 및 정신건강기관으로부터 적절한 지원을 받을 수 있도록 지원. 학생과 가족의 필요를 충족하기 위해 새롭고 개선된 지역사회/학교 서비스를 옹호, 시스템이 각 학생의 필요에 효과적으로 대응하도록 지원

2. 의료사회사업

1) 의료사회사업의 정의

의료사회사업(medical social work)이란 질병을 가진 개인에게 그 질병과 관련된 사회적 문제를 의료진과의 협력하에 사회복지사의 전문적 개입을 통해 환자를 원조하는

과정이다. 일본 후생성 발행의 의료사회사업지침은 "의료사회사업이란 의료 및 보건기관 등의 의료팀의 한 부분으로서 사회과학의 입장에서 의사의 진단을 도와주며, 한편으로는 질병의 치료·예방·재활의 장애요소인 환자 자신이나 그 가족의 경제적·정신적 혹은 사회적 문제를 만족하게 해결 또는 조정해 나갈 수 있도록 개인과 집단을 원조하는 과정"이라고 하여 넓은 개념으로 보고 있다.

의료사회사업이란 질병에 대한 다각적인 접근방법을 바탕으로, 질병을 가진 개인과 환경의 상호작용관계에 초점을 두고 의료팀의 일원으로서 환자 및 가족의 사회기능 향상을 위해 전문적 실천방법을 활용하여 질병의 예방, 치료 및 재활에 이르기까지 다양한 활동을 수행하는 사회사업의 한 전문분야라고 정의할 수 있겠다.

2) 의료사회사업의 활동영역

의료사회복지사의 직무는 병원의 규모나 환자의 문제 유형, 서비스 대상자의 특성, 직무의 중요도에 따라 달리 분류된다(이광재, 2002). 문제유형별 직무를 살펴보면 다음과 같다.

① 심리·사회·정신적 문제해결업무: 클라이언트의 심리사회적·정신적 문제의 원인조사와 평가가 이루어진다. 이를 위해서 개인력, 가족력, 사회력과 그 역사가 이루어지게 된 배경을 조사한다. 문제를 사정하기 위한 조사를 토대로 문제해결을 위한 상담을 실시하고 의료진에게 협의진단을 위한 자료를 제공한다. 또한, 클라이언트의 문제에 개입하는 개별치료나 집단활동을 실시한다.

② 경제적 문제해결: 클라이언트가 질병을 치료하는 데 필요한 경제적 능력을 조사하고 사정하여 필요한 진료비와 기타 경비를 지원한다. 병원의 상황에 따라서는 무의탁환자와 행려환자·극빈자의 입원, 전원 의뢰 등의 업무도 함께 이루어진다.

③ 사회복귀 및 재활 문제해결업무: 만성질병의 경우 환자의 장기적인 재활문제와 사

회 부적응 문제가 발생할 수 있으므로 입원해 있으면서 퇴원계획을 세우고 직업훈련이나 취업지도, 회복 후 사회적응을 위한 상담을 실시한다.

④ 지역사회 자원과 연결업무: 의료사회사업의 대상이 되는 클라이언트는 질병을 가지고 있을 뿐만 아니라 자원이 적은 경우가 많으므로 클라이언트의 자원체계에 대한 정보를 사정하고 지역사회의 자원을 모아 연결한다. 필요한 경우 지역사회 자원을 동원하고 클라이언트가 자원에 접근할 수 있도록 지원한다. 지역사회에서 의료적 서비스가 필요할 경우 자선 무료진료를 실시하도록 의료기관과 지역사회를 연결하는 매개자가 된다.

⑤ 행정, 사무업무: 각종 문서를 수발하고 보고서를 작성하며 사업계획을 수립한다. 사회복지사가 개입한 사례과정을 기록하고 정리・보관하며, 의료사회사업 업무의 실적과 통계를 분석 평가한다.

⑥ 교육 및 연구조사업무: 사회복지를 전공하는 학생과 간호학과 실습생, 의학과 실습생들에게 의료사회사업을 교육하고 직원교육을 담당한다. 임상연구회의도 참석하고 의료사회사업의 연구와 조사를 실시한다.

⑦ 기타 업무: 자원봉사자 개발・관리・지도를 실시하고 환자 무료도서대여를 관리한다.

3. 정신보건사회복지

1) 정신보건사회복지의 개념

정신보건사회복지는 의료사회사업의 영역 중에서 특별히 정서적・심리적・정신적 영역을 중점적으로 다루는 사회복지실천이다. 의료사회사업이 각종 질병의 치료, 예방, 회복, 그리고 재활을 포괄적으로 다루는 영역이라면, 정신보건사회복지는 심리적・정신적 문제를 해결하는 전문적인 사회복지서비스로서, 인간의 육체적 고통을 해결함과 동시에 전인적 서비스를 제공하는 실천영역이다.

가정폭력, 우울증, 정신분열증, 알코올중독이나 약물중독과 같은 정신질환을 가진 장애인들은 사회적 무관심과 냉대로 인해 사회로부터 격리된 정신요양시설에서 장기간 입원되어 생활함으로써 개인적인 고통은 말할 것도 없이 가정적·사회적 문제를 동시에 겪어 왔다. 이들의 정신질환은 가족과 사회적 관계를 악화시켜 질병의 악순환을 경험하게 된다.

정신질환은 일반적으로 다음과 같은 다섯 가지의 측면을 가지게 된다(이윤로·홍윤수, 2001: 170).

① 개인이 자신의 주관적인 고충을 호소한다.
② 비효과적인 심리사회적 기능, 즉 자기보호(목욕, 옷 입기, 먹기)나 사회기능(직장, 학교, 대인관계)에 문제가 있고, 자기파괴적인 행위 등을 보이며, 공격적 행동과 같은 비효과적 문제해결방식을 취한다.
③ 기묘한 행동을 보인다. 즉, 목적 없이 사회규범에 맞지 않는 행동을 한다.
④ 감각기능에 장애가 있어 환청이나 환상을 본다.
⑤ 사고능력에 문제가 있다.

이러한 요소에서 살펴볼 수 있듯이 정신질환을 가진 사람은 생활 속에서 일탈적인 사고와 행위를 함으로써 사회규범에 맞지 않는 사회적 관계를 가지게 된다. 따라서 정신보건사회복지의 개념은 다음과 같이 정의할 수 있다.

정신보건사회복지는 정신적·정서적 장애로 고통을 받고 있는 사람들의 건강회복과 정신건강을 촉진하고, 경제적·사회적, 그리고 증상 회복에 따른 지지적 문제 등을 실천하는 전문사회복지영역이다. 정신보건사회복지사는 정신과 전문의, 정신보건임상심리사, 정신보건간호사, 작업치료사 등과 함께 정신과 치료팀의 일원으로서 활동한다.

2) 정신보건사회복지사의 역할

정신보건사회복지사는 사회복지실천기술에 대한 전문적인 지식을 습득하여 클라이언트와 가족, 지역사회와 유관기관, 그리고 정신과 치료팀과 병원당국에 대한 복합적이고 다양한 활동을 전개하고 있다. 기본적으로는 클라이언트와 가족에 대한 서비스 활동이 직접적이고 구체적으로 이루어지게 되며, 지역주민에 대한 예방적 활동이 추진된다. 그리고 이러한 역할을 지원하고 보완하기 위한 행정적 활동이 이루어질 수 있다. 이러한 역할을 구분하면 다음과 같다.

① 기관에 대한 설명과 이해촉진: 기관의 치료활동 소개와 협조사항 상의
② 사회력 조사연구: 치료팀에게 환자의 치료에 필요한 사회경제적・환경적인 정보 제공
③ 환자의 병에 대한 의미를 가족에게 전달
④ 환자의 입원으로 인한 가족스트레스의 감소
⑤ 가족병리문제에 대한 조사연구와 가족치료 실시
⑥ 개별상담 및 집단적인 치료활동의 전개
⑦ 환자의 사회복귀를 위한 수용과 이해의 증진
⑧ 사후지도 프로그램과 재활활동, 추수지도의 계획

4. 국제구호단체

1) 국제어린이재단연맹(ChildFund Alliance)

2002년 초록우산 어린이재단(ChildFund Korea)을 포함한 11개국 아동 중심 기관이 연합하여 출범한 글로벌 네트워크 국제어린이재단연맹(ChildFund Alliance)은 지구촌 약 70여 개 국가에서 인종, 종교, 성별, 국적과 관계없이 취약한 상황에 놓여있는 어린이들

의 권리를 실현하기 위해 협력하여 지원하고 있다.

초록우산 어린이재단은 74년 동안 빈곤과 질병으로 고통받는 아동을 도우며 아동 권리 옹호활동을 지속해오고 있는 대한민국 아동옹호 대표기관이다. 1948년 문을 연 초록우산 어린이재단은 전쟁고아 구호사업으로 시작하여, 1981년 민간 최초로 전국 불우아동결연사업을 운영하며 국내 아동복지를 선도해 왔다. 1989년에는 국내 최초로 한국아동학대협회를 창립하여 국내 최초로 아동 학대 예방사업을 시작하였으며, 1997년부터 17년간 생방송 '사랑의 리퀘스트' 방송을 통해 도움이 필요한 아이들의 사연을 전 국민에게 널리 전했다.

현재 '모든 아동'의 권리를 보호하는 옹호활동에 주력, 유엔아동권리협약에 따른 아동권리를 기반으로 복지사업을 강화해가고 있으며, 사회 환경 및 기후변화에 능동적으로 대응하며 아동 권리 보장과 건강한 성장 환경 조성을 위해 노력하고 있다 (https://www.childfund.or.kr/ 참조).

2) 월드쉐어(World Share)

사단법인 월드쉐어는 유엔 경제사회 이사회(UN ECOSOC) 특별협의지위를 획득한 국제구호개발 NGO이다. 현재 전 세계 25개국에 고아들을 위한 그룹홈과 1:1 해외 아동결연, 지역개발, 의료보건, 식수위생, 교육지원, 인도적지원 사업 등을 진행하고 있다.

월드쉐어는 각 국가의 정부 및 사업 담당자들과 긴밀히 협조하여 현장에서 수혜자들의 필요를 정확하게 파악하고 이를 효과적으로 지원하고 있다. 아프리카, 아시아 저개발 국가에 식수로 인한 사망자를 줄이기 위한 식수사업 개선, 말라리아, 에이즈와 같은 질병에 의한 사망자를 줄이기 위해 의료보건 프로그램, 부모를 잃은 어린이들의 생계와 교육을 위한 그룹홈 설립, 지원 및 결연아동후원 지구촌 나눔 정신의 확산과 청년 비전을 위한 해외 봉사활동을 활발하게 진행하고 있다.

또한 2005년 쓰나미 피해지역인 태국, 스리랑카, 인도네시아, 인도를 시작으로 2008년 미얀마의 싸이클론, 중국의 쓰촨성, 아이티 지진피해, 2013년 필리핀 태풍피해, 2014년 윈난성 지진 피해지역, 2019년 코로나19 긴급구호에 이르기까지 전 세계 사랑의 손길이 필요한 곳에 구호팀을 파견하였다. 의료지원, 구호사업, 지역개발 등 다양한 프로그램으로 사랑을 실천하고 있다. 월드쉐어는 구호활동과 지역개발에 관련된 국제협약을 준수하고 표준을 지키는 NGO이다(https://www.worldshare.or.kr/ 참조).

3) 월드비전(World Vision)

선교사이자 한국전쟁 종군기자였던 밥 피어스(Robert Willard Pierce) 목사는 전쟁고아와 남편 잃은 부인들을 돕고자 1950년, 미국 오리건주 포틀랜드에 국제 월드비전 사무실을 열고, 한경직 목사와 함께 한국 구호활동을 시작했다. '하느님의 마음을 아프게 하는 것들로 나의 마음도 아프게 하소서.'라는 밥 피어스 목사의 기도는 70년 넘은 지금도 전 세계 소외된 어린이들을 돕는 국제 월드비전의 정신으로 이어지고 있다.

국제 월드비전은 전 세계 전쟁과 기아, 재난 구호에 앞장서 왔다. 어느 나라도 받아주지 않아, 바다에 수개월 간 표류하던 베트남전 난민들에게 세계 최초로 구조선(Seasweep)을 보냈고, 1980년대, 1백만 명이 굶주리다 숨진 20세기 최악의 기근과 내전에 시달린 에티오피아에 국제사회 최초로 구호인력과 자원을 보내기도 했다.

1990~2000년대에도 동유럽 기근, 르완다 내전, 아프리카 에이즈, 지진/홍수 등 재해와 이라크전/시리아 내전까지, 국제사회에서 도움을 망설였던 곳들을 가장 먼저 찾아 아이들과 주민들을 지켰다.

2019년 현재, 국제 월드비전은 세계 2천만 이재민에게 76개 구호사업을, 340만 아동들과 1억 명, 지역사회 주민을 위한 1,600개의 개발사업을 통해 가장 소외된 아이들과 사람들에게 삶의 기회를 제공하고 있다(https://www.googleadservices.com/ 참조).

4) 유니세프(Unicef)

유니세프는 1946년 '차별 없는 구호'의 정신으로 전 세계 어린이를 돕기 위해 설립된 유엔기구이다. 유니세프는 유엔아동권리협약에 직접 명시된 유일한 아동권리 증진 기관이며, 1965년에는 노벨평화상도 수상했다. 75년이 넘은 현장 경험과 전문성을 바탕으로 적은 돈으로 더 많은 어린이의 생명을 살린다. 각 국가 정부와 긴밀하게 협력해 보다 효과적으로 폭넓게 어린이의 삶을 근본적으로 개선한다. 약 190개 국가 및 영토 등 전 세계 거의 모든 곳에서 활동하기 때문에 재난이 발생하면 신속하게 긴급구호 사업을 펼치고 있다. 재난 전에도, 재난 중에도, 재난 후에도 한결같이 어린이 곁을 지킨다. 단 한 명의 어린이도 빠짐없이, 모든 어린이가 행복한 어린 시절을 보낼 수 있도록, 보건・영양・식수와 위생・교육・긴급구호 사업을 펼친다.

유니세프한국위원회는 한국에서 유니세프를 대표해 유니세프의 이념을 실현한다. 전 세계 어린이를 위해 기금을 모으고 어린이 권리를 옹호한다.

유니세프한국위원회는 후원금 100원 중 85원을 유니세프 본부로 송금하며 전 세계 33개 유니세프국가위원회 중 가장 높은 수준의 송금률을 자랑한다. 국내 평가 전문기관으로부터 높은 효율성과 투명성도 인정받고 있다. 한국은 유니세프 역사상 도움을 받다가 도움을 주는 나라로 전환된 유일한 국가이며, 2022년 5대 모금 국가로 성장했다.

유니세프한국위원회의 대표적인 어린이 권리 증진 사업은 '유니세프아동친화사회 만들기' 프로젝트이다. 어린이가 생활하는 사회(지역사회, 학교 등)와 어린이에게 영향을 미치는 사회(기업, 병원 등)를 어린이에게 친화적인 환경으로 만든다. 유니세프한국위원회는 우리 모두가 행복한 사회를 만들기 위해 어린이가 행복한 사회를 만든다(https://www.googleadservices.com/ 참조).

15 사회복지의 미래 전망

사회복지의 미래 전망

제1절 사회적 가치와 제도의 변화

1. 시대 상황에 따라 변하는 제도

복지국가 또는 복지사회란 사회보장이 잘된 국가 또는 사회를 말한다. 미국 보건복지성의 사회보장청 조사통계국이 집계한 '세계 각국의 사회보장제도'(Social Security Programs throught the World, 2014)에 의하면, 2014년 현재[1] 어떠한 형태로든 사회보장제도를 시행하는 나라는 세계에서 170개국이 넘는다. 나라마다 차이는 있지만 그 구조의 대개는 사회보험, 공공부조, 공적서비스, 기타(노동법에 의한 사용자 책임의 규정 등) 등이 있다.

1) 유럽은 2014년, 아시아 및 태평양 지역은 2012년, 아프리카는 2013년, 아메리카는 2013년 기준임.

1784년 영국에서 시작된 증기기관과 기계화에 의한 1차 산업혁명, 1870년 전기의 이용과 노동력의 분화를 통한 대량생산이 본격적으로 시작된 2차 산업혁명, 1969년 정보기술(IT)과 인터넷이 이끈 정보화 및 자동 생산 시스템이 주도한 3차 산업혁명에 이어, 최근 모든 영역에서 가장 이슈가 되고 있는 4차 산업혁명은 인공지능과 빅데이터를 중심으로 주목받고 있는 혁신적인 변화를 말한다(최현수 · 오미애, 2017).

산업혁명은 인류에게 풍요를 안겨준 긍정적인 측면도 있지만 절대다수 노동자들의 실업과 노동자들의 빈곤이라는 사회문제를 안겨준 부정적인 측면도 있었다. 이러한 사회문제를 해결하기 위한 수단으로 인류는 사회보험과 공공부조라는 사회복지의 새로운 제도를 창안했다. 그러나 2차, 3차 산업혁명을 거치면서 인류는 가족생활과 생활패턴의 변화로 다양한 사회적 위험에 직면하게 되었고, 이에 따라 다양한 사회복지 서비스의 제도 또는 프로그램을 만들어 내었다. 이제 4차 산업혁명을 맞아 인류는 어떤 사회적 위험에 직면하게 될지 몰라서 불안해하고 있다.

2. 빠른 변화의 시대

오늘의 시대적 특성을 말한다면, 그것은 급속한 변화의 시대요, 무한 경쟁의 시대라는 것이다. 이 시대가 빠른 변화를 가져오는 것은 과학기술의 빠른 발전 때문이다. 미래학자들은 과학지식의 배증시기를 다음과 같이 말한다. 서기 기원 원년을 기준으로 1차 배증시기는 1900년, 2차 배증시기는 1950년, 3차 배증시기는 1970년이라 한다. 그러면서 현재(1990년대)의 배증기간은 단지 18일이라 한다. 그렇다면 30년이 지난 오늘날의 배증기간은 얼마나 될까? 매일같이 과학지식이 배증할지도 모른다. 빌 게이츠는 1999년에 『Business@the Speed of Thought』라는 책을 냈다. 우리말 번역본은 이를 『빌 게이츠@생각의 속도』라는 이름으로 출판했다. 빌 게이츠는 이 책 서문의 제일 첫 문장을 이렇게 시작했다. "비즈니스는 다가올 10년 동안에 지난 50년보다 훨씬 더 큰 변화를 겪게 될 것이다."라고. 그러면서 "21세기에는 생각의 속도가 결정한다."

라고 결론지었다.

과학지식이 변하면 사회 제도가 변하고, 그 다음에 인간의 의식이 따라서 변한다. 그런데 과학지식이 워낙 빠르게 변하기 때문에 사회 제도도 그만큼 빨리 변하게 된다. 그럼에도 불구하고 인간의 의식이 이에 따르지 못하는 경우가 많다. 빌 게이츠에 의하면 생각의 속도가 이렇게 빠른데, 그 변화에 따라가는 사람은 성공할 것이고, 이에 따르지 못하는 사람은 성공하기 어렵게 된다는 말이다.

3. 삶과 일(노동)의 방식

우리는 지금 "4차 산업혁명"[2]시대를 살고 있다. 이로 인해서 앞으로 인간의 삶의 방식은 과학기술에 의해 크게 변화할 것이다. 이러한 과학기술의 발전은 인간의 삶에 긍정적인 효과도, 부정적인 효과도 가져올 수 있는 양면성을 가지고 있다. 예컨대 1차 산업혁명의 결과로 인류는 커다란 부를 창출했지만, 다른 한편으로는 대량실업으로 인한 수많은 노동자들의 절대빈곤을 초래하기도 하였다. 이와 마찬가지로 4차 산업혁명이 인간의 삶에 어떤 결과를 초래하게 될지에 대해서는 아직 정확히 예측할 수는 없다. 그러나 그것이 번영의 기회가 될지 또 다른 위기를 초래하게 될지를 고민하고 그 대비책을 강구하는 데 지혜를 모아야 할 때가 되었다.

1) 인간의 삶의 모습

덴마크 출신의 세계적인 미래학자 옌센(Rolf Jensen)[3]은 1996년에 쓴 그의 논문

2) Schwab, Klaus. "The Fourth Industrial Revolution: what it means, how to respond". World Economic Forum.; 4차 산업혁명(Fourth industrial revolution)이란 정보통신기술(ICT)의 융합으로 이루어 낸 혁명의 시대를 의미한다. 2016년 스위스 다보스에서 개최된 세계경제포럼(World Economic Forum)에서 제시된 이후 크게 주목받고 있다.

3) 옌센은 덴마크 출신의 세계적인 미래학자다. 1988년부터 2001년까지 세계에서 가장 큰 미래문제연구집단인 코펜하겐 미래학연구소 대표를 지냈다.

"Dream Society"에서 인류의 미래를 이렇게 예측했다. "역사적으로 물질적 부는 10년 단위로 20~25%의 비율로 증가되었으며, 이런 경향은 지속될 것임에 틀림없다. 이는 우리 자손들의 소비수준이 우리의 두 배가 될 것이라는 것을 의미한다. 과학과 기술은 거대한 물질적 부의 증가를 가져오게 했으나 미래에는 인류의 관심이 과학으로부터 벗어나 비물질적이고 비과학적인 방향으로 향하게 될 것이다. 다음 세기의 전반부에서 가장 높은 급료를 받게 될 사람은 이야기꾼(storyteller)이 될 것이며, 그 상품의 가치는 그들이 말하는 이야기 내용에 의해 좌우될 것이다."라고. 그는 이어서 2020년에는 오늘날(당시 기준)보다 60%나 더 부유해질 것이라고 했다. 그리고 "미래의 가정은 전자제품이라고 하는 많은 하인을 갖춘 궁전과 같을 것"이라고 했다. 과연 오늘의 우리 가정은 바로 그런 모습이다. 30여 년 전에 그는 이미 이렇게 예측했으니 그의 예측은 거의 맞은 셈이다.

최근(2018.03.08.) 우리나라의 고용노동부는 4차 산업혁명위원회에서 「2016-2030 4차산업혁명에 따른 인력수요전망」을 보고하고, 그 내용을 발표하였다. 그 전망 결과에 따르면, 4차 산업혁명에 따른 국내·외 환경변화에 적극적으로 대응하여 경제와 산업구조를 혁신할 경우 경제성장을 가져올 것으로 예상했다.

2) 노동에 미칠 영향

고용노동부와 한국고용정보원은 4차 산업혁명에 따른 국내·외 환경변화에 적극적으로 대응하여 경제와 산업구조를 혁신할 경우 경제성장은 물론 일자리도 더 증가할 것으로 전망하였다. 다만, 기술 혁신에 따른 고용 변화는 더욱 가속화되어, 2030년 직업별로 증가하는 일자리는 92만 명이고, 감소하는 일자리는 80만 명으로 총 172만 명의 고용변화가 발생할 것으로 예상했다. 보고서는 4차 산업혁명 기술의 산업 간 융·복합화로 제조업뿐만 아니라 서비스업에서도 성장이 증가할 것으로 전망했다. 특히, 경제성장에 따른 소득향상과 인구고령화 등으로 사회복지, 의료보건 등 사회서비스는 상대적으로 높은 수준으로 성장할 것으로 전망했다.

산업직업별 취업자 수에 있어서도 경제성장으로 인한 인력수요 증가로 더 증가할 것으로 내다봤다. 초기에는 디지털화가 매우 빠르게 진행됨에 따라 취업자 수가 기준 전망보다 낮으나, 점차 경제성장률 효과로 더 증가할 것으로 전망했다. 산업 전반적으로는 4차 산업혁명 관련 산업의 수요확대와 경제성장으로 고용증가 산업에서는 46만 명가량 증가하는 반면, 자동화 등 기술혁신에 따른 생산성 증가로 일자리 대체가 일어나는 고용감소 산업에는 34만 명 감소할 것으로 전망했다. 결과적으로 12만 명 고용인구가 증가한다는 뜻이다. 고용증가 산업으로는 정보통신서비스업, 전문과학기술서비스업, 전기・전자・기계산업 등 4차 산업혁명 선도산업을 중심으로 취업자 증가가 확대될 전망이다. 그 중에서도 보건・복지서비스업, 문화・예술・스포츠 산업은 경제성장에 따른 소득증가, 의료기술 발달, 여가시간 증가 등으로 취업자 수가 늘어날 것으로 예상했다(고용노동부 보도자료, 2018.03.09.; 05).

4. 규범과 가치의 변화

사회환경이 변하면 규범과 가치도 변하게 마련이다. 과학과 기술은 거대한 물질적 부의 증가를 가져오게 했으나 미래에는 인류의 관심이 과학으로부터 벗어나 비물질적이고 비과학적인 방향으로 향하게 될 것이다. 다음 세기의 전반부에서 가장 높은 급료를 받게 될 사람은 이야기꾼이 될 것이며, 그 상품의 가치는 그들이 말하는 이야기 내용에 의해 좌우될 것이다. 정보를 조종하는 일이 오늘 날 다양한 직업영역에서 높은 가치를 지닌 기술인 것과 마찬가지로, 이야기를 만들어 내는 것 역시 광고업자에서부터 교사, 기업가, 정치인, 종교지도자, 심지어는 미래학자에 이르는 다양한 범위의 직업에 있어 중요한 능력이 될 것이다. 그들 개개인의 능력은 소비를 위한 '꿈'을 만들어 내는 것에 의해 평가받게 될 것이다(Jensen, 1996: 9).

옌센은 그러면서 현 사회에서의 두 가지 경향이 앞으로의 변화에 있어 매우 중요하다고 지적했다. 그 첫 번째 흐름은 정보 처리업무에서의 자동화요, 두 번째 주요 추세는 정서의 상품화라고 했다.

첫 번째로 산업생산 업무가 자동화된 것과 마찬가지로 변호사, 의사, 엔지니어 등의 전문지식은 인공지능으로 대체되고 있다. 비행기가 자동으로 조종되고 있지만 우리가 비행사를 원하는 것처럼, 우리에겐 여전히 우리를 관리해주고 우리가 필요로 할 때는 언제나 도움을 받을 수 있는 인간 전문가가 필요할 것이다. 다만, 그들의 역할은 단지 예기치 않은 사고에만 필요한 존재로 역할의 한계가 점차 줄어들 것이다. "마치, 비행사가 승객들을 편안하게 해주기 위해서 필요한 것처럼".

두 번째 주요 추세는 정서의 상품화이다. 더 이상 쓸 만한 제품을 생산하는 것만으로는 충분하지 않고, 유용성 이상으로 제 가치들을 구체화하는 이야기나 전설들이 제품에 포함되어 있어야 한다. 이러한 불가피한 현상은 이미 많은 제품에서 나타나고 있다. 예를 들어, 사람들이 그들의 몸을 가릴 목적으로 청바지를 사는 이유는 아주 적고, 그들이 지불하는 대부분의 돈의 대가는 그 제품에 따르는, 독립, 젊음, 힘, 그리고 아마 전통적 혹은 비전통적 가치관에 관한 '이야기'에 대한 것이다. 마찬가지로, 방목해서 기르는 닭이 낳은 달걀을 살 때, 그들이 지불하는 돈은 닭이 살고 있는 방식에 대한 것이다. 사람들은 동물의 그러한 삶과 자연, 전통에 가치를 두기 때문에 그 돈을 지불하는 것이다. 요즘에는 우리가 어떤 상품을 구입할 때 그 물건에 대한 우리의 느낌을 구체화하는 데 이야기 내용이 중요한 역할을 하는 추세다.

제2절 4차 산업혁명시대의 사회복지

4차 산업혁명(Fourth industrial revolution)이란 정보통신기술(ICT)의 융합으로 이루어 낸 혁명의 시대를 의미한다. 2016년 스위스 다보스에서 개최된 세계경제포럼(World Economic Forum)에서 제시된 이후 크게 주목받고 있다. 지금은 4차 산업혁명이 진행되고 있는 시기이다. 지능정보사회는 빅데이터와 인공지능이 삶의 다양한 분야에 보편적으로 활용됨으로써 새로운 가치가 창출되고 발전하는 사회를 의미한다. 4차 산업혁명에 따른 변화가 초래할 것으로 예상되는 지능정보사회의 '상상이 현실이 되는 사회적 위험(imaginary social risk)'에 대응하기 위하여, 인간 중심의 지능정보사회를 목표로 사회적 신뢰를 기반으로 한 혁신적 사회안전망을 구축하는 등 복지 패러다임의 전환이 필요하다. 또한 4차 산업혁명의 중요성을 인식하고, 특권층이 아닌 사람들이 이익을 얻을 수 있는 시대를 이끌기 위해서는 새로운 사고방식과 개인, 사회, 조직, 정부에 영향을 끼치게 될 새로운 기술에 대한 광범위한 이해가 필요하다(클라우스 슈밥, 2018: 13).

1. 4차 산업혁명의 분야

4차 산업혁명은 인간의 생활과 노동의 방식을 급속도로 변화시킬 것이다. 4차 산업혁명을 이끌 대표적인 과학기술은 ① 인공지능(AI), ② 사물인터넷(IoT), ③ 드론, ④ AI로봇, ⑤ 3D프린트, ⑥ 생명공학, ⑦ 빅데이터(Big Data), ⑧ 클라우드(Cloud) 등이다.

① 인공지능(AI): 인공지능과 기계학습은 향후 몇 년 동안 모든 산업에 영향을 미칠 것으로 예상된다. 인공지능은 2030년까지 인간 수준에 도달할 정도로 성능이 고도화될 것이다. 특히, 초거대 인공지능은 대용량의 데이터를 스스로 학습해 인간처럼 종합적 추론이 가능 한 차세대 인공지능이라고 불린다. 기존 인공지능의 수백 배가 넘는 데이터 학습량 을 통해 사람의 뇌에 더 가깝게 설계되어 있으며, 사고와 학습, 판단 능력이 훨씬 뛰어나다는 평가를 받는다. 초거대 인공지능이 주목받는 것은 단순한 대화형(챗봇) 인공지능을 넘어 경제, 사회, 문화 등 활용분야가 무궁무진하기 때문이다.

② 사물인터넷(IoT): 사물인터넷은 생활 속 사물들을 유무선 네트워크로 연결해 정보를 공유하는 환경을 말한다. 2021년 이후 사물인터넷이 적용되지 않은 곳을

찾는 게 빠를 정도로, 이미 우리 주변의 거의 모든 것이 네트워크와 연결돼 있다. 다시 말해 사물인터넷이 새로운 IT 인프라로 자리매김했다는 의미다. 이제 사물인터넷은 인공지능, 빅데이터 기술과 결합해 4차 산업혁명 시대의 핵심 IT 인프라로 영역을 확장하고 있으며, 이에 따라 관련 시장 규모도 갈수록 거대해지는 상황이다.

③ 드론: 드론은 이미 상당한 수준으로 발달해 있어 우크라이나 전쟁에서 군사용으로 각광을 받고 있다. 드론은 항공우주기술, 첨단소재과학, 로봇공학, 자동화기술이 융합된 결과다. 드론은 감시 카메라와 의약품을 싣고 이동할 수 있는데, 이는 탐색 구조작업에 큰 도움이 된다. 드론은 개인이 직접 조종할 수도 있고, 클라우드 기술을 이용한 자동 조종도 가능하다. 이처럼 드론은 공공의 선을 위한 혁신에서부터 극단적인 의제를 실현시키려는 목적까지 유연하게 사용될 수 있다. 사회복지실천 영역에서도 유용하게 사용할 여지가 많을 것이다.

④ AI로봇: 기술 혁신과 로봇 자동화의 수요 증가로 로봇 시대가 성큼 다가왔다. 제조 로봇은 물론 실생활 및 산업 현장에서 다양한 로봇을 찾아볼 수 있다. 헬스케어, 안내 보조 등 서비스 로봇, 자율주행 이송·파킹(parking), 로봇 자동화 창고 등에서 활용하는 물류 로봇을 대표적으로 꼽을 수 있다. 또한 수술 보조를 하는 등 의료산업에서 로봇의 활용도가 점점 더 확대되고 있다.

⑤ 3D프린트: '3D 프린팅'과 '적층가공'이라는 용어는 소재를 층층이 이어쌓아 물건을 만드는 과정을 의미한다. 플라스틱뿐만 아니라 금속, 세라믹, 콘크리트 같은 다양한 소래를 출력할 수 있다. 3D 프린팅은 소량 생산을 더욱 경제적으로 만들며 생산자가 소비자 가까이에서 상품을 생산할 수 있어 납품시간과 배송 비용도 줄어든다. 따라서 3D 프린팅 기술이 선진국으로의 대규모 리쇼어링(reshoring)[4]으로 이어진다면, 개발도상국이 채택한 노동 집약적 집약적 저비용 제조업 기반의

4) 국내 복귀(생산비, 인건비, 세제 혜택 등을 이유로 해외에 진출한 기업이 자국으로 돌아오는 현상 또는 돌아오게 하는 정책)

산업화 전략은 효과를 잃을 것이며 많은 일자리가 사라질 것이다.

⑥ 생명공학(biotechnology): 유전자공학 또는 유전체학이라고도 한다. 유전체(genome, 게놈)는 생물의 염색체에 담겨 있는 모든 유전자와 유전 정보를 의미 한다. 유전체학은 이러한 유전체의 구조, 기능, 진화를 연구하고 유전자의 지도를 만들거나 수정하고 편집하는 생물공학의 한 분야다. 유전체학의 가장 일반적인 응용은 질병을 이해하고 치료법을 찾는 데 있다. 생명체의 본질을 염기서열 단위까지 파악하고, 이를 바탕으로 질병의 근원을 진단하며, 더 나아가 치료까지 하는 이 새로운 산업에 세계 주요국들이 경쟁적으로 뛰어들고 있다. 그러나 유전자공학에는 윤리적 문제가 따른다.

생명공학의 발달로 기존의 축산업은 붕괴되면서 배양육과 같은 '미래 먹거리'를 생산하는 산업으로 대체될 것이다. 식량생산도 '식품 소프트웨어'라는 모델로 대체되어 과학자들은 분자수준에서 식품을 가공할 수 있다. 전 세계 온실가스 배출량에서 축산업이 차지하는 비중은 상당히 크다. 그 중에서도 소가 가장 큰 원인이다. 온실가스는 기후변화의 주범이다. 생명공학의 발달로 인류는 질병에서도 해방되고 식량난에서도 해방될 것이다.

⑦ 빅데이터(Big Data): 모든 조직은 문서, 텍스트, 오디오, 비디오, 이미지 등의 형태로 엄청난 양의 데이터를 생성한다. 데이터 과학은 방대한 데이터를 단순히 분류하거나 분석하는 것을 넘어 데이터 속에 담긴 패턴이나 미래 예측에 도움이 되는 신호를 찾는 것을 아우르는 개념이다. 예측 알고리즘을 사용해 조직이 더 나은 결정을 더 빨리 내릴 수 있도록 지원한다. 그리고 점점 더 많은 기업이 이 모든 것을 자동화하기 위해 데이터 과학 소프트웨어 플랫폼을 구매해 본격적인 가동을 시작했다.

⑧ 클라우드(Cloud): 클라우드는 서버나 스토리지, 소프트웨어 등의 IT 자원을 탄력적으로 활용하기 위한 컴퓨팅 인프라다. 사용자는 IT 자원을 소유하지 않고, 인터넷을 통해 필요한 만큼만 제공받아 사용한다는 특징이 있다. 갑자기 증가하는

수요를 예측하기 힘들 때 큰 도 움이 된다. 기업 입장에서 IT 비용을 낮추고 하드웨어 구매 및 유지 관리의 필요성을 줄일 수 있다. 클라우드 컴퓨팅은 이런 유동적인 상황에 적극적으로 대응할 수 있는 기술로 각광받으며 발전을 거듭해 왔고, 시장 또한 지속적인 성장을 거듭하고 있다.

2. 4차 산업혁명의 영향

1) 경제 · 산업 전반에 미칠 영향

미래학자 옌센은 30여 년 전(1996)에 오늘의 세상을 예측하기를 'dream society'라 표현했다. '꿈같은 세상'이라는 뜻이 아닌가! 그는 4차 산업혁명은 인류에게 "꿈, 모험, 영성(靈性), 감정 등에 관심을 두는 사회"가 될 것이라고 했다. 그야말로 꿈같은 세상이 아니겠는가. 이제 인류는 물질적 빈곤으로부터는 해방될 것으로 내다봤다. "빈곤이란 개념은 물질적 욕구 이상의 것을 충족시킬 수 없는 무력함이라고 재정의(再定義)될 것이다. 미래에 사람들의 관심은 물질적인 욕구에서 정신적인 것으로, 기술 · 과학에서 정서적인 것과 이야기 만들기로 옮겨갈 것이다."(Jensen, 1996: 9-13). 더 이상 물질적 빈곤으로부터는 인류가 해방된다는 뜻이다. 이러한 효과는 우리나라에서도 나타날 것으로 보인다.

한국은 글로벌 수준의 제조 역량과 우수 인력을 보유한 덕분에 세계화를 통해 단기간에 경제 성장을 이루어냈다. 1990년 국내총생산(Gross Domestic Product; GDP)은 2,830억 달러였으나 2020년에는 1조 6,310억 달러로 놀라운 성장을 했다. 수출도 680억 달러에서 5,130억 달러로 급증했다(박영수 · 제롬 글렌, 2022: 37).

고용노동부는 4차 산업혁명위원회에서 "2016~2030 4차 산업혁명에 따른 인력 수요전망"을 보고하고, 그 내용을 발표하였다. 전망 결과에 따르면, 4차 산업혁명에 따른 국내 · 외 환경변화에 적극적으로 대응하여 경제와 산업구조를 혁신할 경우 경제성장은 물론 일자리도 더 증가할 것으로 전망했다(고용노동부 보도자료, 2018.03.08.).

2) 고용에 미칠 영향3

4차 산업혁명의 빠른 성장 속도는 일자리 소멸이 더 빠르게 진행될 수 있음을 의미한다. 선진국에서 대부분의 새로운 일자리는 비정규직, 파트타임, 임시직, 또는 기그 경제(gig economy), 정규직 노동자들이 받는 법적 보호와 각종 편익을 누리지 못한다(클라우스 슈밥, 2018: 048). 그럼에도 불구하고 우리나라의 고용노동부는 우리가 4차 산업혁명을 혁신적으로 잘 대처한다면 2016년 기준년도로 볼 때 2030년에는 산업 및 직업분야 전체적으로 취업자 수가 0.52% 증가할 것으로 전망했다. 그 가운데서도 보건・사회분야의 취업자 수가 2.4% 증가할 것으로 전망하여 가장 높은 증가율을 보일 것으로 내다봤다.

실수(實數)로 보면 2016년에 보건・사회분야 취업자 수는 1,851천 명인데, 특별한 대책을 강구하지 않고 최근 성장추세가 지속된다고 보았을 때는 2,521천 명이 증가하지만, 국내・외 환경변화에 대해 적극적으로 대응하고 경제・산업구조 혁신을 통한 성장을 유도하는 경우에는 2,582천 명이 취업하여, 취업자 수가 730천 명 정도 더 증가할 것으로 전망했다.

보건・복지서비스업종은 고령화와 소득증가, 의료기술의 발달 등에 다른 수요 확대와 사람의 손길을 필요로 하는 일자리 특성으로 취업자 수가 큰 폭으로 증가할 것으로 내다봤다.

취업자 수를 산업 전체적으로 보았을 때, 2030년 취업자 수는 경제성장 등으로 인한 인력수요 증가로 기준 전망보다 12만 명 더 증가할 것으로 전망했다. 초기에는 디지털화가 매우 빠르게 진행되면서 취업자 수가 기준 전망보다 낮겠으나, 2027년 이후부터는 성장률 효과 등으로 크게 증가할 것으로 예상했다.

고용노동부의 전망 결과에 따르면, 기술 혁신에 따른 고용 변화는 더욱 가속화되어, 2030년 직업별로 증가하는 일자리는 92만 명이고, 감소하는 일자리는 80만 명으로 총 172만 명의 고용변화가 발생할 것으로 예상했다(고용노동부 보도자료, 2018.03.08.). 따라서 새로운 일자리에 취업하는 인원과 고용감소로 실직하는 인원에 대한 교육·복지 등의 조치를 강구해야 할 것이다.

3) 의료·사회복지에 미치는 영향

의료기술은 눈부시게 발전을 거듭해, 이미 다양한 첨단기술이 나왔다. 원거리 화상진료가 2018년에 부상해 시골에 사는 고령자들에게 화상진료가 가능해졌다. 개인맞춤 의약품으로 아스피린 하나도 개인의 병력에 따라 제조할 수 있게 된다. 수명연장기술이 급격하게 발전하고 있어서 현재 젊은 사람들은 앞으로 100세 수명을 기대할 수 있다. 또 2030년이 되면 평균수명이 130세에 달한다고 한다. 2026년에는 자신의 장기를 프린트할 수 있게 되며, 유전자 치료로 질병을 미리 알고 대비하거나 병에 걸리기 쉬운 유전자를 변형시킬 수도 있게 된다. 2030년에는 암이 정복되어 의료에 획기적인 변화를 가져올 것이다.

제3절 사회복지의 대응

산업혁명은 인류에게 부와 안녕을 가져다주었다. 앞선 세 번의 산업혁명은 그 효과를 골고루 나누는 데는 성공을 하지 못했다. 만약 4차 산업혁명의 기술들이 적절한 제도와 기준, 규범과 적절히 부합할 수 있다면 많은 사람이 더 많은 자유와 건강을 누리고 더 높은 수준의 교육을 받고 가치있는 삶을 살면서 불안과 경제적 불안정을 덜 수 있는 기회를 얻게 될 것이다. 그러기 위해서는 세 가지 어려운 도전과제를 해결해야 한다.

첫 번째 도전과제는 4차 산업혁명의 혜택이 공정하게 배분되도록 보장 하는 것이다. 앞선 산업혁명에서 만들어진 부와 번영은 균등하지 않게 배분되었고, 지금도 불균등하게 배분되고 있다. 신흥 시장의 등장과 함께 1970년대부터 국가 간 불평등은 줄어들었지만, 국가 내에서의 불평등은 심화되고 있다.

두 번째 도전과제는 4차 산업혁명의 외부효과가 초래할 수 있는 리스크와 피해를 관리하는 것이다.

세 번째 도전과제는 4차 산업혁명이 인간이 주도하고 인간이 중심이 되는 혁명이 되도록 보장하는 것이다. 4차 산업혁명의 기술은 지금까지 사적 공간이라고 여겨졌던 공간에 침투하여 우리의 생각을 읽고 행동에 영향을 미칠 것이기 때문이다(클라우스 슈밥, 2018: 30-33).

1. 사회격차 해소와 포용성

우리 사회는 다양한 형태의 사회적 양극화 현상으로 갈등을 겪고 있다. 세대갈등, 지역갈등, 빈부갈등, 이념갈등 등. 여기서는 빈부갈등과 관련된 몇 가지 갈등 요인을 살펴보고자 한다. 빈부갈등의 요인으로는 또 다양한 형태의 양극화 현상들을 살펴 볼 수 있는데, 예컨대 산업의 종류, 기업의 크기, 고용의 형태, 소득 등이다.

기업 간의 양극화는 우선 대기업과 중소기업 간의 양극화를 들 수 있다. 대기업과 중소기업 사이에 수익성, 재무구조, 성장성, 투자 등 여러 측면의 격차가 확대되고 있다. 수출주력기업과 내수주력기업 간의 양극화도 심해지고 생산증가율의 격차가 심화되고 있다. 수출과 내수산업 간의 양극화 현상은 수출은 증가해도 내수는 감소 또는 현상유지로 수출과 내수 간의 양극화 현상을 초래하고 있다.

경제성장률도 수출산업에 의존하고 있어 내수부문에 있어서는 마이너스 성장을 했기 때문에 지표경기와는 달리 체감경기는 오히려 악화된다. 한국의 수출구조를 살펴보면, 반도체, 선박, 무선통신기기, 컴퓨터 등 특정품목의 수출이 전체의 45%나 차지한다. 관련 부품의 대부분을 해외에 의존하고 있어 수출호조가 내수산업에 별로 기여하지 못한다. 대기업이 중소기업의 부품 납품가를 마음대로 조정하고 있어 대기업은 막대한 이윤을 남기면서도 중소기업은 도산하는 일이 벌어지고 있다.

산업 간의 양극화 현상을 보면, 제조업과 서비스업, IT산업과 비IT산업, 경공업과 중화학공업, 제조업과 서비스산업 간의 양극화가 심하다. 제조업의 경우, 생산품의 부가가치가 매년 증가하고 서비스업은 부진하다. IT산업과 비IT산업 간의 양극화도 심하다. IT산업의 GDP비중이 매년 증가하고, 부가가치 생산에 있어서 비IT산업과의 격차가 커지고 있다.

중화학공업과 경공업 간의 양극화도 심하다. 중화학공업 생산량은 계속 증가하지만 경공업 생산은 계속 감소한다. 경공업생산이 부진한 것은 제조업의 동공화 현상과 공장의 해외이전 때문이다.

고용구조의 양극화도 문제가 심각하다. 상・하위의 일자리는 증가하고 중위 일자리는 감소하고 있다. 고소득 전문직 일자리와 저임금, 저숙련 부문 일자리, 그리고 저임금 일자리에서의 비정규직 비중이 확대되고 있다. 그와 반대로 중간일자리가 감소 또는 정체되고 그 중에서도 중위 일자리에서의 정규직이 대폭 감소되고 있다.

이와 같은 다양한 산업분야에서의 양극화 현상은 소득의 양극화를 가져오고 마침내 교육비지출의 양극화를 가져온다. 고소득층과 저소득층 간의 인적자본 투자격차는 대학진학을 비롯해 이후 사회적 지위에도 영향을 준다. 이것은 후세대의 소득 양극화를 초래하는 악순환의 고리를 형성하게 된다. 결국은 가난의 대물림을 초래하게 되고 궁극적으로 사회 계층 간의 분열 가능성까지 우려된다.

4차 산업혁명은 우리의 고질적인 사회 양극화 현상을 더욱 심회시킬 우려가 있다. 따라서 우리는 기존의 사회보장제도들을 사회변화에 맞게 개정・발전시켜야 한다.

〈COVID-19〉가 남긴 교훈 - 배려와 균형 -

"옛날에 걸을 수 없어 기어 다니는 지체장애인이 있었습니다. 추운 겨울밤이면 얼어 죽지 않으려고 남의 집 굴뚝을 끌어안고 밤을 보내고 낮에는 장터를 돌아다니며 빌어먹으며 살았습니다.

그러던 어느 날 장터에서 구걸하는 시각장애인을 만났습니다. 동병상련의 아픔이 있었기에 두 사람은 끌어안고 울면서 같이 살기로 다짐했습니다. 지체장애인은 시각장애인에게 자기를 업으면 자기는 길을 안내하겠다고 하였지요.

시각장애인이 지체장애인을 업고 장터에 나타나면, 서로 돕는 모습이 보기가 좋았던 사람들은 두 사람에게 넉넉한 인심을 베풀었습니다. 그러자 빌어먹고 살지만 예전보다는 살기가 좋아졌지요.

그러다가 욕심이 생긴 지체장애인은 맛있는 음식은 제가 먹고 시각장애인에게는 음식을 조금만 나누어 주다 보니 지체장애인은 살이 쪄 점점 무거워지고 시각장애인은 점점 약해져 갔습니다.

어느 날 두 사람은 시골 논길을 가다가 시각장애인이 힘이 빠져 쓰러지면서 두 사람 모두 도랑에 쳐 박혀 죽고 말았습니다."

이 이야기를 읽고 불현듯 자본과 노동이 떠올랐다. 자본가는 지체장애인이요 노동자는 시각장애인이다. 자본가와 노동자는 힘을 합쳐 상품(가치)를 생산한다. 그 상품을 팔아 자본가와 노동자는 값을 나누어 갖는다. 그런데 자본가가 힘이 세다고 가치를 독점하게 된다. 그래서 노동자는 상품을 구매할 능력이 없어졌다. 결국 자본가와 노동자가 힘을 합쳐 생산한 상품(가치)는 팔리지 않게 되었다. 마침내 자본가도 노동자도 다 망하게 되었다. "자본 없는 노동 없고 노동 없는 자본 없다." 즉, 자본가와 노동자는 공동운명체이다. 교황 레오 13세(회칙, '새로운 사태' 28항)와 교황 비오 11세(회칙, '사십주년' 53항)의 가르침이다.

2. 기본소득 등 새로운 제도

1) 기본소득

기본소득을 둘러싼 논란이 확산되고 있다. 2016년 2월 스위스가 세계 최초로 기본소득제에 대한 국민투표를 6월에 치르기로 결정했지만 76.9% 반대로 부결되었다. 내용은 전 국민에게 매달 2,500스위스 프랑(한화 약 289만 원)[5)]을 지급하는 것이었다. 반대 이유는 크게 두 가지인데 첫째는 기본소득제를 비현실적이라 본 것이고, 또 하나는 서민층은 매월 2,500스위스 프랑의 기본소득을 받는 것보다 복지급여를 받는 게 더 이득이라고 보았기 때문이다.

핀란드에서도 이런 시도가 있었다. 2017년 1월 시작한 핀란드의 기본소득 사업은 실업자 2000명에게 2년간 매달 560유로(약 70만 원, 현재(2022.12.14 환율로는 약 78만 원)를 지급한다는 계획이었지만, 2018년 4월 정부가 사회보장국의 예산 증액 요구를 거부하면서 중지되었다.

한국에서도 기본소득형태의 실험들이 지방자치단체 및 시민사회를 중심으로 제안되고 실현되어왔다. 서울시의 청년수당, 성남시의 청년배당, 기본소득대전네트워크의 '띄어쓰기프로젝트', 한겨레21의 '기본소득 월 135만원 받으실래요?' 펀딩 프로젝트, 기본소득전북네트워크의 '쉼표 프로젝트', 춘천기본소득실험기획단의 '2017춘천 기본소득실험프로젝트' 등 다양한 방식의 기본소득 실험이 전개되고 있다(서정희, 2017).

기본소득제(基本所得制)는 모든 국민의 인간다운 최저생활을 목적으로 아무 조건도 없이 일정 금액을 정기적으로 지급하는 제도이다. 이 시점에서 기본소득을 논의하는 이유는 ① 인공지능 및 자동화의 발전과 노동 가치 하락 및 이로 인한 대량실업이라는 사회적 위험, ② 부와 소득 양극화, ③ 선별적 복지제도의 한계 등이다. 선별적 복지는 행정비용의 낭비와 선별과정에서 생기는 낙인감(stigma) 등의 부담이 있다. 이러한 기본소득제는 다음과 같은 요건을 가진다(https://namu.wiki/w/기본소득제).

① 보편성: 모든 국민(또는 주민)에게 지급한다.

② 무조건성: 근로 여부, 소득 수준의 심사 없이도 무조건 지급한다.

③ 개별성: 개인별로 지급한다. 우리나라의 기초생활수급자에게 지급하는 생계비는

5) 현재(2022.12.17.) 환율로는 약 350만 원 정도임. 그러나 이러한 단순 비교는 별 의미가 없다. 그 나라의 물가와 생활비 수준 등을 함께 비교해야 한다. 보통 그 나라의 햄버거 값으로 비교하기도 한다.

가구단위로 지급한다.

④ 정기성: 우리나라는 대부분 월정으로 지급한다.

⑤ 현금성: 현물이 아닌 현금으로 지급한다. 오늘날 사회복지급여는 대개 현금급여를 원칙으로 한다.

⑥ 충분성: 인간다운 생활을 할 수 있는 수준의 급여라야 한다. 그러나 어느 정도가 이런 수준에 적합한지는 상황에 따라 사회적 합의(consensus)를 구해야 할 것이다. 그리고 지나치면 나태를 조장한다는 반대의견이 있을 수 있다.

2) 기타 새로운 제도들

(1) 사회복지 공행정 분야

사회복지분야에서도 많은 변화가 예상된다. 우선 전 세계적으로 빈곤이 많이 해소될 것으로 전망한다. 최근 들어 빅데이터를 활용하여 새로운 가치를 창출하고 복지수요자에게 맞춤형 서비스를 제공하기 위한 연구가 공공 및 민간 영역에서 다양한 형태로 진행되고 있다. 다양한 유형의 빅데이터를 연계, 활용하여 새로운 가치를 창출하고 미래를 예측하는 것은 지능정보사회에서 요구되는 중요한 역할이기도 하다. 과거에는 데이터 분석이 단순한 정보를 제공하거나 원인을 진단하는 것이었다면 정보화 사회에서는 미래 예측을 통해 최적화(optimization)된 해법을 제시하는 것이 중요하다. 사회보장 빅데이터 활용과 기계학습 기반 예측을 통해 시간, 공간, 인간에 대한 최적화된 문제해결 방안을 삶의 영역 전반에 활용할 수 있는 혁신적 연구・개발(R&D)과 정책적 활용이 필요하다(최현수・오미애, 2017: 5).

빅데이터 활용이 일반화되면 사회복지 수요조사를 쉽게 해결할 수 있을 것이기 때문에 사회보험과 공공부조 업무를 일반 행정에 편입시킬 수 있을 것이다. 따라서 사회복지 전담공무원들은 사회복지 실천서비스에 관한 전문적인 업무역만 감당하면 될 것이다.

(2) 사회복지실천 분야

미래학자 옌센은 정보를 조종하는 일이 오늘날 다양한 직업영역에서 높은 가치를 지닌 기술인 것과 마찬가지로, 이야기를 만들어 내는 것 역시 중요한 능력이라고 했다. 흥미로운 이야기는 광고업자에서부터 교사, 기업가, 정치인, 종교지도자, 심지어는 미래학자에 이르는 다양한 범위의 직업에 있어 환영을 받을 것이다. 그들 개개인의 능력은 소비를 위한 '꿈'을 만들어 내는 것에 의해 평가받게 될 것이다(Jensen, 1996). 사회복지의 실천영역에서는 인생살이에서 다양한 곡절을 가진 사람과의 대면관계에서 생기는 일들이 많다. 대부분 이런 일 들에서는 흥미롭고 감동적인 이야기들이다.

사회복지사들은 사회복지실천과정에서의 기록의 중요성을 잘 알고 있다. 기록의 형태로 과정기록, 이야기체 기록, 문제중심 기록을 잘 정리해 두면 훌륭한 이야기의 소재가 될 수 있다. 이런 기록물이 바탕이 되어 소설도 나오고 영화, 만화 등 엔터테인먼터가 산출된다. 사회복지현장에서의 이야기 소재들은 사람의 정서를 자극할 사랑과 감동이 있기 때문에 많은 사람을 웃게도 하고 울게도 할 것이다.

참고문헌

강경희(2001). 국민기초생활보장제도 최일선에 있는 사회복지직공무원들의 업무제고. 우리복지 시민연합 정책토론회 자료집. 우리복지시민연합.

김안호 외(2002). 사회복지학개론. 청목출판사.

김영종(2001). 사회복지행정. 학지사.

김영화 외(2002). 인간과 복지. 양서원.

김영화(1993). 여성과 사회정의. 경북대학교 사회과학연구소. 사회과학연구, 제9권.

남은영(2015). 사회적 위험과 국민인식: 정책적 함의를 중심으로. 보건복지포럼, pp.7-22.

노진철(2001). 환경과 사회. 도서출판 한울.

_____(2010). 불확실성 시대의 위험사회학. 도서출판 한울.

문인숙 외(1985). 임상사회복지학. 집문당.

박경일 외(2000). 사회복지학 강의. 양서원.

박광덕(2002). 사회복지개론. 삼영사.

박석돈 외(2015). 사회복지법제론. 양서원.

박석돈(1981). 한국의 천주교사회복지사업에 관한 연구. 대구대학교대학원 석사학위논문.

박석돈(2010). 사회복지법제론. 양서원.

박석돈(2015). 사회보장론. 양서원.

박영숙, 제롬 글렌(2022). 세계미래보고서 2023. ㈜비즈니스북스.

박용순(2002). 사회복지개론. 학지사.

박종삼 외(2002). 사회복지학개론. 학지사.

박종홍(1975). 일반논리학. 박영사.

박지훈(2010). 튜더왕조 구빈정책의 전개과정 분석. 부산대학교 대학원 석사학위논문.

박차상 외(2001). 현대사회복지학. 양서원.

변재관, 강혜규(1999). 지역복지전달체계의 현황 및 개선방안. 21C 한국사회복지행정의 과제, 한국사회복지행정학회.

서정희(2017). 기본소득과 사회서비스의 관계설정에 관한 연구: 사회서비스 구축론에 대한 반론을 중심으로. 비판사회정책. 제57호, pp.9-10.

스즈키 히데코 지음, 최경식 옮김(2007). 토모짱. 생활성서사.

신복기 외(2002). 사회복지행정론. 양서원.

원석조(2000). 사회복지역사의 이해. 양서원.

유종해(2000). 현대조직관리. 박영사.

이용교(2001). 복지는 생활이다. 인간과 복지.

장인협 외(2000). 사회복지학. 서울대학교 출판부.

정태석(2001). 한국 민주주의의 변동에 대한 이론적 이해. 한국 민주주의의 변동, 한국산업사회학회, 제3회 비판사회학대회 자료집.

최현수, 오미애(2017). 4차 산업혁명 및 지능정보사회의 사회적 위험과 복지 패러다임 전환 필요성. 보건복지 ISSUE & FOCUS, 333호. 한국보건사회연구원. pp.1-8.

통계청 보도자료(2021.03.18.). 2020년 혼인·이혼 통계. p.6.

통계청 보도자료(2021.03.25.). 2020 한국의 사회지표. p.15.

통계청 보도자료(2022.11.16.). 2022년 사회조사.

하태권(2000). Harles E. Lindblom의 정책결정이론. 오석홍, 김영평 편저, 정책학의 주요이론. 법문사.

현외성(2000). 사회복지정책강론. 양서원.

Aquinas, T., *The Summa Theologica*.

Compton, B. R.(1980). *Introduction to Social Welfare & Social Work: Structure, Function & Process, Homewood*, Illinois: The Dorsey Press.

Dallmayr, F. R.(1986). Critical Theory and Public Policy, in William N. Dunn(eds.). *Policy Analysis: Perspective, Concepts and Methods*, Greenwich, London: JAI Press, Inc.

Dunham, A.(1970). *The New Community Organization*, New York: Thomas Y. Crowell Company, Inc.

Dunn, William N., 나기산 외 역(1998). 정책분석론 제2판. 법문사.

Duvall, E.(1971). *Family Development*. Philadelphia: J. B. Lippicott, p.121.

Einbinder, S. D.(1995). Policy Analysis, National Association of Social Workers, *Encyclopedia of Social Work*, 19th ed., Washington: NASW Press.

Esping-Andersen, ed.(1996). 한국사회복지학연구회 역, 변화하는 복지국가. 인간과 복지.

Forder, A. et al.(1984). *Theories of Welfare*, London: RKP,

Friedlander, W. A. & Apte, R. Z.(1980). *Introduction to Social Welfare*, 5th ed., Englewood Cliffs, N.J.: Prentice-Hall, Inc.

Furniss, N. & Tilton, T.(1979). *The Case for the Welfare State From Social Security to Social Equality*, Bloomington: Indiana University Press.

Gates, B., & Hemingway, C. (1999). *Business @ the speed of thought*: -Using a digital nervous system-. New York: Warner Books. 안진환 역(1999), -빌게이츠@생각의 속도: -디지털 신경망 비즈니스-. (주)청림출판.

Heffernan, W. J.(1979). *Introduction to Social Welfare Policy*, Itasca, IL: F.E. Peacock Publishers.

Higgins, J.(1981). *State of Welfare: Comparative Analysis in Social Policy*, Oxford: Basil Blackwelle Martin Robertson.

Hogwood, B. W. & Gunn, L. A.(1984). *Policy Analysis for the Real World*, New York: Oxford University Press.

Jensen, R.(1996). Dream Society, *THE FUTURIST*, May - June, pp.9-13.

Johnson, H. W.(1982). *The Social Services an Introduction*, Itasca, IL: F.E. Peacock Publishers, Inc.

Kadushin, A.(2000). 조휘일 역, 사회복지실천과 수퍼비전. 학지사.

Kahn, A. J.(1973). *Social Policy and Social Services*, New York: Random House.

Kaplan, R. S. & Norton, D. P.(1996). *The Balanced Scorecard: Translating Strategy into Action*, Boston, M.A.: Harvard Business School Press.

Krone, R. M.(1980). *Systems Analysis and Policy Sciences*, New York: John Wiley & Sons.

Landau, M.(1997). The Proper Domain of Policy Analysis, *American Journal of Political Science*, Vol. 50, No. 4.

Lasswell, H. D.(1951). The Policy Orientation, in Daniel Lerner and Harold D. Lasswell(eds.). *The Policy Sciences: Recent Developments in Scope and Method*, Stanford: Stanford University Press.

Leiby, J.(1985). Moral Foundations of Social Welfare and Social Work: A Historical View, *Social Work*, Vol. 30, No. 4, 325.

Leo XIII, Rerum novarum, z.15.

Lindblom, C. E.(1980). *The Policy-Making Process*, Englewood Cliffs, NJ: Prentice-Hall, Inc.

Loney, M., Boswell, D., & Clarke, J.(1987). *Social Policy & Social Welfare*, Philadelphia, Milton Keynes: Open University Press, p.23.

Macarov, D.(1978). *The Design of Social Welfare*, New York: Holt, Rinehart & Winston, Inc.

Marshall, T. H.(1965). *Social Policy*, London: Hutchinson University Press.

Midgley, J., *Professional Imperialism: Social Work in the Third World*, 복지연구회 역(1984). 第 3世界의 社會事業－專門的 帝國主義, 한국복지정책연구소.

Miller, D.(1976). *Social Justice*, Oxford: Clarendon Press.

Mood, A.(1983). *Introduction to Policy Analysis*, NY: Elsevier.

NASW.(1977). *Encyclopedia of Social Work*, Vol. 2, Washington, D.C.: National Association of Social Workers, Inc.

Piccard, J. B.(1979). *An introduction to Social Work*, Ontario: The Dorsey Press.

Plant, R., Lesser H., & Gooby, P. T.(1980). *Political Philosophy and Social Welfare*, London: RKP.

Prigmore, C. & Atherton, C.(1979). *Social Welfare Policy: Analysis and Formulation*, Lexington: D. C. Health and Co.

Prigmore, C. S. & Atherton, Charles R., 신섭중 역(1984). 사회복지정책-분석과 형성. 부산대학교 출판부.

Pumphrey, R.(1971). *Social Welfare: History, in Encyclopedia of Social Work*, 16th ed., New York: NASW.

Rein, M.(1970). *Social Policy: Issues of Choice and Change*, New York: Random House Inc.

Rein, M.(1976). 이태영 역, 사회정책을 위한 사회과학. 대학출판사.

Robert M. L. & Lynn L. L.(1998). Liebert & Spiegler's personality: Strategies and Issues, 조현춘, 조현재, 문지혜 공역(2002). 성격심리학. 서울: 시그마프레스.

Romanyshyn, J. M.(1971). *Social Welfare Charity to Justice*, New York: Random House.

Rosen, S. M., Fanshel, D., & Lutz, M. E.(1987). *Face of the Nation 1987*, NASW.

Schwab, K.(2017). Shaping the Fourth Industrial Revolution, 김민주, 이엽 옮김(2018). 제4차 산업혁명 THE NEXT. 새로운현재.

Skidmore, R. A. & Thackeray, M. G.(1982). *Introduction to Social Work*, 3th ed., Englewood Cliffs, N.J.: Prentice-Hall, Inc.

Skidmore, R.(1990). *Social Work Administration*, New Jersey: Prentice-Hall.

Tawney R. H., *Equality*, 金鍾澈 역(1982). 平等, 한길사.

Titmuss, M. R.(1964). *Essays on the Welfare State*, Allen & Unwin, London.

Titmuss, M. R.(1974). *Social Policy*, Allen & Unwin, London.

Titmuss, M. R.(1976). *Committment to Welfare*, London: George Allen & Unwin. 김영종(1988). 복지정책론. 형설출판사.

Vasey, W.(1958). *Government and Social Welfare*, New York: Holt, Rinehart, & Winston, Inc.

Watson, D.(1985). *A Code of Ethics for Social Work*, London: RKP.

Wickenden, E.(1965). *Social Welfare in a Changing World*, Washington, D.C.: Department of Health, Education and Welfare.

Wilensky, H. L. & Lebeaux, C. N.(1965). *Industrial Social Welfare*, New York: Free Press, Publication of the Russell Sage Foundation.

Winter, K., Morrison, F., Cree, V., Hadfield, M., Ruch, G., & Hallett, S.(2018). Emotional labour in socialworkers' encounters with children and their families: *British Journal of Social Work*, 1-17.

Zastrow, C.(1982). *Introduction to Social Welfare Institution*, Homewood, Ill.: The Dorsey Press.

ミネルヴァ書房(1981). 社會福祉事業辭典, 東京.
飯島幡司, キリスト教 社會觀』, 起基勳 (1973). 그리스도교 사회관, 가톨릭출판사.
佐藤進(1980). 社會福祉の法と行財政, 東京: 勁草書房.
池東植 外 共譯(1981). 西洋中世思想史論, 韓國神學研究所.

웹사이트
http://www.hullhouse.org/aboutus/history.html/
https://www.childfund.or.kr/
https://www.worldshare.or.kr
https://www.googleadservices.com/
https://namu.wiki/w/기본소득제

찾아보기

(ㅅ)

(ㅇ)

(ㅈ)

(ㅊ)

(ㅋ)

(ㅌ)

(기타)

저자 소개

박석돈(경북대학교 명예교수, 대구대학교 철학박사)

김만호(계명문화대학교 교수, 경북대학교 문학박사)

성희자(경북대학교 교수, 경북대학교 문학박사)

이애재(영진전문대학교 교수, 대구대학교 철학박사)

신원식(경남대학교 교수, 경북대학교 문학박사)

배성우(경북대학교 교수, University of Southern California, Ph.D)

남영옥(前 대구가톨릭대학교 교수, 대구대학교 철학박사)

명선영(경북대학교 박사과정 수료)

임성옥(위덕대학교 교수, 경북대학교 문학박사)

이옥희(前 가야대학교 교수, 경북대학교 문학박사)

김수정(영남신학대학교 교수, 경북대학교 문학박사)

손지아(가야대학교 교수, 경북대학교 문학박사)

권신영(대덕대학교 교수, 경북대학교 문학박사)

박순미(진주보건대학교 의약복지정보계열 교수, 경북대학교 문학박사)

박지훈(Graduate Research Associate, The Ohio State University, Ph.D Candidate)

사회복지학개론 [제5판]

3판 1쇄 발행 — 2016년 1월 8일
4판 1쇄 발행 — 2019년 1월 31일
5판 1쇄 발행 — 2023년 2월 10일
5판 2쇄 발행 — 2025년 2월 10일

저 자 - 박석돈 외
발 행 인 - 강철원
발 행 처 - 양성원
주 소 - 경기도 파주시 검산로 173번길 29-12
전 화 - 031-946-3861(代)
팩 스 - 031-946-3864
이 메 일 - tnwpub@naver.com
홈페이지 - tnwpub.co.kr
출판등록 - 2015년 8월 31일 제 2015-000211 호

ISBN 979-11-6126-500-1

정가 22,000원

※ 저자와 협의하여 인지는 생략합니다.